教育の社会学

近藤博之・岩井八郎

教育の社会学（'15）
©2015　近藤博之・岩井八郎

装丁・ブックデザイン：畑中　猛

s-29

まえがき

　「教育の社会学」と題する本書は，現代の教育制度を対象に教育社会学の基本的な見方や考え方を示したものである。教育社会学は教育学と社会学の二つの領域にまたがっており，研究者の間でもしばしば教育（社会）学なのか（教育）社会学なのかが問題となる。しかし，教育の現実を前にして古臭い学問論にこだわってみてもたいして意味はない。むしろ，教育社会学とは教育社会の学であると考えるのがよいだろう。

　教育社会という言葉は明治時代から使われており，まさにこの学問が対象とする領域を表している。ただし，かつては実業社会や軍人社会のように，一つの下位社会（教育界）を指す言葉として用いられていた。したがって，教育社会に関する考察が学校の門を出ることはなかった。ところが，1世紀以上にわたって学校制度が発達し，他の制度との間にさまざまな関係を取り結ぶようになったことから，教育社会に関する考察を学校空間にとどめておくことが難しくなった。つまり，教育が社会化し，社会もまた教育化してきたのである。本書が扱っているのは，そうした状態の教育社会についてである。

　例えば，学力問題のなかに現代の教育社会の特徴がよく現れている。実際，OECDのPISA調査の結果は単なる学力テストの域を超えて，世界各国の教育制度に大きな影響を及ぼしている。成績がふるわなかった国々は，自国の労働者が世界の経済競争のなかで取り残されるのではないかとの危機感を抱き，教育制度の見直しに躍起になっている。日本の場合は，PISA成績がいくらか改善したことから「脱ゆとり教育」が奏功したと見なされているが，その種の楽観論も上の悲観論と同様に確たる根拠はない。学力テストの結果にはたくさんの条件が関係しており，

変化の原因特定が困難であることを考えれば，それらの言説は各々の利害に即してなされる我田引水の類でしかない。にもかかわらず，どんな結果に対してもそれを現在の教育制度の特徴や将来の国の運命に関連づけて解釈し，世間に向けて説明しなければならない風潮がつくられている。その風潮のもと，最近の調査でフィンランド（常連のPISAランキング上位国）が特に明確な原因もなく順位を低下させたという「理解しがたい事実」はあっさりと無視されるのである。

　教育の営みが目指すのは，かつても今も新しい世代の育成であり，彼らの将来にわたる学習能力の発達である。これに対して，現在の学力問題に集約される世間の教育関心は短期の成果を求める企業経営者のものになっている。たしかに，教育と社会の関連が深まれば教育界の垣根は低くなり，学校は社会のさまざまな要求に応えていかなければならなくなる。そうした傾向を認めたうえで，われわれも世論の担い手の一人として，正しい知識と経験的な根拠に基づき，教育についての合理的な判断をつくっていく必要があるだろう。現代の教育社会の問題を考えていくうえで，自らの視点を絶えず反省しつつ教育事象を客観的に捉えようとする教育社会学の方法が有用となるのである。

　本書は，各章とも個別のテーマを扱っており，必ずしも知識を系統的に積み上げていくようにはつくられていない。それは，教育社会そのものが多様な問題領域をもっているからである。むしろ，読者自身が各章の間に内容的な関連を見いだし，教育社会についての理解を深めていってほしい。本書の学習から，読者のなかに教育社会についての新たな「発見」が生まれることを期待している。

2014年12月
近藤博之
岩井八郎

目次

まえがき　3

1 │ 教育と社会の問い　│ 近藤博之　9
1. 制度としての学校　9
2. 学校の社会的機能　13
3. 教育社会学の問い　17

2 │ 学校化社会　│ 近藤博之　24
1. 社会の変化と教育拡大　24
2. 教育拡大を説明する理論　27
3. 教育拡大の結果　34

3 │ ライフコース　│ 岩井八郎　40
1. ライフコース研究の視点　40
2. 人生パターンの変化　42
3. 女性のライフコースの変化：
   「団塊の世代」と「団塊ジュニア」　44
4. 若年男性のライフコース：20歳代の不安定化　50
5. ポスト・フォーディズム型ライフコース　55
6. 模索の時期としての「新しい成人期」　57

4 │ 少子社会の家族と子ども　│ 近藤博之　61
1. 近代家族と子どもの地位　61
2. 社会化機関としての家族　65
3. 現代の家族変動と教育問題　68

5 | 教育とジェンダー　　　　　| 木村涼子　77
1. 性別二分法としてのジェンダー：
　　「第三の性」が注目される理由　77
2. 近代日本におけるジェンダーと教育　81
3. 現代の学校教育におけるジェンダー秩序　86

6 | カリキュラムと知識　　　　　| 木村涼子　93
1. カリキュラムと知識を問う視点　93
2. 正統な知としてのフォーマル・カリキュラム　97
3. 隠れたカリキュラムの潜在的影響力　103
4. カリキュラムのゆらぎと「生きる力」　107

7 | メリトクラシーと学歴　　　　　| 近藤博之　111
1. メリトクラシーの興隆　111
2. 教育と階層　114
3. メリトクラシーのゆらぎ　120

8 | 学力と意欲の階層差　　　　　| 近藤博之　125
1. 学力調査における家族と学校　125
2. 学力差をもたらす諸要因　129
3. 学力の階層差を説明する　133

9 | 高校多様化の可能性　　　　　| 岩井八郎　141
1. 公立の拡大と地盤沈下　142
2. 高校の多様化政策　145
3. ショッピングモール・ハイスクール　147
4. 小さな学校・あふれる機会　150
5. 「脱標準」の活力　153

10 入試と選抜　　　｜中澤　渉　157
　1．業績主義と入試　157
　2．選抜をめぐる人々の選択と向上心(アスピレーション)　160
　3．入試改革議論を考え直す　165

11 資格社会化と就職　　　｜中澤　渉　169
　1．若年労働市場の問題　169
　2．教育と労働市場の連結に関する理論　176
　3．学校システムと労働市場　179

12 インターネット社会と若者　　　｜大多和直樹　183
　1．旧い世代のメディア観　183
　2．デジタル・ネイティブの生活誌　189
　3．学習へのインパクト　194

13 少年犯罪の増減　　　｜岩井八郎　199
　1．統計からみる少年犯罪の増減　199
　2．少年犯罪と報道　205
　3．時代を映す「鏡」　209
　4．少年犯罪の社会学的説明　211
　5．犯罪と社会の相互関係　214

14 政策的介入の功罪　　　｜岩井八郎　219
　1．つくられた危機　219
　2．教育組織の一般理論　223
　3．改革という介入／組織としての対応　228
　4．曖昧さの魅力　232

15 教育社会学の課題　　岩井八郎　236

1. 実証研究のモデル　236
2. 円錐モデル　242
3. 概念から指標へ／指標から概念へ　244
4. 複数の視線　246
5. 巨大化する天幕　249
6. 教育社会学の課題　254

索引　258

1 | 教育と社会の問い

近藤博之

《目標&ポイント》 教育は社会の骨組みを支える一つの事業であり,われわれの日常生活の基本を形づくっている。また,学校制度の発達により,教育は個人の人生のなかでますます大きな比重を占めるようになっている。教育社会学は,教育がもつそうした社会的な側面に光を当て,経験的データに基づきながら,実証的なスタンスで研究を進めている学問分野である。この章では,「社会化」,「選抜・配置」,「組織化・正当化」という学校制度の三つの機能を中心に,教育社会学の基本的なアプローチを説明する。
《キーワード》 学校制度,教育の社会学,教育の社会的機能,科学的探究

1. 制度としての学校

今日,子どもの教育は学校を中心に行われており,学校での出来事や学習の結果が個人に対しても,社会に対しても大きな影響を及ぼしている。

学校は,家族や,経済や,政治や,医療などと同様に,社会の骨組みをなす一つの制度である。そこには学校教育のあり方を規定するさまざまな法規や財政的基盤があり,教育を目的とした組織や機関が全国各地に存在している。また,大勢の人が教師,生徒,あるいは教育関係者として日々の教育・学習活動に関わっており,さらにその活動に対して,いろいろな立場の人が期待を表明したり,批判的意見を述べたりする現実がある。学校教育に関するこうしたすべてのことが,われわれが常識として理解している教育のあり方を形づくっている。この本のなかで学

校または学校教育と呼ぶのは、そのような広い意味での「制度としての学校」のことである。

はじめに、現在の日本社会で学校がいかに大きな比重を占めているかをいくつかの角度からみてみよう。

(1) 日常生活のなかの学校

まず、子どもの生活の大半が学校教育によって占められている。これはあまりに自明のことで特別の意味はないと考える人がいるかもしれないが、子どもがおとなに混じって働く姿は、現在の発展途上国だけでなく日本でも20世紀の中頃までは決して珍しい光景ではなかった。子どもが労働の世界から完全に切り離されて、教育を与えられるべき存在となったことは、現代の学校制度の最も基本的な特徴といえる。現在では、学校後の時間も宿題や通塾など勉強のために費やされているが、子どものそうした生活を親が積極的に肯定し、進んで関与するようになっていることも、2世代、3世代で社会を比較したときの大きな変化といえるだろう。

2008年に行われた文部科学省の調査によると、学習塾(家庭教師を除く)に通う子どもの割合は、小学生全体で25.9%(小6は37.8%)、中学生全体で53.5%(中3は65.2%)となっている[1]。同じ調査によると、学習塾に通っていない子どもの場合は約7割が午後11時前に就寝しているのに対して、学習塾に通っている子どもの場合は午後11時以降の就寝割合が5割以上であるという。こうした結果は、学校が家族の領分を侵食している様子を端的に示している。

通塾の目的が主として受験準備にあるように、子どもたちのほとんどは受験競争を経て高校に進学し、さらには大学や専門学校に進むことを予定している。人の寿命を計算するのと同じ発想で、学校に入学してか

---

[1] 「子どもの学校外での学習活動に関する実態調査報告」(文部科学省, 2008)。対象は、公立学校に通う全国の小中学生である。

ら卒業するまで平均して何年くらい学校にとどまるかを捉えた指標に「学校余命」(school life expectancy)があるが、ユネスコの統計によると2010年の日本の指標値は15.3年となっている。1971年の時点で、その値は12.1年であったので、この40年で学校教育の経験年数を3年以上も延ばしたことになる。日々の暮らしだけでなく人生全体のなかで学校と関わる時間が増えているのである。

就学年数の延びとともに、生活費に占める教育費の割合も顕著に増大している。例えば、1970年の時点で、下宿生として大学生活を送るのに必要な年間の費用は、国立大学生で約31万円、私立大学生で約46万円であった。それらは、勤労者世帯（世帯主年齢50-54歳）の平均可処分所得の21％と31％に相当した。2010年の同じ費用は、国立大学生で約171万円、私立大学生で約236万円である。これは、同じ勤労者世帯の平均可処分所得の29％と39％に相当する[2]。この間、子どもをもつ多くの家庭がますます多額の費用を教育のために支出するようになったことがわかる。

(2) 学校制度の規模

今度は、社会全体に占める学校制度の大きさを国の統計からみてみよう。国の教育財政を整理した統計によると、幼稚園から大学までの学校教育費の総額は平成22年度で約25.2兆円となり、GDPの5.1％に相当する（OECD加盟国の平均は6.3％）[3]。同じ年度の国民医療費はGDPの7.8％であるので学校教育費はそれよりも小さいが、人口の年齢構成を考えれば学校が医療とともに国民生活の根幹を支えている事業であることが納得される。なお、学校教育費総額における公財政支出の割合は70.2％で（OECDの平均は83.6％）、残りが私的負担となる。とくに、高等教育に

---

[2] 学生生活費は「学生生活調査報告」、勤労者世帯の可処分所得は「家計調査年報」の各年版による。
[3] 「平成25年版 文部科学統計要覧」（文部科学省, 2013）および *Education at a Glance* (OECD, 2013) から。

おける公的支出割合は34.4%とかなり低く（OECD平均は68.4%），近年の日本の就学率の上昇が家計の負担増によって維持されていることがこうした資料からもうかがえる。

　学校制度の規模を実感的に捉えるためのもう一つの指標として，教育関連産業に従事している人の数に注目してみよう。平成22年度の「国勢調査」によると，教員の数は139.2万人であり，専門的・技術的職業従事者の16.1%を占めている（保育士を加えると21.7%になる）。また，学校，社会教育施設，塾・習い事教室などで働く人は「教育・学習支援業」に分類されるが，その数264万人は就業者全体の4.4%に当たる（児童福祉事業を加えると5.6%となる）。他方，18歳以上で学校に在籍している人たちは労働者の予備軍と見なすことができるが，その数は平成25年度で約354万人に上り，教育関連産業に従事している人を上回る規模となる。現代社会では学校が失業率の調整弁になっているという見方もうなずけるだろう。

　歴史的にみれば，学校は近代になってから定着した新しい制度であるが，その存在は急速に大きなものとなっている。したがって，学校でのさまざまな出来事が，例えば「学力低下」や「いじめ問題」として社会全体に敷衍され，社会を構成するすべての人の幸福に影響するもののように受け止められる。また，その反対に環境問題やグローバリゼーションといった教育とは直接関係なさそうな社会の動きが，学校教育による対応や改善が必要な問題として議論されている。マスコミが子どもをもたない人たちに向けて入試の問題や解答例を発信しても違和感をもたれないのは，教育に対する世間の関心がそれだけ高いからにほかならない。教育は，そうした世間の関心を背景にして，常に政治的，経済的，社会的問題に関連づけられるのである。社会との関係を抜きにして，現代の教育を理解することはできないだろう。

2. 学校の社会的機能

　それでは，子どもが学校で教育を受けることは社会とどう関係しているのだろうか。そのことを，「社会化」，「選抜・配置」，「組織化・正当化」という学校制度の三つの機能的側面から考えてみよう[4]。

(1) 社会化の機能

　学校はわれわれにとって自明の存在なので，学校の社会的な意味について改めて考えることはほとんどないが，学校のない世界を想像してみれば，それがどれだけ社会にとって重要な役割を果たしているかが直ちに了解される。われわれの社会は，日々，一部の成員が社会的活動から退出し，新しい成員がそれに代わって社会的位置を占めるということを繰り返している。しかし，それによって社会の組織や構造が急激に変化することはない。身体の新陳代謝がDNAによって制御されているように，社会の新陳代謝は基本的に文化によって制御されている。その文化を教えるのに家庭や地域社会も重要な役割を果たしているが，社会生活に必要な知識やスキル，価値や規範，専門的な職業能力，そうしたものを系統的に教えるところは学校以外にない。教育社会学の父祖に位置づけられるE. デュルケーム（Durkheim, Émile）が，今から一世紀ほど前に「教育は未成年者に対する体系的社会化」[5]であると定義したように，学校は次世代の文化的形成にとってきわめて重要な機関なのである。

　学校のこの機能は，一般に「社会化」(socialization) と呼ばれる。それは一言でいえば，現在の文化を将来の世代に伝達することである。ただし，どんな知識をどんな方法で教えるかについて普遍的な基準があるわけではない。デュルケームが述べたように，社会が要求するところを冷静に見極めていかなければならない。実際，学校は具体的な知識やス

---

4) この分類は，Scott Davies & Neil Guppy, *Schooled Society: An Introduction to the Sociology of Education* (Oxford UP, 2006) を参考にしている。
5) E.デュルケーム『教育と社会学』（佐々木交賢訳, 誠信書房, 1976, 59頁）

キルの伝達を通して，教えられることと，教えられないこと，あるいは教えられるべきことと，教えられるべきでないことを明瞭に区別している。また，教える内容を連続的に配置し，個人の学習進度を管理できるようにもしている。そこには学習効率をめぐる技術的問題と，教える内容についての政治的問題とが潜んでいる。そのことは，例えば近年の日本であれば「ゆとり教育批判」や「英語教育改革」などの議論から明らかだろう。

　社会の変化が激しく，文化的な多様性も高まっている現代社会では，社会化の課題も伝統的な社会とは自ずと異なってくる。現実の社会のなかで，学校は子どもたちに何を伝達しているのか。それは現在の社会とともに未来の社会からみて成功しているといえるのか。子どもの社会化に家族や地域やマスメディアはどう関わったらよいのか。現在の学校教育の内容は誰にとって有利なのか。そこにどんな社会的勢力の影響が入り込んでいるのか。こうしたさまざまな問いが社会化の観点から引き出されてくる。社会化の機能は，学校制度にとって常に根源的な問題を構成するのである。

（2）選抜・配置の機能

　次に，学校は教育活動を通して子どもをさまざまな社会的地位に配置している。そこでは，個人の学力を測定するためのテストがしばしば行われ，試験の結果を基に進級を認めたり，入学や卒業の資格を与えたりしている。そうした活動を通して学力の高い者と低い者の違いをつくり，異なるレールの上を走らせている。学校が行っているこの働きは一般に「選抜・配置」（selection and allocation）の機能と呼ばれている。

　この機能も自明のようにみえるが，社会的にたいへん重要な意味が含まれている。というのも，学校教育が行う選抜・配置の結果は，社会の

不平等構造（階層）に関連しているからである。実際，個人の学歴は卒業後の職業や所得に対して明確な影響を及ぼしており，その傾向はどの社会にも共通にみられる。他方，教育機会が社会的に不平等なものであれば，親の社会経済的地位と子どもの社会経済的地位はよく似たものとなる。そして，その傾向を通して学校は社会階層の再生産に寄与することになる。

過去半世紀に，世界の教育社会学を牽引したのは，学校のこうした選抜・配置機能をめぐる問題であった。「爆発的」と形容される戦後の教育拡大が教育機会をどれだけ平等なものにつくり変えたかが問われたのである。そこでは，人種や性別による違い，住んでいる地域や学校種別による違い，出身階層による違いなど，さまざまな種類の格差が統計的データを用いて吟味された。それによって，「現代の学校制度は機会の平等化をもたらし，個人や集団の社会移動を高めている」という見方と，「教育機会は依然として不平等であり，出身階層の分布を世代的に再生産するのに貢献している」という見方の，どちらがより現実に近いかを見極めようとしてきたのである。

この問題関心は，もちろん現在にも引き継がれている。例えば，家庭背景と学力との関連，成績基準による学校や学級の種別化，高校や大学の入試制度改革，奨学金制度のあり方，こうした教育問題が学校の選抜・配置機能に関連している。さらに，経済のグローバリゼーションが社会にもたらす影響といった大きな問題も，社会化の機能とともに選抜・配置の機能を通して考えていくことができる。

（3）組織化・正当化の機能

社会化，選抜・配置と並んで，現代の学校制度が果たしているもう一つの重要な機能は「組織化・正当化」（organization and legitimation）

である。これは，学校が社会的地位の配分装置として位置づけられたことから発達してきた機能で，学校制度が社会の組織化に積極的に関与し，教育に基づく社会関係を合理的なものとして世の中に浸透させていく側面に対応している。

　学校制度は，いわゆる学歴主義としてただ単に卒業者に学歴ラベルを貼っているだけではない。学問の領域や学科の区分を通して知識の分類を制度化し，そこでの教育内容に関連づけて専門職の資格を定義し，知識の担い手である専門家を社会に送り出している。医師や弁護士などの伝統的な専門職ばかりではない。近年では，多様な職業分野で資格化の動きが進んでおり，たいてい資格取得までの標準的ルートが学校教育との関連で定められている。これも自明のようにみえるが，よく考えるとなぜ学校がそこまで信用されているのかについて多少の疑問がわいてくる。

　日常生活と同様に，職業上の知識や技能も実際には現場の経験から習得されることが多いにもかかわらず，入職の要件がますます学校によって定義されるようになっている。人は実践から多くを学ぶことができるが，その条件である実践へのアクセスが学歴によって制限されてしまうのである。一方には，「知識や技能が高度化し，学校による水準の高い教育が必要になっているのだ」という見方があるが，他方には「学校が社会を組織する力をもっており，社会の要求が学校を媒介にしなければ表現できないほど社会の学校化が進んでいるのだ」とする見方がある。そこには，社会化の機能や選抜・配置の機能とは異なる，教育と社会の関連についての新しい解釈が示されている。例えば，新しい職業資格が次々とつくられる近年の傾向は，学校制度が現実に見合う知識体系を定義する力をもつこと，知識の担い手を育成し，適切な場所に配置する権限を委ねられていることを改めて示唆している。

　学校制度はこのように社会の組織化に深く関連し，われわれのモノの

見方を強力に枠づけている。それは，標準化した学校組織のあり方によって，つまり学級の編成，教師と生徒の関係，カリキュラム，試験制度，課程や分野の設定などを通して，学校のなかから始まっている。学期途中で転校した小中学生が，日本全国のどの学校にも同じ学年で受け入れられ，海外に移住したとしても同じ進度のクラスに入れてもらえるというのは，当たり前のようにみえるが，実は驚くべき仕組みなのである。学校制度に対する信頼は国や地域を超越しているといえる。したがって，学歴主義の実態に疑問を感じたとしても，学校は制度の力によって人々を納得させ，不信を抑え込んでしまう。競技の条件にクレームがつくことはあっても，競技そのものが否定されることはほとんどないのだ。

　学校が行う社会的地位の選抜・配置機能に対して機会平等が求められるように，学歴主義の正当化には学校教育の質の保証が求められる。実際，近年の傾向として，教育活動に対する情報開示や学校評価に関する議論が盛んになってきている。また，それと並行して，教員の言動が世間から厳しく批判されたり，入学試験における些細なミスがマスコミに取り上げられたり，学校の動きが細かなところまで監視されている。これらのことは，学歴主義が象徴的な意味で社会に浸透していることの裏返しであるとみることができる。学校制度はこれらの傾向を通して社会を教育的に組織化し，社会関係を正当化するのに貢献しているのである。教育と社会の関係を，より広い文脈において捉え直し，その意味を読み解いていくことも教育社会学の重要な課題となる。

3. 教育社会学の問い

(1) 教育社会学の研究

　教育と社会の関係を考えていくときの教育社会学のアプローチを，「社会化」，「選抜・配置」，「組織化・正当化」という学校の社会的機能に注

目して紹介してきた。実際の教育社会学は，それらのアプローチに沿いながら教育と社会の関係について個別のテーマを設定し，ミクロな個人の行動からマクロな社会の動態まで多様な水準で研究活動を行っている。その様子は，「社会学の分野で教育を独立変数（原因）または従属変数（結果）に含まない領域はほとんどない」とまでいわれるように，社会生活の全般に及んでいる。

　表 1 - 1 は，日本教育社会学会が会員の研究活動を分類するために用いている枠組みである。ここから，教育社会学の研究関心が幅広いものであること，その取り組みがおおむね現実に即して展開されていること，また学際的であることなどがうかがえるだろう。では，そうした研究活動は実際に何を行っているのか，また自分もそこに参入していくにはどうしたらよいかについて説明しよう。

（2）常識を疑うこと

　まず，誰もが学校教育の経験があることから，われわれは教育についてはよく知っているという感覚をもっている。だが，そこには誤解や錯覚が含まれているので注意が必要である。新聞やテレビで報道される事実も，自分の認識に一致するからといって鵜呑みにしてはならない。デュルケームが強調したように，教育を改めて「社会的事実」として見直すことが肝要である。そのためには，対象との間に適切な距離を取り，事象を相対化しなければならない。これは，そんなに難しいことではない。例えば，同じ事象が他の条件や環境ではどう異なるのかと考えてみたらよい。つまり，特徴の異なる他の学校のことを思い浮かべたり，地域の違いを考えてみたり，外国の学校制度と比べてみたりするなどの「比較」を行うのである。現在の状態を過去の状態と比較し，両者の間にどんな違いがあるかを考えるのも有効である。実は，教育社会学が行っている

表1－1　教育社会学研究の分類枠

総論	理論・方法論／学説・学史／その他
人間形成	総論／社会化／逸脱・非行・病理／ジェンダー／子ども／青年／成人・高齢者
家族	総論／家族関係・親子関係／しつけ・社会化
学校	総論／制度・政策・行財政・計画／経営・組織／教師・教職／教育指導・教育過程／カリキュラム／入試・選抜／生徒文化／就学前教育／初等中等教育／学校外教育
高等教育	総論／制度・政策・行財政・計画／経営・組織・教員／カリキュラム・教授法・評価・指導／入試・選抜／学生文化・学生生活／中等後教育／大学院・学術研究
生涯教育・生涯学習	
地域社会	
文化	総論／文化とパーソナリティ／メディア・コミュニケーション／異文化間教育
社会構造・社会体制	総論／階層・移動・機会／社会構造・社会変動／学歴・学閥
経済	総論／教育経済論／人材形成・企業内教育／労働・職業
教育工学	総論／視聴覚教育／コンピュータと教育
その他	

『教育社会学研究』第49集（1991）以降の分類枠

研究は，ほとんどがそうした比較の観点からつくられている。

　例えば，「子どもの学力には教育に対する親の教育意識が重要である」と考えるなら，教育熱心な家庭とそうでない家庭とを分けて，子どもの学力を比較してみる必要がある。「学級規模が子どもの学習効率に影響を及ぼすはずだ」と考えるなら，規模の大きな学級と規模の小さな学級で子どもの学習状況を比較することになる。「日本社会の特徴は行きすぎた学歴主義にある」という認識をもっているなら，どんな事態を行き

すぎた学歴主義と考えているかを明確にし，他の国々についても同じ指標をとって比較してみればよい。教育社会学で行われている研究は，ほとんどがこうした形で現実の分析を行っている。

　ただし，検討を進めていくには，知りたいことが現実と対話可能な形で定式化されていること，それに対応した指標が用意できること，実際に客観的資料が入手できることが条件となる。そこでさまざまな教育調査（広くは社会調査）が実施されることになるが，検討したい事柄によっては既存の統計資料や一般公開されている調査データで関心が十分に満たされる場合がある。したがって，自分の関心や疑問がどのように定式化できるか，それに対応する資料としてどんなものが利用できるかを，図書館やインターネットを使って調べる習慣を身につけておくとよい。

　そうした作業を行うと，自分が予想していなかった結果に出会うことがよくある。例えば，学級規模が小さいほうが生徒の学習効率はよいと考えていたが，実際には学級規模の大きいほうが学力テストの平均点が高いというような場合である。実は，常識的な予想が確認されるよりも，それが裏切られることのほうが研究上の価値は高い。なぜなら，そこから真実に迫るための新たな思考が始まるからだ。実際，社会事象をつくりだすメカニズムはそんなに単純なものではない。実験の状況と異なり，現実の過程を観察した結果にはさまざまな影響が混じっている。学級規模が異なる二つの集団で，教師や生徒の特徴が違っているかもしれないし，小規模学級が過疎地に集中し，大規模学級は教育熱心な都市部に多いということがあるかもしれない。あるいは，前年度の生徒の成績を考慮して，学習進度の遅れた生徒たちを小規模学級にまとめて対応するといった慣行が学校現場にはあるのかもしれない。調査で得られた結果には，こうした疑問が常につきまとうのである。

(3) 科学的方法の特徴

　このことは調査データを用いた研究が無意味であることを意味しない。科学的な方法というのは，常にそうした不確実性を前提にして進められるからである。科学は，事象を説明する何らかの理論を仮説として定式化し，それを事実に照らして検証し，必要に応じて修正したり，理論をつくり変えたりする，という常に進行中の企てなのである（図1－1）。したがって，既存の理解を疑うことが，科学が科学としてあることの最大の特徴であるといってよい。科学的推論のための合理的な手続きに従うことで，結論の妥当性や信頼性，確実さや精密さを向上させていくのである。こうした発想にたって教育事象に新しい光を当て，事象の社会的な意味を解釈していくこと，あるいは研究結果に対する確信を基に問題解決の糸口を探っていくこと，そうしたことが教育を社会学的に研究することのおもしろさなのである。進行中の研究活動に参加して

図1－1　科学的探究のサイクル

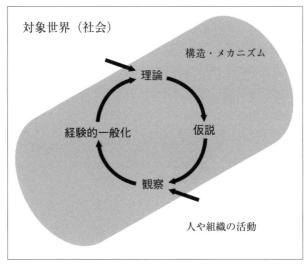

いくために，自分が関心をもつ分野の先行研究を知っておくこと，そこに示されているさまざまな理論を対抗的な仮説として整理してみることが大切である。

　科学は物事を理解する一つの方法であり，対象に制約されることはない。したがって，教育と社会の関係を扱うからといって教育社会学がその研究を独占するということはない。多様なアプローチをもつ学問分野が協力し，あるいは競合して問題に取り組むのが通常である。実際，その点における教育社会学の垣根は他の学問分野に比べて低く，教育学や社会学のみならず，政治学，経済学，人類学，生物学など，さまざまな学問の視点や成果を取り入れながら学際的な領域として今日まで発展してきたといえる。これも比較に通じることだが，他の学問分野では同じ問題がどう扱われているか，方法的アプローチを変えたら結果がどのように違ってくるかをみるのも，対象とする事象の理解を深めていくのに役立つだろう。

　教育と社会について考えることは，われわれの社会生活について多くの理解をもたらしてくれるはずである。それには，教育と社会の関係に興味をもち，常識を疑い，自分の考えをまとめ，実際に確かめてみる，そうしたふだんからの思考が大切となる。

参考文献

岩井八郎・近藤博之編『現代教育社会学』（有斐閣，2010年）
岩永雅也『教育と社会』（放送大学教育振興会，2011年）
酒井朗・多賀太・中村高康編『よくわかる教育社会学』（ミネルヴァ書房，2012年）
E. デュルケーム著，佐々木交賢訳『教育と社会学』（誠信書房，1976年）
A. H. ハルゼー，H. ローダー，P. ブラウン，A. S. ウェルズ編，住田正樹・秋永雄一・吉本圭一編訳『教育社会学』（九州大学出版会，2005年）
G. キング，R. O. コヘイン，S. ヴァーバ著，真淵勝監訳『社会科学のリサーチ・デザイン』（勁草書房，2004年）

学習課題

①最新の「文部科学白書」を読み，そこで議論されている施策について考えてみよう。どのような社会的背景が説明されているか，それは各自の認識と同じであるか。

②学校教育は，本章で言及されたもの以外にどんな社会的機能を果たしているだろうか。その機能を捉えるための現実的な指標についても考えみよう。

③興味をもつ教育事象について，確かめてみたい仮説を定式化してみよう。それはどんな資料があれば検証できるだろうか。必要なデータが入手できたと仮定して，予想される結果を具体的に描いてみよう。

2 | 学校化社会

近藤博之

《目標＆ポイント》 20世紀の後半に，学校制度は世界的な規模で拡大し，「教育爆発」と形容されるほどの急激な発達をみせた。日本でも，高度経済成長期を通して高校や大学の進学率が上昇し，現在とほぼ同じ学校環境がつくられた。本章では，そうした教育拡大を説明する教育社会学の代表的な理論を紹介し，学校制度がもともと自己増殖的な性格をもっていることを説明する。また，学校制度の発達によって教育と社会の関係がどう変化したかを「学校化社会」という観点から捉えてみる。

《キーワード》 教育拡大，産業化，学歴主義，学校化社会，一次的制度

1. 社会の変化と教育拡大

（1） グラフにみる進学率の推移

　20世紀中頃から現在までの学校制度の発達を改めて振り返ってみよう。
　図2-1のグラフは，各年度の大学・短大進学率（太実線）と専修学校等も含めた高等教育進学率（破線）を3年前の高校進学率（細実線）と一緒に示したものである。背景の棒グラフは3年前の中学校卒業者の数を表しているので，各年度の結果は同じ年齢コーホートの様子をおおよそ捉えていると見なしてよい。左側の色のついた期間は高度成長期（1955-1975年）に対応しているが，グラフからはその時期に高校教育，大学教育とも急速に拡大したのが分かる。1950年代後半（昭和30年代前半）の高校進学率は50％前後，大学進学率は10％強であったが，高度成長期が終わる1970年代半ば（昭和40年代後半）には高校進学率がほぼ

図2−1　同年齢人口の規模と進学率の推移

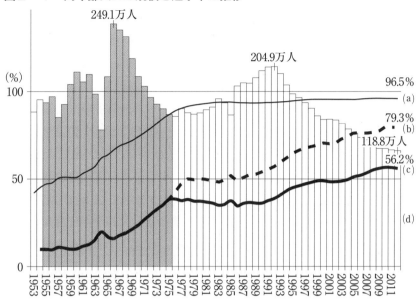

（a）高校進学率，（b）高等教育進学率（専修学校を含む），（c）大学・短大進学率，
（d）当該年度の18歳人口を3年前の中卒者数で表示している。

出典：「文部科学統計要覧」より筆者作成

90％に達し，大学進学率は40％近くにまで上昇している。その後は，専修学校が高卒者の新たな進学先として定着し，さらに1990年代になってから大学進学率が再上昇するというトレンドを描いている。

（2）高度成長期の社会変化

　現在のわれわれが常識と考えている学校制度のあり方は，ほぼ半世紀前の高度経済成長の時代につくられたとみてよいだろう。まず，教育と職業の関係がこの時期に大きく変化した。背景となったのは，産業構造の中心が第一次産業から，第二次，第三次産業に急速に移行したことで

図2−2 産業別就業者の推移

面グラフは，A. 第一次産業（自営・家族），B. 第一次産業（雇用），C. 第二次産業（自営・家族），D. 第二次産業（雇用），E. 第三次産業（自営・家族），F. 第三次産業（雇用）

出典：総務省「労働力調査」より筆者作成

ある（図2−2）。実際，1955−75年の期間に，農林漁業従事者は37.6％から12.7％まで約3分の1に減少し，工場・会社・役所といった組織で働く雇用者の割合が就業者全体の43.5％から69.8％へと1.6倍も増加している。その動きのなかで若者の進路選択も活発なものとなった。従来のように学校卒業後に地元に残り家業を受け継ぐ人が減り，進学や就職の機会を求めて都会に移動する人が増えたのである。その結果，学卒者の多くが労働者やサラリーマンとして親とは異なる職業に就くようになり，教育はますます将来の地位を築くための手段と見なされるようになった。

この期間，親の教育意識も学歴を積極的に求める方向へと変化した。それを可能にしたのが家計所得のコンスタントな上昇と地域における経済的・文化的格差の縮小である。高度成長期を通して授業料が低い水準に抑えられていたことも，この時期の進学率の上昇を支えた一つの背景要因となっていた。その結果，地方に暮らす相対的に貧しい家庭の親たちも，子どもの進学を現実的なこととして受け止めるようになり，わが子に対する教育期待を高めていった。都会のなかですでに発達していた受験文化（塾や予備校）が都市化の波とともに全国に広がっていったのも，この時期のことである。
　一般に，進学にとって卒業後の就職状況は進学意欲を引き出すプル要因，家庭環境は進学条件を支えるプッシュ要因と見なされる。日本は世界に例をみない学歴社会で戦前からずっと教育熱心だったという見方が古くからあるが，それは自分自身が教育熱心だった人による偏った現実理解といってよい。実際のところ，家庭に経済的なゆとりがなく，学校を卒業してもそれに見合う職業機会が身近に存在しなければ，上級学校の進学は全国的な広がりをもちようがない。さらに，学校の数が絶対的に少なく地域的に分散していれば，地方に暮らす大多数の人にとっては仕送りを含めた進学費用が2倍にも，3倍にもなる。資料にあたるまでもなく，かつては教育熱心な人よりも学歴とは無縁の世界で日々の暮らしを送る人のほうが圧倒的に多かったのである。そうした旧来の社会状況を，高度経済成長は進学のプルとプッシュの両面から根本的につくり変えたのであった。

2．教育拡大を説明する理論

　図2－3は，20世紀における世界の高等教育の成長をグラフで示したものである。これをみると，高度成長期にみられた日本の進学率の上昇

図2−3 高等教育の発展―人口1万人当たりの学生数，世界地域別

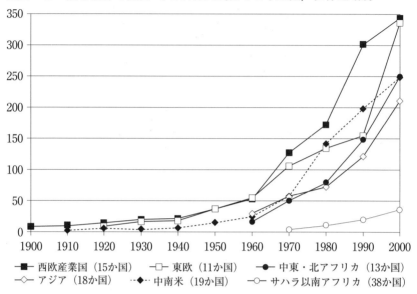

-■- 西欧産業国（15か国）　-□- 東欧（11か国）　-●- 中東・北アフリカ（13か国）
-◇- アジア（18か国）　…◆… 中南米（19か国）　-○- サハラ以南アフリカ（38か国）

出典：Evan Schofer and John W. Meyer, "The Worldwide Expansion of Higher Education in the Twentieth Century," *American Sociological Review* 70-6：p.908（2005）Reproduced with permission of AMERICAN SOCIOLOGICAL ASSOCIATION via Copyright Clearance Center.

が特異なものではなく，多くの国が同じ時期に高等教育を拡大させたことが分かる。そして，その傾向は途上国を中心に近年になるほど大きな伸びをみせている。実際，世界全体でみた高等教育就学者の割合は，1900年の時点で1万人に3人だったものが，1950年で25人になり，2000年には166人にまで増えている[1]。20世紀後半になってからの急激な教育拡大は，まさに「教育爆発」あるいは「教育革命」と呼ぶにふさわしいものであった。では，こうした世界共通の急激な教育拡大はなぜ生じたのだろうか。

---

1) David J. Frank & John W. Meyer, "University expansion and the knowledge society" *Theory and Society* 36（2007）

(1) 産業化による説明

　教育社会学の多くの教科書が最初に取り上げる説明は，産業化が学校教育の拡大をもたらしたとするものである。たしかに，産業の発達によって職業の専門分化が進み，専門技術職やホワイトカラー職を中心に高学歴者の雇用が増えてきた。生産現場でもオートメーションの導入により仕事の責任水準が上昇し，労働者に対しても高度の認知的能力が必要になっていると指摘された[2]。そうした現実の動きを背景に，学校は産業化による職業需要の変化に応える形で発展してきたとの理解がつくられる。学校が社会化機能を通して職業需要に応えるというこの説明は，教育拡大の技術－機能論的説明と呼ばれている。その観点に立つなら，近年の高等教育の急速な拡大はポスト産業化社会の新たなニーズに対応したものということになる。

　教育を人間の生産性を高めるための投資と見なす人的資本理論も，学校教育が職業活動に役立つ能力を実質的に形成し，その能力が労働市場において評価されると考える点でこれとほぼ同じ理解に立っている。その根拠とされるのが教育投資の収益率である。表2－1に示すように，どの国でも教育投資に見合う見返りが得られており，たしかに学校と労働市場の間には密接なつながりが認められる。

　しかし，実際の教育と経済の関係はそんなに単純なものではない。経済学では，学校制度の発達を原因としてその後の経済発展を説明するタイプの分析がよくなされるが，その結果はいささか曖昧なものである。実際，19世紀から20世紀にかけての初等教育の普及はその後の経済発展に関係しているようにみえるものの，中等教育や高等教育では例外が多くなっている[3]。

　他方，それとは反対に経済活動のほうから教育の拡大を説明した分析

---

2) 古典的な議論として，クラーク・カー他『インダストリアリズム』(川田寿訳，東洋経済新報社，1963)。
3) 例えば，Alexander L. Peaslee, "Education's role in development," *Economic Development and Cultural Change,* 17-3 (1969)。

表2－1　高等教育の内部収益率

	私的収益率		公的収益率		調査年
	男子	女子	男子	女子	
ハンガリー	25.6	17.6	25.4	18.2	2009
ポーランド	23.4	19.9	15.0	10.9	2008
エストニア	22.0	18.5	10.2	8.0	2009
スロバキア	21.5	18.5	14.2	11.2	2009
チェコ	20.1	17.8	17.2	14.1	2009
アイルランド	19.8	14.2	17.0	13.7	2009
トルコ	19.3	19.2	9.3	9.1	2005
スロベニア	18.2	17.3	15.8	13.0	2009
韓国	16.0	8.6	17.4	6.5	2009
ポルトガル	14.9	16.2	12.4	11.1	2009
カナダ	12.3	12.2	8.8	8.5	2009
アメリカ	12.3	9.1	14.1	9.5	2009
フィンランド	11.9	8.8	8.3	5.2	2009
オーストリア	11.7	9.1	9.3	7.1	2009
イスラエル	11.4	10.2	11.3	7.1	2009
ベルギー	10.4	11.0	13.3	15.7	2009
スペイン	10.2	12.1	5.3	6.5	2009
フランス	10.1	8.9	7.5	6.2	2009
ドイツ	9.2	6.8	9.1	6.1	2009
オーストラリア	9.0	8.8	13.1	13.7	2009
デンマーク	8.5	8.5	4.5	1.2	2009
イギリス	8.2	7.5	11.1	14.8	2009
イタリア	8.1	6.9	10.1	8.0	2008
オランダ	7.9	7.0	7.4	6.2	2008
スウェーデン	7.6	6.5	4.9	2.3	2009
ギリシャ	7.5	9.6	11.6	11.7	2009
日本	7.4	7.8	8.4	6.2	2007
ニュージーランド	6.7	6.9	6.9	4.4	2009
ノルウェー	6.7	7.7	5.7	4.2	2009
OECD 平均	13.0	11.5	11.2	9.0	

出典：OECD, *Education at a Glance 2013: OECD Indicators*, OECD Publishing (2013) Table A7.3ab, A7.4ab.

注）高等教育進学を「投資」に見立て，生涯にわたる中等教育卒業者との所得差を投資の収益として，高等教育費用（授業料等の直接費用と放棄所得）に関連づけたもの。数値が大きいほど投資効率がよいことを意味する。公的収益率は，同じ発想を政府の立場に当てはめたもの。計算では，税金，社会負担，所得移転，失業率，奨学金なども考慮されている。

もある。しかし，それらも米国における1920年代以降の中等教育の動向に技術変化の影響が確認できるといった具合に，特定の期間の個別学校段階の動きを説明するにとどまっている[4]。さらに，戦後の高等教育の発展を世界各国のデータを用いて比較検討した分析によると，経済的要因の説明力はそれほど強いものではなく，どの国にも一様な教育拡大がみられるという[5]。

(2) 学歴主義による対抗的説明

 教育拡大に関する二つ目の説明は，学校の社会化機能よりも選抜・配置機能に注目するものである。それは全体社会の要件ではなく，社会集団の対立的な関係が教育と社会の現実を形づくっていると見なすところから，教育拡大の葛藤論的説明と呼ばれる[6]。そこでは，学校が選抜・配置機能を通して成員に社会的地位を割り当てていること，学校教育の利用機会が社会集団によって異なっていることが強調される。したがって，何らかの理由で教育の大衆化が進んだときには，支配的地位集団は自らの相対的な位置を低下させないために，子どもに対して今まで以上の教育を求めるようになると説明する。さらには，新参者を競争の機会から遠ざけておくために入職要件をつり上げるといった戦略が採用されることもある[7]。

 このような地位競争メカニズムが働いていれば，学校が職業に役立つスキルを実質的に形成していなくても（それは職業についてから実地に

---

[4] Richard Rubinson & John Ralph, "Technical change and the expansion of schooling in the United States, 1890-1970," *Sociology of Education* 57-3 (1984)

[5] John W. Meyer & M. T. Hannan eds., *National Development and the World System: Educational, Economic, and Political Change 1950-1970*, The University of Chicago Press (1979)

[6] 代表的なものとして，R. コリンズ『資格社会』（新堀通也監訳，有信堂，1984）がある。

[7] M. ウェーバーの官僚制組織の分析を参照のこと（マックス・ウェーバー『官僚制』阿閉吉男・脇圭平訳，角川文庫，1958）。

習得されると見なされる)，上級学校の進学は各集団の教育需要から自ずと増えていく。また，就学率がマスからユニバーサルに移っていけば，進学しないことに対して負のレッテルが貼られたり，職業機会の窓口が機械的に閉じられてしまったりする[8]。そのような不利益を回避するという防衛的な意味でも教育拡大が進むのである。

(3) グローバルな観点からの説明

　教育拡大に関する三つ目の説明は，世界社会の概念によるものである[9]。それは，国連や世界銀行やユネスコなどの国際組織が提示する国の発展モデルを各国が受け入れた結果として，同型の学校制度が短期間のうちに広がっていくのだと説明する。その発展モデルにおいて，科学，教育，市民性，人権等の伸張は，社会の合理化を推し進め，個人の幸福を増進するものとして位置づけられる。とりわけ学校には，個人に対する平等で十全な能力開発が期待され，国の組織や政策に対して正当性を保証する役割が与えられている。

　この説明のポイントは，教育を重視する世界共通の文化が各国の個別事情を超えて伝染病のように広まったと見なすところにある。したがって，高等教育の後発国ほど男女の平等度が高いという一見すると意外にみえる傾向も，それらの国が世界標準の発展モデルをテンプレートに学校制度をつくったからだと解釈される。重要なのは，世界共通の文化のなかに学校の量的拡大はあっても，学校の縮減や後退のイメージはないという点である。教育は，個人にとっても，社会にとっても，自己の成

---

8) M. トロウは，高等教育の発展段階をエリート段階（進学率が15％まで），マス段階（15％～50％），ユニバーサル段階（50％以上）に分け，エリート層の「特権」であった高等教育進学が，マス段階では一定の資格を備えた者に許される「権利」となり，ユニバーサル段階では一種の「義務」になると論じている。（マーチン・トロウ『高学歴社会の大学――エリートからマスへ』天野郁夫・喜多村和之訳，東京大学出版会，1976）

9) Meyer & Hannan (1979) がこの視点からの実証分析を行っている。日本語による紹介は，藤村正司『マイヤー教育社会学の研究』（風間書房，1995）。

長と進歩のために常に追い求めなければならない対象となっているのである。

以上，三つの説明とも教育拡大のメカニズムを具体的に提示しており，それぞれに一定の説得力をもっている。図2－1の日本の学校制度の発達にも，恐らくそれぞれの説明が部分的に当てはまっているだろう。

（4）教育拡大の自己増殖的性格

他方，これまでの教育拡大の歴史をみると，拡大の原因が何であれ，ひとたび拡大したならもとには戻らない慣性の力が働いているようにみえる。例えば，教育拡大の短期的な要因として教育人口の増減がある。学齢児童が増えれば学校の収容数を増やさなければならず，卒業者の絶対数が増えれば次の学校段階の入学希望者も比例的に増加する。しかし，原因となった人口増が終息しても，ひとたび拡大したものはすぐには縮小しない。原因と結果の関係で考えたとき，これは気体の温度が上昇したときには体積が大きくなるが，温度が低下したときに体積が必ずしも小さくならないことを意味している。物理の世界と異なり，社会科学の世界では因果の関係が往々にして非対称なのである[10]。

改めて，図2－1を見てみよう。終戦直後のベビーブーム期に誕生した人々は1960年代に高校進学を迎えたが，その圧力によって押し広げられた高校教育の定員は，ベビーブーム世代が去った後も縮小することはなく，かえってその後の進学率を押し上げるように働いた。同じことは，1990年前後の第2次ベビーブーム世代と大学進学率の関係にも当てはまる。もちろん，学校は子どもの成長・発達に合わせて組み立てられており，一定の時間と空間を前提にしている。学校数や教員数を人口の増減に合わせて短期に調整することはできない。しかし，そうした物理的な面だけでなく，進学率の上昇によって定着した人々の行動パターンや期

---

10) アメリカの社会学者S.リーバーソンが提起した問題である（Stanley Lieberson, *Making It Count: The Improvement of Social Research and Theory*, University of California Press, 1985, pp.67-87）。

待といったものも、進学率を元の水準に戻させない抵抗力として働く。先に述べたように、高度成長期には受験競争が拡大し、教育と職業の学歴主義的な対応関係が顕著になった。そうした動きが人々から多くの時間とエネルギーを引き出し、教育と社会の間に相互依存的な関係を築いていくのである。

　教育拡大に不可逆性をもたらしているのは、明らかに学校の選抜・配置機能であり、それを利用して自らの利益を広げようとする人々の願望である。人々の間で教育達成の差が小さくなり、学校の選抜・配置機能が弱まれば教育拡大の圧力は低下するが、そうすると今度はその内部に質的な差異化が進行し、そこから新たな利益を引き出そうとする動きが起こってくる。そうして徐々に高まる競争圧力は、再び一部の人々を上方に押し上げることで緩和されていくのである。

　教育拡大は、そのメカニズムを自分自身の中に内包しているという意味で、しばしば自己増殖的と形容される。それは必ずしも選抜・配置機能によるだけではない。人は教育が重要であることを学校で教わり、そこで得た知識や技能を基に学校を信頼する職場に雇用され、仕事の報酬を通して学校教育の価値を象徴的に実現していく。教育拡大には、政治や経済の外的な影響だけでなく、学校制度そのものがもつ社会的特徴が関与しているのである。そのように自己増殖的な性格をもっているので、教育拡大をもたらした外的要因が失われても、就学率の水準がすぐに元に戻ることはないのである。

3. 教育拡大の結果

(1) 学校の影響力の増大

　20世紀後半の教育拡大により、学校制度はわれわれの人生に対してかつてなく大きな影響を及ぼすようになった。教育と職業の関係からそれ

を考えてみよう。高度成長期の中頃に実施された世論調査によると,「実力を身につけていれば,学歴はなくても十分社会で認められると思いますか」との質問に,「学歴がなければ認められない」と答えた人は44.1%にとどまっていた[11]。この結果は,その当時,「学歴よりも実力」と考えていた人が少なくなかったことを示している。実際,その頃の専門的・技術的職業従事者の約4割,管理的職業従事者の約6割は高卒以下の学歴だった(「昭和45年国勢調査」)。そうした学歴と職業の関係は,過去に遡れば遡るほど緩やかになり,反対に現代に近づけば近づくほど緊密なものになる。

　近年の職業資格の動向からも学校制度の影響が読み取れる。かつては,「学歴よりも実力」と同じ意味で資格の効用が説かれていたが,現在はそうではない。純粋に就業経験だけで取得できる資格は限られており,しかも就職の時点で学歴が問われる場合がほとんどである。したがって,学歴の代わりに職業資格の取得を勧めるのではなく,資格を得るために学歴取得を推奨するほうが,現在では一般的となっている。そして,多くの資格が学歴を基準に受験資格を定めており,学歴を問わない場合もたいてい資格取得のための学校が整備されている。大学も,今では受験生に向けて取得可能な資格をアピールし,入学直後からキャリア教育に力を入れている。こうして,子育てや,介護や,悩み相談といった伝統的な知恵やスキルが尊重される領域でも,医療職と同様の資格化が進み,学校との関係が強まっている。

　学校の影響力が社会生活の全般に及び,学校教育で強調されるものの見方や価値が,人々の暮らしのなかに広がっていく側面を否定的に捉えて「学校化社会」(schooled society) と呼んだのは,脱学校論で有名なI. イリッチ (Illich, Ivan) であった[12]。現代の教育社会学者たちは,教育と社会の関係を捉え直すために,その用語を改めて分析的な概念とし

---

11)「教育問題に関する世論調査」(総理府, 1968年)
12) イヴァン・イリッチ『脱学校の社会』(東洋・小澤周三訳, 東京創元社, 1977)

て用いるようになっている。例えば，次のような定義が与えられる。

　学校化社会とは，「すべての子どもや若者が長期にわたり学校教育を受け，その結果として成人としての地位も学業達成によってほとんど決まるのみならず，すべての制度がますますもって社会的制度としての教育に起源をもつ考え，価値，規範に影響を受けるようになっている社会」である[13]。

人生の経験のなかで学校との関わりが増えているだけでなく，われわれの日常的な認識や感覚も，学校教育の影響を受けているということである。とくに，人間の能力や，人生における成功あるいは失敗についての観念が，学校教育との関係で理解され，表現されることが多くなっている。

（2）一次的制度としての学校
　ところで，学校が社会の価値を子どもに伝達するという基本の関係は，学校を社会の要請に従う二次的制度として位置づけるものである。学校を社会的再生産装置と見なすのも，学校を支配集団の利害に従わせている点で同じである。それに対して，学校は社会の影響から相対的に自律している，あるいは学校は知識の定義や専門的人材の輩出を通して社会の組織化に影響力を及ぼしているといった見方は，学校が社会変化の源泉になっているという意味で，一次的制度としての働きに焦点を当てたものといえる。学校化社会では，学校の一次制度的機能が次第に大きくなっていくのである[14]。

　学校制度の創発的な側面は，学校を二次的制度と見なす議論のなかに

---

13) David P. Baker, "The future of the schooled society: the transforming culture of education in postindustrial society," in M. T. Hallinan, ed., *Frontiers in Sociology of Education,* New York: Springer（2009）
14) この区別はBaker（2009）による。

も見いだすことができる。例えば，教育についての技術‐機能的理論は，高学歴化の趨勢をかつての産業化論の延長で知識基盤社会の要請という観点から説明している。それによると，現代の技術は労働者のスキルを無用にするのではなく，「スキル偏向型技術進歩」(skill-biased technical change) の特徴をもっており，それゆえ先端技術が導入された現代的な職場では高学歴者のほうが適応的なのだと説明する[15]。こうした議論で注目されるのは，技術の導入が高学歴者に対する需要を増やすという見方だけでなく，その反対に高学歴者が多数雇用されている職場でスキル偏向型の技術が導入されやすいという形で，従来とは逆の因果関係も視野に含まれている点である。そうした方向での変化は，まさに高学歴者の蓄積が社会の仕組を能動的に変えていくという教育の一次制度的側面に光を当てたものといえる。

　教育の葛藤論的説明も，教育を二次的制度として考察したものといえる。そこでは，職業機会や社会的地位が固定的に捉えられ，その変化は基本的に学校制度以外の要因（政治体制の転換，産業技術の発展，人口の増減，移民の増加など）によって与えられる。したがって，職業需要を超えた教育拡大は学歴インフレを引き起こし，多くの人が学校教育のために無駄な時間やエネルギーを費やしていると見なされる。しかし，そうした議論のなかにも，学校の一次制度的な働きを見いだすことができる。一つは，学校制度が労働力の相当量を学生として留め置き，失業率の上昇を抑えていること。もう一つは，教育関連産業が巨大な雇用市場をつくり，高学歴の余剰労働力を吸収していることである[16]。いずれも学校教育の社会的価値を前提として可能となるものであり，バランサーとしての学校の一次制度的な働きが労働市場に安定をもたらしているといえる。

---

15) Stephen Machin, "Skill-biased technical change and educational outcomes," in G. Johnes and J. Johnes eds., *International Handbook on the Economics of Education*, Edward Elgar Publishing Limited（2004）
16) コリンズ，前掲書（1984, 253-4頁）

教育と社会の関係は，技術-機能論の観点から理解すべきなのか，それとも葛藤論の観点から理解すべきなのか。それは，教育社会学者を二つの陣営に二分する大きな論点となってきた。しかし，いずれの観点に立つとしても，上のように現代の学校を一次的制度と見なす見方を押し広げていけば，これまでみえなかった学校制度の社会構築力がさまざまな形で姿を現してくるだろう。学校制度の発達により，教育と社会の関係はますます一体的なものになってきているのである。

参考文献

吉川洋『高度成長―日本を変えた6000日』（読売新聞社，1997年）
R.コリンズ著，新堀通也監訳『資格社会―教育と階層の歴史社会学』（有信堂，1984年）
イヴァン・イリッチ著，東洋・小澤周三訳『脱学校の社会』（東京創元社，1977年）
John W. Meyer and M. T. Hannan eds., *National Development and the World System: Educational, Economic, and Political Change 1950-1970*, The University of Chicago Press（1979年）
Scott Davies & Neil Guppy, *Schooled Society: An Introduction to the Sociology of Education*, Oxford University Press（2006年）
David P. Baker & Gerald K. LeTendre, *National Differences, Global Similarities: World Culture and the Future of Schooling*, Stanford University Press（2005年）

研究課題

①文部科学省のホームページで,「図表でみる教育（Education at a Glance）OECDインディケータ」を閲覧し,国際比較の観点から日本の学校制度の現状を確認しよう。

②学校教育の「量的拡大」はどのような「質的変容」をもたらしたか。就学率に関する代表的な区分（エリート段階［〜15％］・マス段階［15〜50％］・ユニバーサル段階［50％〜］）を参考に考えてみよう。

③教育社会学では,大学進学率の歴史的推移についてさまざまな分析が行われてきた。どんな説明がなされているか調べてみよう（「教育社会学研究」を含む関連雑誌が国立情報学研究所の論文情報ナビゲータCiNiiで検索・閲覧できるのでそれを利用する）。

3 | ライフコース

岩井八郎

《目標&ポイント》 日本人の人生のあり方が，変化の時期に直面している。非正規雇用の拡大，失業率の高まり，転職の増加，高等教育進学率の上昇，新卒者の就職難，専業主婦の縮小，初婚年齢の上昇，少子高齢化の急速な進行，所得の低下と所得格差の拡大など，「失われた10年」と呼ばれた1990年代前半からの10年間を経て現在までに生じたさまざまな現象は，日本人がこれまで自明としてきた人生パターンが崩れ始めたことを示している。

ライフコースの社会学的研究は，人生の主要な段階や局面を秩序づけている意味や規則がどのようなものであるか，またそれがどのように変化してきたのかに関して，出生年の異なる人々の時代経験の差異に注目して明らかにしようとする。本章では，このライフコース研究の視点から，1990年代を境にした日本人の人生パターン全体の変化を実証研究の成果を基に説明し，現代における教育の意味を考える。

《キーワード》 ライフコース，コーホート，ジェンダー，教育の拡大，ポストフォーディズム

1. ライフコース研究の視点

誕生から死まで，現代に生きる人々の人生は，細かく区分された段階から構成されている。定められた年齢になると学校に通い，年齢とともに学年を上がり，入学試験などのルールに従って，中学から高校へ，高校から大学へと学校段階を移行する。学校を卒業した後は職業に就き，職業生活のなかでも昇進や昇級の規則がある。また結婚して家族を形成して，次の世代を育てる。そして，定められた年齢になれば退職して，

老後の人生を送ることになる。もちろん、国や地域、宗教集団、階級などによって違いがあり、個人差も大きいだろう。しかし近代以降の社会では、誕生から死までの人生の流れが、「個人の人生」として、精緻に規則化されている。

　ライフコースは、就学、就職、結婚、退職などの人生の出来事に伴い地位や役割が変化することに着目して、人生の道筋を記述する概念である。就学や卒業、就職や転職、結婚や子育て、退職など、人生の主要な段階や局面には、それを秩序づける意味や規則がある。ライフコース研究の主要な関心は、人生の主要な段階や局面を秩序づけている規則がどのようなものであるか、またそれがどのように変化してきたかに焦点を当て、社会全体の動きと人々の人生との関係を読みとく点にある。そのための基本的な視点として、ライフコース研究では、人生の出来事を年齢と時代という二つの時間の流れのなかで理解しようとする。「1964年の東京オリンピックのときに、私は高校生で世の中がどんどん変わっていくのを実感したよ。あなたが高校生だった1970年代とは大きな違いだよ。」というように、私たちは、しばしばある出来事があった年次と自分の年齢を重ねて過去を振り返り、異なる年齢の世代と比較して、社会の変化を語ろうとする。ライフコース研究は、このような思考方法を具体的に分析枠組みに用いている。

　図3−1は、出生年の異なる人々が年齢によってどの時代に出会うのかを図示している。1948年生まれの場合、1960年代の高度成長期に中学から高校時代を過ごし、20歳の時が、1968年である。大学に進学した人なら、当時の大学紛争を直接経験している。1955年生まれなら、1975年に20歳である。石油危機後の低成長時代に青年時代を過ごしている。1975年生まれになると、バブル経済が崩壊した後の1990年代半ば以降に20歳代を迎えることになり、1990年生まれでは、「失われた10年」と呼ば

図3-1　個人史と自分史の出会い

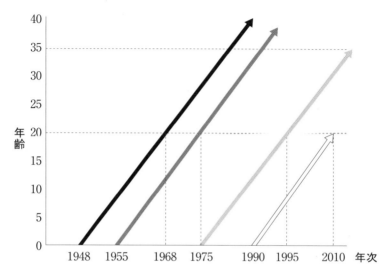

れた経済不況の時代に子ども時代を過ごしている。出生年は，その人を歴史的時間に位置づける。ライフコース研究では，ある歴史的出来事をどの人生段階で経験したかによって，その歴史的出来事が与える影響が異なると考える。出生年が（ほぼ）同じ集団のことを出生コーホートと呼んでいるが，時代の個人への影響は，出生コーホート間の差異として表れるだろう。

2. 人生パターンの変化

　近年，日本人の人生のあり方が，大きく変化してきている。バブル景気が崩壊した1990年代前半から2000年代前半にかけての10年余りの期間は，「失われた10年」と呼ばれているが，この時期を境にして，日本人男女の人生パターンに変化が生じてきた。

1970年代から90年代初め頃までは，男性の場合，学歴や職業に違いがあるとしても，教育から職業への移行がスムーズであり，失業率も低く，定年までの職業が保障されていた。女性についても，既婚女性の就業率が上昇してきたが，結婚，退職，子育て後に再就業というパターンが持続してきたように，性別役割分業型の人生モデルが維持されていた。この間，高等教育進学率は18歳人口のほぼ3分の1程度で推移していた。欧米諸国では，1970年代から就業，教育，家族形成などに関して，さまざまな変化が生じていたのだが，日本の場合，この期間の人生パターンは比較的安定していた。

　しかし1990年代になって，学校教育，就業，家族，退職後などの人生段階において，それまでの時期とは異なる現象が目立ってきた。1970年代半ばより変化の乏しかった高等教育進学率が，18歳人口の減少に伴い，90年代から大幅に上昇し，高等教育の改革が多岐にわたって実施されてきた。学力低下や少年犯罪の凶悪化，道徳の荒廃など，教育問題がメディアをにぎわせて，教育改革が繰り返し提唱されてきた。正規雇用が拡大せず，新卒者の就職難が深刻化し，非正規雇用の拡大によって，特に若年層の職業的キャリアが不安定化してきた。所得が向上せず，安定した正規雇用層とそれ以外との格差が拡大してきた。1970年代より出生率は低下を続けてきたが，90年代になっても低下傾向に歯止めがかからず，晩婚化も進み，出生率は，先進諸国のなかでも最低水準を推移してきた。高齢社会の基礎となるべき年金制度の財政的基盤に綻びが目立ってきており，少子高齢化の急速な進行とともに，世代間の扶養関係を支えてきた旧来の家族関係も変化を余儀なくされている。1990年代以降に生じた変化の例は，枚挙に暇がない。

　本章では，ライフコース研究の視点によって，1990年代を境にした人生パターンの変化を説明してみよう。教育社会学の重要な課題の一つは，

人々の人生全体における教育の意味を問うことである。近年，学校教育を受ける期間が長期化し，しかも学校から職業への移行が不安定化している。ライフコース研究の成果を学ぶ意義は大きい。

3. 女性のライフコースの変化：「団塊の世代」と「団塊ジュニア」

　まず女性のライフコースの変化をみよう。日本人女性の就業パターンの特徴は，年齢段階別の就業率をグラフにすると20歳代前半と40歳代に就業率の山のある「M字型」となることがよく知られている。多くの女性が学校を卒業した後，20歳代半ばまで働き，結婚や出産の期間に職を離れ，子育て終了後に再就職する場合，統計グラフ上で20歳代前半と40歳代に就業率の山のあるM字型曲線となる。M字型の窪みは，女性の就業率が20歳代後半から30歳代に低下することを示しているため，女性の就業機会が向上し，性別役割分業が変化しているのか知るために，政府統計でもしばしば，M字型の窪みに注意が注がれている。

　確かに，M字の窪みの底は上昇してきた。しかし，1990年代初めまで，パートタイム雇用は中高年すなわちM字の右肩に多かったのに対して，近年になってM字の左肩の20歳代でもパートタイム雇用の割合が高まっている。1990年代初めにすでに女性の大学・短大進学率が男性を上回ったが，1990年代半ばからの10年間は，結婚後の女性の就業継続を肯定する意識が広まっているものの，それに見合う就業機会が拡大していない。このような女性のライフコースの変化は，「団塊の世代」と「団塊ジュニア」を比較するとよく分かる。

　1970年に20歳代前半であった年齢層は，第二次大戦後のベビーブーム期（1947〜49年）に生まれた「団塊の世代」と呼ばれる人々が大半を占めている。人口規模が大きいこの世代は，高度成長期に教育を受け，

図3-2　女性のライフコース：1945-49年生まれ（N =404）

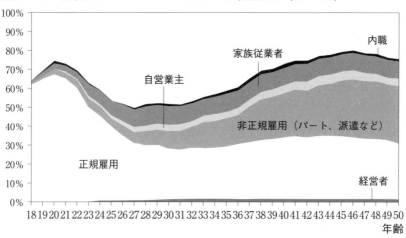

注）2005年SSM調査データより筆者作成

1970年代に20歳代を過ごし，「豊かな」日本社会のなかで成人生活を送り，現在では退職の年齢を迎えている。女性は高校を出て正規雇用として働き，25歳までに結婚して退職，二人の子どもをもって，子どもが小学校に入ると家計のためにパートに出るといった人生のパターンをたどる人が多かった。男性では，大学進学率はまだ高くなかったが，定年まで安定した職業生活が保障されてきた。

　この世代の女性のライフコースを数量的な生活史データを用いて視覚化すれば，図3-2のようになる[1]。この図は，正規雇用，非正規雇用，自営業主，家族従業者，内職，無職の比率を年齢ごとに求めて，それぞれの比率の変化から，ライフコースのパターンを読み取ることを目的に作成している。20歳を見ると正規雇用が65％ほどであるが，その値が20歳代後半から30歳代前半に20％台まで低下して，50歳まで大きな変化がない。非正規雇用（パートなど）をみると，30歳代半ばから徐々に増えて，

[1] 2005年「社会階層と社会移動」（SSM）調査から得られた職業経歴データを用いて作成している。

40代後半では正規雇用と同程度になっている。図の上の部分は，無職の比率である。図は，結婚・出産までと子育て後に二つの山がある，M字型と呼ばれる就業曲線となっている。この図から，20歳代前半に正規雇用として働き，結婚や出産の時期に就業をやめ，30歳代後半から非正規雇用が増えるという人生のパターンがはっきりと読み取れる。

　このような傾向は，団塊の世代よりも若い世代の女性でも継続して表れており，1970年代前半に生まれた「団塊ジュニア」になるまで，ほぼ同様のライフコースをたどる人たちが多かった。そのため，女性の労働力に関する政府統計をみても，1970年代から90年代まで，年齢段階別労働力率の曲線はほとんど変化していない。

　それでは，若い年齢層のライフコースは現在どのようになっているのだろうか。図3－3は，図3－2と同様の方法で，1972-74年生まれの

図3－3　女性のライフコース：1972－74年生まれ（N=349）

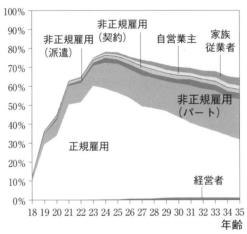

注）JGSS－2009ライフコース調査のデータより筆者作成

女性のライフコースを描いている[2]。1972-74年生まれは，1970年代前半の第2次ベビーブーム期に生まれた世代であり，「団塊ジュニア」と呼ばれている。80年代の「豊かな時代」に学校生活を送るが，20歳代にバブル経済が崩壊した後の1990年代半ば以降の時代状況に直面している。

　図3-3を見ると，図3-2とは異なる傾向が表れている。20歳代後半から30歳代の就業率が上昇して，M字型からM字型の底が上がり，台形型の方向に変化していることが分かる。しかし，正規雇用は23歳の60％から徐々に低下し，非正規雇用が年齢とともに増加している。非正規雇用は25歳で20％弱の高さとなり，自営業主や家族従業者は少ない。「団塊ジュニア」と呼ばれる世代のライフコースは，親世代と比べると，20歳代において正規雇用から退職へという道筋は崩れているが，非正規雇用の割合が上昇しており，職業経歴の不安定さが高まっている。

　同じように，1978-80年生まれの女性のライフコースを分析すると（図は略），この傾向がさらに明瞭になっている。25歳における正規雇用は46％であるが，非正規雇用が25％を超え，職業経歴の不安定さがさらに高まっている。

　以上の結果に加えて，学歴別の特徴も紹介しておこう。大学卒女性の場合，男女雇用機会均等法が制定された1980年代半ば以降に大学を卒業し就業を開始した年齢層（1960年代後半生まれ）から，就業を継続する傾向が強くなっており，正規雇用のなかでも勤め先を移動する傾向が高まっていた。そして，1990年代になって，大学卒女性においても非正規雇用が増え，非正規雇用として勤め先を変わる傾向も高まっていた。「団塊ジュニア」に属する大学卒女性では，20歳代に就業率はあまり低下せず，職業経歴が細かく分岐し複雑になっている。またそれとともに，晩婚化

---

[2] 2009年に実施されたJGSS-2009ライフコース調査の職業経歴データを用いている。JGSS-2009ライフコース調査は，1966年から80年生まれ（28～42歳）の男女を対象に実施した全国調査である。標本数は6000，有効回答数は2727，転居，住所不定など調査不能票を除いたうえでの回収率は51.1％。調査の詳細については，JGSS研究センターのHP（http://jgss.daishodai.ac.jp）を参照。

が進み、結婚・出産・育児による離職が減少している[3]。

　このような就業パターンの特徴は、家族形成と密接に関係している。図3－2の「団塊の世代」の女性の場合、20歳代後半から30歳代前半にかけての就業率の窪みは、結婚と出産の年齢に対応していた。この窪みの底が上昇すれば、就業行動と家族形成との対応関係に変化が生じていることになる。その傾向は図3－3からも読み取れるのだが、女性の出産年齢の変化を年齢別出生率の推移によって確かめてみよう。

　図3－4は、戦後のいくつかの年次における年齢別出生率をグラフにしている。年齢別出生率（age-specific fertility rate）とは、ある年齢の母親が1年間に産んだ子の数を、その年齢の女性人口で除した値（1,000人当たり）であり、各年齢の数値の合計が合計特殊出生率となる。

図3－4　年齢別出生率の推移：1950－2007年

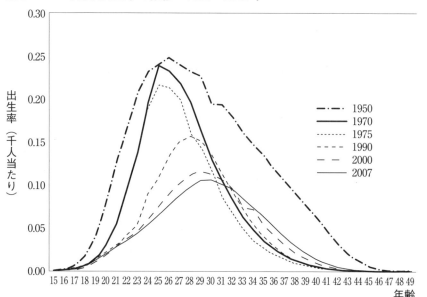

出典：国立社会保障・人口問題研究所編『人口動向 日本と世界』人口統計資料集2009より筆者作成

3）詳しい分析結果は岩井八郎「『失われた10年』と女性のライフコース―第二次ベビーブーム世代の学歴と職歴を中心に―」『教育社会学研究』第82集（2008）を参照。

まず，1950年における年齢別出生率のパターンを見ると，20歳代半ばから後半にピークがあるが，どの年齢でも出生率が高いことが分かる。次に1970年になると，20歳代半ばにピークがあり，その年齢時の出生率は1950年とほぼ同じだが，他の年齢時の出生率は低下していて，出産が特定の年齢段階に集中している。また1975年においても，同じ特徴がある。1950年のグラフは，「団塊の世代」が生まれた当時の出産パターンを示し，1970年と75年のグラフは，「団塊ジュニア」が生まれた当時の出産パターンを示している。各年次のグラフを比較すると，1970年代前半において，20歳半ばまでに家族を形成するという人生のパターンが広く定着したこと，そして，その主たる担い手が「団塊の世代」であった点が明らかである。

　1980年代から，年齢別出生率はピークの年齢が徐々に高くなり，ピーク時の値は低下を続けている。2007年では30歳がピークになっており，その値は1970年の5割以下である。30歳以上の出生率は，1990年からやや上昇しているのだが，1950年時点よりかなり低い。1970年代半ばからわが国の出生率は低下を続けており，団塊ジュニア世代は，親世代とは異なる特徴を示しており，出産年齢の画一性は崩れてきている。1970年代に確立されたパターンに従う層が縮小している点は明らかだが，新しい特徴が生まれているとはいえないだろう。女性の就業継続と家族形成とのバランスが求められている一方で，就業パターンの複雑化に並行して，家族を形成する層が縮小している。

　以上のような女性のライフコースの変化は，子どもを学校に送り出す家族の変化とも密接に関係している。1990年代まで子どもの母親の多くが，結婚や出産を期に退職し，20歳代後半に子どもをもった人々だと考えてよかった。しかし，結婚や出産の年齢が高年齢化し，職業経歴も異なるという点で，子どもの母親層が多様化しているのである。

4. 若年男性のライフコース：20歳代の不安定化

　性別役割分業型の人生パターンが可能になるには，学校卒業から退職まで，男性に安定した職業生活が保障されていることが前提である。男性の場合，1970年代初めに中学卒業後，90％以上が高校へ進学するようになり，学歴は大学卒と高校卒にほぼ二分割されるようになった。職業経歴データを用いた研究によれば，同じ時期に，労働市場における高校卒の位置にも変化があり，大学卒と高校卒との間で，職業経歴の相対的な格差が明瞭になっていた。1970年代以降，大学卒の職業は専門職とホワイトカラー職が大部分であるのに対して，高校卒ではブルーカラー職が5～6割を占めるようになった[4]。その後も成人男性の失業率は低く，学歴と職業経歴の関係は比較的安定していたのだが，1990年代後半以降の社会状況のもとで，どのような変化が生じているのかを検討してみよう。すでに1990年代後半以降の社会状況のもとで，若年男性でも非正規就業や転職が増加し，学校卒業後の20歳代の職業経歴が不安定化している点はよく知られている。以下では，それが学歴別でも，とりわけ大学卒の職業経歴にどのように表れているのかについて，数量的な生活史データを基に紹介する。

　図3-5は，男性について学校教育を終えた後の経歴のなかで「仕事を全くしなかった期間あり」の割合を年齢ごとに算出した結果である[5]。この調査では，「学校を終えてから現在に至るまでのあいだで，収入を伴う仕事を全くしていなかった期間」について，その始まりから終了までの年月をすべて尋ねている。この情報を用いて，たとえば25歳時にサンプルの何％が無職であったのかを計算することが可能である。ただし，この分析結果では無職期間の長さについては検討できない。たとえ短い期間であっても，その年齢時に仕事を全くしていない，すなわち職業経

---

[4] 岩井八郎「近代階層理論の浸透―高度成長期以降のライフコースと教育」近藤博之編『日本の教育社会』日本の階層システム3（東京大学出版会，2000）
[5] JGSS-2009ライフコース調査の職業経歴データを用いている。

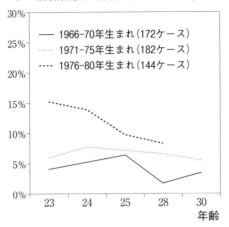

図3-5 無職経験の割合：大学卒男性，出生年別

注）JGSS-2009ライフコース調査データより筆者作成

歴のなかで「空白」があれば，「無職期間あり」と見なされている。

図3-5は，大学卒について出生年別に無職経験の割合を比較している。図の1976-80年生まれをみると，23歳の時に15.3％が無職を経験しており，24歳ではその値が13.9％になり，25歳では9.7％になっている。1966-70年生まれの大学卒の場合，24歳の無職経験は5.4％であり，1971-75年生まれも24歳では7.7％である。1976-80年生まれでも，年齢とともに無職経験の割合が下がるのだが，23歳と24歳では明らかに高くなっている。高校卒男性についても同じ分析をすると，1976-80年出生の20歳では12.6％，23歳では10.3％が無職を経験しており，1966-70年出生と1971-75年出生の高校卒よりも高い値となっている。つまり，1990年代後半以降に学校教育を終えて，就業を始めた年齢層で，20歳代の職業経歴が不安定化しており，その傾向に学歴別の差はない。

男性の20歳代の職業経歴の不安定化は，非正規雇用や転職に関する研

究結果からも明らかになっている。1990年代後半以降，20歳代の職業経歴において非正規雇用の割合が大学卒，高校卒ともに高まっているのだが，1976-80年出生の大学卒男性では，25歳で13.2%，28歳で12.5%となっていて，非正規雇用が職業経歴のルートの一つとして明確になっている。転職行動も，28歳の時までに「2回以上の転職経験」のある者の割合を求めて出生コーホート間で比較すると，大学卒では，1966-70年出生では7.6%，1971-75年出生では7.5%であったが，1976-80年出生になると9.0%となっている。

このように男性の場合，学校教育を終えた後，20歳代前半で無職の経験がある者が増加し，非正規雇用の割合も転職行動も高まっており，この傾向に学歴差はない。20歳代前半までの短期間を非正規雇用として就業し，その後，正規雇用や自営層への移動があるのならば，非正規雇用の期間は職業経歴の一段階と考えられる。しかし年齢とともにその割合が低下しないのならば，不安定なルートが定着しつつある。この傾向は，1990年代後半より就業を開始した1976-80年出生の高校卒と大学卒にはっきりと表れている。

最後に1976-80年出生の大学卒男性について，20歳代の職業経歴によってライフコースのプロフィールを視覚的に描いてみよう。そのためには，従業上の地位，従業先規模，勤め先の移動を含めた複雑な指標の組み合わせを用いる必要がある[6]。

図3-6が1976-80年出生の大学卒男性の分析結果である。図は次のように読む。正規雇用で300人以上の最初の従業先で就業している者の割

---

6) 図では，従業上の地位を正規雇用，自営業主・経営者，家族従業者（個人商店や農家などで家業を手伝っている家族），非正規雇用，無職に区分し，正規雇用のなかで従業先規模を従業員数300人以上と300人未満に区分する。そして正規雇用の規模別に「従業先1」（＝転職なし，最初の従業先で就業），「従業先2」（＝転職1回，2番目の従業先で就業），「従業先3」（＝転職2回以上，3番目以降の従業先で就業）に区分した10カテゴリーを構成して，年齢ごとの比率の変化を出生年別，学歴別に検討している。このような指標の構成によって，正規雇用のなかでの勤め先の移動の特徴を加えて，ライフコースの複数のルートを描くことが可能になる。

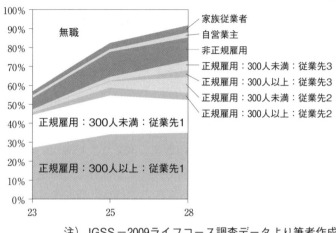

図3-6　大学卒男性のライフコース：1976-80年生まれ（N=144）

注）JGSS-2009ライフコース調査データより筆者作成

合が25歳と28歳で大学卒の約3分の1であり，300人未満の最初の従業先は，28歳で17.4％である。28歳まで最初の従業先に正規雇用としているものがほぼ半数となっている。転職については，300人以上の従業先に正規雇用として転職する者の割合が低い。また非正規雇用がはっきりとした職業経歴のルートになっていることも分かる。

1966-70年出生の大学卒について同じ図を作成すると，25歳で約半数が300人以上の規模の最初の従業先で正規雇用として働いており，30歳までその比率はほとんど変化がなかった。30歳時点で転職をしていない正規雇用は約60％，それ以外の経歴は，1回転職，2回以上転職，自営業主，家族従業者，非正規雇用に細かく分かれているが，とくに目立った特徴はない。1971-75年出生の大学卒の職業経歴でも，25歳で300人以上の規模の最初の従業先で就業している者が50.0％であり，その比率は30歳までやや低下して40.7％になる。1971-75年出生では，転職傾向がやや高まっているのだが，1966-70年出生の場合との違いは大きくない[7]。

7）岩井八郎「戦後日本型ライフコースの変容と家族主義―数量的生活史データの分析から」落合恵美子編『親密圏と公共圏の再編成　アジア近代からの問い』（京都大学出版会，2013）

1990年代後半以降に大学を卒業した1976-80年出生になって，大学卒男性の職業経歴が変化している。これまでの調査研究では，28歳までしか経歴をたどることはできなかったが，非正規雇用と無職の拡大，ならびに300人以上の従業先の割合の低下から，大学卒に生じた変化を特徴づけることができる。

　高校卒の初期キャリアは，大学卒とかなり異なる。1976-80年出生の高校卒男性の20歳から28歳までの職業経歴を同じように検討すると，28歳まで300人以上の規模で正規雇用として就業し，転職していない者は約14％にすぎない。300人未満の正規雇用として転職していない者は，20歳の35％が28歳までに23％まで低下する。また28歳の正規雇用で1回転職している者が14.3％，2回以上転職している者が18.3％である。300人以上の従業先へ転職した者は大変少ない。非正規雇用は28歳において10.3％であり，高校卒においても職業経歴の一つのルートとなっている。高校卒の転職傾向については，1966-70年生まれならびに1971-75年生まれと比べても大きな変化は生じていないが，1976-80年生まれの特徴は，大学卒と同様に300人以上の従業先での就業割合の低下と非正規雇用の拡大にある。なお自営層については，家族従業者（すなわち家業に入る者）の割合がやや高まっている点も付け加えておく。

　男性の場合，1990年代後半から職業生活を開始した高校卒と大学卒ともに学校卒業後の20歳代の経歴に顕著な変化があった。高校卒と大学卒に共通して，従業員規模の大きな従業先で就業する者の割合が低下し，非正規雇用が拡大し，学校教育を終えた後に無職を経験する者の比率も高まっている。さらに転職回数の増加を加えると，男性の20歳代のライフコースは，高校卒でも大学卒でも内部分化が進行して，複雑化してきたことになる。ただし，大学卒が大企業で安定的な就業を継続する傾向は縮小しつつあっても持続しており，高校卒の経歴との差は明瞭である。

5. ポスト・フォーディズム型ライフコース

　以上のようなライフコースの変化は、「フォーディズム型」から「ポスト・フォーディズム型」への移行として説明されている。第二次大戦後の先進諸国において、経済成長期に中流階級のみならず労働者階級にも広く浸透した性別役割分業型の人生パターンを「フォーディズム型ライフコース」と呼ぼう。その特徴としては、学校教育、就業、家族形成、退職というように、人生が相互にはっきりと異なる段階に区分されており、人々は、それぞれの段階を順に移行することが期待されている。また性別役割分業も定着していて、男性が家計を支える稼ぎ手であり、女性が家事・育児の担い手と見なされる。このように標準化された人生パターンは、好調な経済状況のもとで男性の稼ぎ手に安定した仕事と収入が保障される場合に可能であった。「フォーディズム型ライフコース」とは、第二次大戦後の経済発展を支えたフォード型の規格化された製品の大量生産様式になぞらえての呼称である。

　欧米先進諸国では、1970年代より「フォーディズム型ライフコース」からの「ずれ」を示す現象が生じてきた。若者の職業経歴の不安定化、家族形成の遅れや非婚カップルの増加、離婚率の上昇と単身世帯の増加、出生率の低下、転職の増加、所得格差の拡大などが話題になってきたが、これらの現象は、人生段階や生活領域の境界がゆらぎ、人々がたどる人生の道筋が多様化し、異質化しつつある状態を示している。このような人生パターンは、それまでの「大量生産」に代わる「多品種少量生産」になぞらえて、「ポスト・フォーディズム型ライフコース」と呼ばれている。

　1970年代から90年代初めまで、日本人のライフコースは、フォーディズム型の特徴が維持されてきた。つまりフォーディズム型からの「ズレ」が小さかったのだが、この章で説明してきたように、1990年代後半になっ

て，ポスト・フォーディズム型の特徴が目立つようになってきた[8]。

ポスト・フォーディズム型への移行を推し進める要因としては，製造業の衰退，教育機会の拡大，フェミニズムの浸透，個人化，価値観の変化，労働組合の弱体化，情報産業の発展，サービス経済化による低賃金労働の増加，人口構成の変化などが指摘されている。それぞれが相互に深く関係していることは確かであるが，女性の教育機会と就業機会の拡大，ならびに人生モデルの個人化に注目しておきたい。

性別役割分業型の人生パターンが維持された社会においては，一般に女性の機会の拡大と家族形成とが両立しない。女性にとっての選択肢が，子どもの養育や高齢者のケアのために主婦として家庭にいるか，就業を継続して家族形成を延期するかに限られるため，サービス経済化が進み，女性の教育水準が向上して，就業年数も長期化するようになると，就業しない場合の損失が大きくなり，晩婚化と少子化が進む。日本の出生率は，国際的にも最低水準である。

また人生の道筋が細分化され，複雑になることは，人生パターンの画一性が崩れることを意味する。ひとりひとりが職場や家族との関係よりも，自分の関心や興味，能力，経済力を判断基準にして人生をデザインする傾向が強まる。このような個人化された人生モデルが浸透すると，人は，多様な選択肢のなかから個人の人生の可能性を高める道を模索するだろう。しかし，失敗すれば非難されるのは自分となる。ポスト・フォーディズム型への変化が進めば，ひとりひとりの選択の可能性が高まると同時に，選択の結果として生じるリスクをその人が背負うことになる。そうなると社会的な格差も，個人の選択の結果と見なされるかもしれない[9]。

高等教育の拡大と多様化は，人生設計の個人化と格差の個人化を加速すると考えられる。高等教育の拡大は，現在ではグローバルな現象であり，

---

8) 国際比較については，エスピン-アンデルセン『ポスト工業経済の社会的基礎—市場・福祉国家・家族の政治経済学』(渡辺雅男・渡辺景子訳，桜井書店，2000)。
9) 岩井八郎「ライフコース研究の20年と計量社会学の課題」『理論と方法』(数理社会学会，ハーベスト社，2006)

日本の場合，1990年代から大学進学率が急速に上昇し，現在では大学入学年齢層の50％を超えており，高等教育機関のなかでもエリート教育の場と見なせるところはますます限られてきた。この高等教育の拡大が，市場のニーズに対応した結果ではないことも明白である。難関の有名大学はあるが，学部教育の内容も多様化しており，「環境」「情報」「文化」「人間」などの名称をもつ学部や専攻が目立っている。現在の高等教育のなかで特定の職業に適合する人材を養成している部分は，かなり限定されている。卒業後の社会的地位との関係が明確ではないにもかかわらず，高等教育が拡大し，内部の分化も進行している。

　大学が，労働市場で役に立つ技術や知識を教育・訓練する場であるとする見方も，学歴が訓練の内容ではなく，成功の可能性を示す資格やシグナルであるという見方も，当てはまらないような状況になっている。同じ学部や同じ専攻でも，卒業後のライフコースの多様化は今後も進むと予想される。現在の高等教育，また教育システム一般は，未だ定着していないが，将来に実現するかもしれない知識の体系を提示して，そのカテゴリーを背負った人材を社会へ送り出す機関になっている。将来何か学んだことが役に立ち，卒業生のなかで活躍してくれる人物が出るのでは，との楽観的な期待に支えられたシステムになっているともいえるだろう。

6．模索の時期としての「新しい成人期」

　近年，若者の間で「終身雇用」や「専業主婦」を肯定する保守的な意識が高まっていると指摘されている。2000年代半ば頃より，新入社員の調査において，「チャンスがあれば転職してもよい」とするよりも，「今の会社に一生勤める」と答える者が増加している。また「夫が外で働き，妻は主婦業に専念すべきだ」を支持する20歳代の既婚女性の割合も増加

している。ポスト・フォーディズム型ライフコースへの変化が進み，20歳代の人生パターンの不安定さが増したために，意識のうえでは，安定したフォーディズム型を求める傾向が強くなっている。しかし本章で取り上げてきたように，性別役割分業型の人生パターンをたどることが可能な層は縮小しており，その「周辺」が拡大し多様化している。

少子高齢化が急速に進む社会を転換するために，女性の就業をさらに促進し，男女の平等を進め，男性の働き方を問い直すといった「男女共同参画社会」に対する合意が形成され，さまざまな施策も実施されている。とりわけ「ワークライフ・バランス」の提案は，女性の就業を促進し，子育て環境を充実させて，男女にゆとりある働き方が可能になることを目指している。しかし，これは安定した正規雇用層に対して効力を発揮する施策であり，女性のライフコースの多様性や男性の雇用の不安定さを考えると，今のところ影響力は限られている。そのため，若者層で「終身雇用」や「専業主婦」を支持する意識が強くなっているのであろう。

拡大し多様化した「周辺」にいかに活力を与えて，新しいシステムを構築できるのであろうか。現在の日本社会は，異なる時代経験を積んだ異なる年齢層が折り重なって構成されているため，ある理想像からライフコースを全面的に組み直すことは極めて難しい。

高校卒業から20歳代後半までの時期に限って考えると，改めて，新しい概念によってこの時期を見直すことが必要ではなかろうか。高等教育への進学率が高まり，学校教育を受ける期間が長くなったが，卒業後の職業経歴との連続性は低下している。晩婚化が進み，家族を形成する年齢も高くなって，パートナーとの関係を模索する期間が長くなっている。この時期は，職業生活においても日常生活においても，個性の発揮や自分らしさの探求，さらに親密な人間関係の新たな構築のために，試行錯誤が繰り返されるであろう。高校卒業から20歳代後半までは，不確実性

と可能性が同居する模索の時期として「新しい成人期」の段階になっている[10]。日本の文脈で，この年齢期の試行錯誤の事例から，変化の可能性を探る必要があろう[11]。

〈付記〉
1．「社会階層と社会移動（SSM）」調査データの使用に関しては，2005年SSM調査研究会の許可を得ている。
2．日本版General Social Survey 2009ライフコース調査（JGSS-2009LCS）は，大阪商業大学JGSS研究センター（文部科学大臣認定日本版総合社会調査研究拠点）が実施している研究プロジェクトである。

---

10) 例えば，Jeffrey Jensen Arnett, *Emerging Adulthood: The Winding Road from the Late Teens through the Twnties*（2004）。
11) 岩井八郎「多様化するライフコースとその課題」猪木武徳編『〈働く〉はこれから　成熟社会の労働を考える』（岩波書店，2014）

参考文献

岩井八郎「近代階層理論の浸透―高度成長期以降のライフコースと教育」近藤博之編『日本の教育社会』日本の階層システム3（東京大学出版会，2000年）
岩井八郎「ライフコース研究の20年と計量社会学の課題」『理論と方法』（数理社会学会，ハーベスト社，2006年）
岩井八郎「『失われた10年』と女性のライフコース」『教育社会学研究』第82集，61－87頁（2008年）
岩井八郎「戦後日本型ライフコースの変容と家族主義―数量的生活史データの分析から」落合恵美子編『親密圏と公共圏の再編成　アジア近代からの問い』（京都大学出版会，2013年）

岩井八郎「多様化するライフコースとその課題」猪木武徳編『〈働く〉はこれから 成熟社会の労働を考える』（岩波書店，2014年）
Jeffrey Jensen Arnett, *Emerging Adulthood: The Winding Road from the Late Teens through the Twenties*, New York: Oxford University Press（2004年）
Gosta Esping-Andersen, *Social Foundations of Postindustrial Economies*, New York： Oxford University Press（1999年）（エスピン-アンデルセン著，渡辺雅男・渡辺景子訳『ポスト工業経済の社会的基礎―市場・福祉国家・家族の政治経済学』（桜井書店，2000年）

研究課題

①自分の身近な知り合いのなかで，年齢の異なる男女を3名ずつ選び，図3－1のように時代と年齢を交差させて，生活史を描いてみよう。人生の出来事にどのような変化があるのかを読み取ってみよう。

②女性の年齢別労働力について，日本を含めて，各国の1970年代から現在までのデータを集めて，変化をグラフで示してみよう。そこから，日本の特徴を読み取ってみよう。

③最近の日本の若者の転職や海外移住，Iターンなどの事例を調べ，従来とは異なる特徴を検討してみよう。

4 | 少子社会の家族と子ども

近藤博之

《目標&ポイント》 歴史的な少子化の背景には学校制度の発達がある。近代社会において，子どもは親にとって経済的価値をもつ存在から，感情的価値をもつ存在へと変化した。本章では，まず近代家族が教育家族として成立し，それによって子どもの社会的地位が向上したことを確認する。しかし，近年では，結婚，出産，育児等の行動を通して家族のあり方が急激に変化し，親子の関係や家族と社会の関係に脱近代家族の特徴が観察されるようになっている。そのことが子どもの社会化に対してもつ意味を考える。
《キーワード》 近代家族，少子化，家族周期，親子関係，脱近代家族

1. 近代家族と子どもの地位

(1) 子ども期の発見

「17世紀には無視され，18世紀に発見された子どもは，19世紀には専制君主となる」[1]と書いたのはフランスの社会史家P. アリエス（Aries, Philippe）であった。子ども期は人間が成長する過程で必ずたどる一つの発達段階であり，われわれは現在と同様の親子関係がどんな時代にもみられるはずだと考えている。そうした常識的な見方に対して，アリエスは，われわれが自明と見なす家族や子どもの観念が近代になって定着したものであることを絵画や文芸作品などさまざまな資料を用いて論証している。近代以前の社会では，子どもが保護や教育を必要とする特別の存在として扱われておらず，できる限り早い時期から「大人たちと一緒にされ，仕事や遊びを共にした」というのである。価値や知識を伝達

1）フィリップ・アリエス『「教育」の誕生』（中内敏夫・森田伸子編訳，新評論，1983, 89頁）

する社会化の作用も、子どもは「大人たちの行うことを手伝いながら、知るべきことを学んでいた」のであり、家庭教育や学校教育がその担い手であったわけではない[2]。

アリエスによると近代になって生じた根本的な変化は、子どもと子どもの将来に対する配慮を中心に家族のなかに新しい感情生活が築かれたことにある。それは、育てる子どもの数を制限し、子どもひとりひとりと情愛のある関係を築き、将来の成功のためにあらゆる手立てを尽くす親の行動となって現れた。そのように少ない数の子どもを大事に育てる風潮は、最初はブルジョア階級の家庭に生じたものだったが、次第に庶民階級の間にも広まり、20世紀の初頭にもなると国の統計のうえに出生力の低下や就学率の上昇として明確に現れるようになった[3]。そうして、子どもは近代化による社会構造の変化と家族精神の変容に合わせておとなや労働の世界から徐々に切り離され、今日のように学校制度のなかに囲い込まれるようになったのである。

参考までに、主要国における出生率の歴史的推移を図4－1に示しておこう。これは、出生年コーホートごとに生涯の出生数を比較したものである。現代に近づくほど母子の衛生・栄養状態が改善され、乳児死亡率も低下するが、そのように改善された環境のなかで出生率が減少し続けてきたことは、親たちの間で子ども数を制限する動機づけがますます強くなったことを示唆している。

（2）子どもの価値の転換

近代以前の社会では、子どもは早い年齢段階から働き手として家族の経済生活のなかに組み入れられていた。親にとって子どもはまさに役立つ存在だったのである。これに対して、近代になると子どもは働き手であることをやめ、長期間、教育を与えられる存在となった。子どもによ

---

2) フィリップ・アリエス『〈子供〉の誕生―アンシァンレジーム期の子供と家族生活』(杉山光信・杉山恵美子訳, みすず書房, 1980, 1－3頁)
3) アリエス, 前掲書 (1983, 95－113頁)

図4−1　コーホート出生率の推移，1831−1945年

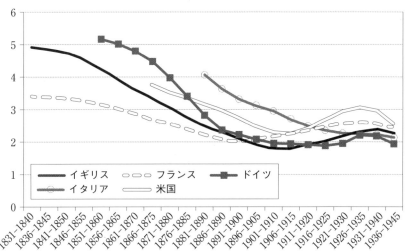

出典：Timothy W. Guinnane, "The Historical Fertility Transition: A Guide for Economists," *Journal of Economic Literature*, 2011, 49：3　Figure3. Cohort Fertility Rates, 1831-1945, p.594

る労働の貢献はなくなり，反対に教育費の負担が求められるようになった。ある人口学者は，この変化が歴史的な出生力低下のタイミングに影響を与えたと考えて，「世代間の富の流れ」という興味深い視点を提示している。近代になるとそれまでの「子から親へ」ではなく「親から子へ」と富が流れるようになり，親の合理的な行動として子ども数の制限が行われるようになったというのである[4]。

他方，アリエスの視点から近代のアメリカ社会を捉えたV. A. ゼリザー（Zelizer, Viviana A.）は，19世紀から20世紀にかけての子どもの境遇の変化を，子どもが経済的価値を失う代わりに感情的価値を高めてきた過程として描いている[5]。例えば，子どもと労働の関係は，ただ単

[4] John T. Caldwell, "Mass education as a determinant of the timing of fertility decline," *Population and Development Review* 6-2 (1980)　出生力と教育の関係については，河野稠果『世界の人口』（東京大学出版会，1986）を参照。

[5] Viviana A. Zelizer, *Pricing the Priceless Child: The Changing Social Value of Children,* Basic Books (1985)

に学校教育を前提に就労が禁止されたというだけではない。学校が普及してからも，子どもは家業の手伝いや，物売りあるいは配達などの収入を伴う仕事に少なからず関わっていたのである。そうした現実に対して，どんな仕事なら子どもに認められるのかという形で道徳的および教育的な議論が繰り返され，そのつど子どもの感情的価値に見合う定義が施されてきたのである。それは，鉱山や工場での過酷な労働を禁止することに始まり，子どもにふさわしい仕事とふさわしくない仕事の線引きを繰り返し，最終的には「本物の仕事であってはならず，教育の一つの形式あるいは一種のゲームとしてのみ正当化される」という見方にたどりついた。子どもに家事をさせる場合も仕事ではなく，あくまでも「手助け，規律，献身を学ぶレッスン」として与えなければならないのである[6]。ゼリザーは，このような文化的定義を通して子ども期が徐々に神聖化され，子どもが人々の感情のなかでかけがえのない存在になってきたと論じている。

(3) 日本の教育家族

同じくアリエスを意識して近代日本のなかに「教育家族」の成立を求めた沢山は，大正期の都市中間層（公務，自由業に従事する人々）のなかに，子どもの数を制限し，よりよい教育を与えることで社会的上昇を果たそうとする人々の姿を見いだしている[7]。沢山が注目したのは，学校制度による学力競争の高まりを背景に，教養の高い母親たちによって行われた熱心な子育ての様子であった。子どもの心の独自性を尊重しようとする「童心主義」も，同時期のそうした都市中間層の家庭のなかに展開したとされる。ただし沢山は，選りすぐりの子どもを求める「教育的マルサス主義」とすべての子どものなかに価値を認める「童心主義」が同時に広まったのは，後者が学力競争による成功や失敗の結果を受け

---

6) Ibid. pp.56-112
7) 沢山美果子『近代家族と子育て』（吉川弘文堂，2013, 184-211頁）

入れやすくする機能をもったからである，とややうがった見方を提示している．

沢山が大正期の都市に見いだした「教育家族」が日本社会全体に広がっていくのは，もちろん教育拡大が進む20世紀後半になってからのことである．とくに，高度成長期において家事・育児を専業とする母親が大衆的に登場し，その後，家事時間の減少とともに「育児＝教育をする母親」が社会の前面に出てくるようになったとみられている[8]．そうした教育家族の定着によって，親と子の関係や子どもの教育に対する意識が日本でも徐々に変化してきたといえる．

出生力の低下傾向，児童労働の制限と学校制度の発達，子どもの感情的価値の高まり，これらの間の因果関係は必ずしもはっきりしないが，産業化や都市化による社会構造の根本的な変化がそれらの傾向を歴史的に後押ししてきたとみてよいだろう．その結果として，家族および社会における子どもの地位は明らかに向上してきたのである．

2. 社会化機関としての家族

(1) ミドルクラスの家族モデル

アリエスやゼリザーが描いた近代家族のイメージは，20世紀中葉の都市部に勢力をなしてきたミドルクラス[9]の家族モデルに対応している．それは，図4－2の家族周期に象徴されるような夫婦家族の生活形態である．この図に表現されているのは，男女の恋愛により家族が始まること，夫婦が自分たちの力で家庭を築いていくこと，子どもを産み育てることが家族の中心的課題であること，子どもの独立と夫婦の死亡によって家族が消滅することなど，都市ミドルクラスの一般的な家族観に基づ

---

8) 渡辺秀樹「戦後日本の親子関係」目黒依子・渡辺秀樹編『講座社会学2 家族』(東京大学出版会，1999)
9) 専門・管理職やその他の非現業的職業を中心に，資本家と労働者の間に定義される社会経済的集団．議論の文脈に応じて，中流階級，中産階級，中間階級（中間層）などの訳語があてられる．

図4-2 デュボールの家族周期8段階図

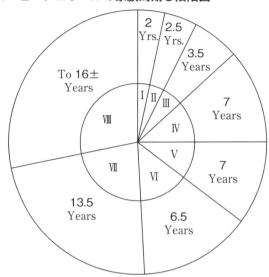

I　子どものいない時期（Beginning Families）
II　長子誕生から30か月（Childbearing Families）
III　長子30か月から6歳（Families with Preschool Children）
IV　長子6歳から13歳（Families with School Children）
V　長子13歳から20歳（Families with Teenagers）
VI　長子から末子まで独立（Families as Launching Centers）
VII　夫婦のみから隠退まで（Families in the Middle Years）
VIII　隠退から死亡まで（Aging Families）

出典：Duvall, E.; Miller, B., *Marriage and Family Development*, 6th Edition, ©1984, p.28. Reprinted by permission of Pearson Education, Inc. Upper Saddle River, NJ.

いた夫婦家族の平均的タイム・スケジュールである[10]。また、こうしたモデルでは性別役割分業が前提となっており、子育ては母親が中心的に担うことが期待されていた。

ここで、第VI段階の家族が「船出基地」（Launching Centers）と名づけられている点に注目しよう。その段階は、客観的には家族の縮小期

---

10) 家族周期については、森岡清美『家族周期論』（培風館、1973, 17-52頁）を参照のこと。また、森岡は、日本でもこれとほぼ同じ夫婦家族の理念が戦後の民法改正を基に学校教育や社会教育を通して唱道され、高度成長期に広範な理念の実現をみたと述べている。（森岡清美『現代家族変動論』ミネルヴァ書房、1993, 209-14頁）

を意味し，伝統的な家族であれば扶養の手が離れて暮らしが楽になる時期に対応している。それに対して，ここではそれまでの子育ての集大成の時期として位置づけられている。進学にしろ，就職にしろ，結婚にしろ，子どもの進路はそれ以前の段階から計画されており，この段階において親は子どもに対してできる限りの財政的支援を行うことが期待されているのである。

やはり20世紀中葉の家族について，社会学の観点から家族の機能を考察したT.パーソンズ（Parsons, Talcott）は，親族組織が後退して孤立した核家族が社会の前面に出てくるようになったのは社会構造の変化に家族が適応してきた結果であり，それによって家族は「子どもの社会化」と「成員のパーソナリティの安定化」を専門的に担う機関に特化したのだと述べている[11]。子の親への依存を通して社会の基礎的な文化を内面化させ，学校と役割分担しながら段階的に社会に出ていく準備を与えるのが現代社会に見合う家族のあり方だというのである。パーソンズによれば，親もまたその課題に情動的に関わることによってパーソナリティの安定を得ているという。そうして，家族による社会化の結果は子どもの船出（巣立ち）の段階に集約的に現れ，それを通して親もまた社会的な評価と一定の満足を得ていると解釈されるのである。

（2）親子関係のジレンマ

他方，地域社会や親族組織から孤立し防護壁の薄くなった家族には社会の影響が容易に入り込んでくる。子どもの社会化に関して注目されるのは，自立と依存をめぐる親子の感情的な問題である。まず，学校制度の発達によって社会化過程が長期化していることの影響がある。子どもは家族のなかにある限り親への依存を免れないが，成長とともに自分の世界が広がり，独立心が高まっていく。しかし，自らに経済力はないの

---

11) T.パーソンズ & R. F. ベールズ『家族』（橋爪貞雄他訳，黎明書房，1981, 34-43頁）

で親が行う教育投資をあてにせざるをえない。親のほうも、子どもに対する愛情（教育投資）以外に子どもを統制する手段がないので、たえずその引き上げを示唆しながら子どもを手なずけていくほかない。教育期間が長くなればなるほど、家族における社会化の過程はメリハリのないものとなり、自立と依存のジレンマが広がりやすくなっていくのである。

　また、家族は子育ての長期的な目標のもとに学校と協力的な関係を結ぼうとするが、学校の側に学力競争の傾向が強くなると、家庭のなかにも学力偏重の弊害が及んでくる。そこに、子ども自身の興味や発達段階を無視して、学校がもつ成績至上主義の基準をどこまで押しつけていけばよいのかのジレンマが生じてくる。そこには親自身の経験も重なってくる。第2章で取り上げた教育拡大の結果として、新しい世代の親ほど自分自身が受験競争を経験した割合が高くなるが、そうした親は子どもの現状がどんな将来に結びつくかをほぼ正確に理解している。子どもの教育達成が親自身の社会的評価にもつながるので子どもに対する要求はしばしばエスカレートするのである。しかし、それが子どもに無理を強いることも承知しているので親自身のジレンマ感は増幅していく。

　こうした微妙な問題をはらんでいるものの、子育てに特化した家族と大衆化した学校教育の組み合わせは、親と子に家庭内の安定した役割分担と地位を与え、教育家族と呼ぶにふさわしい家族の形態をもたらすこととなった。図4-2の家族周期図の作成者も、そのことを「家族は子どもの成長とともに成熟する」[12]という言葉で表現していた。

3. 現代の家族変動と教育問題

(1) 家族の多様化と子ども

　アメリカの家族社会学の教科書は、1950年代を「家族の黄金時代」とし、1965年以降の家族の動向に対して新しい時期区分を与えている[13]。

---

12) Evelyn M. Duvall, *Family Development*, J. B. Linpton (1957, p.5)
13) Richard J. Gelles, *Contemporary Families: A Sociological View*, Sage (1995, p.114)

それは，個人のライフコースが多様化し，それまでとは異なる家族のあり方が出現したことによる。実際，同棲，婚外出産，離婚，単親家庭など，従来の家族規範からは逸脱と見なされる事象が増加し，未婚のまま過ごす人，結婚しても子どもをもたない人，あるいは乳幼児を抱えながら仕事を続ける人など，伝統的な慣習に捉われない自由な選択的行動が家族制度の表に現れてくるようになった。したがって，子育てを中心に夫婦家族の平均的なタイム・スケジュールを描くことが社会的な意味を失い，前節で紹介したような家族周期図が近年になるとほとんど見られなくなっている。

同様の傾向は，アメリカに限らず多くの先進国で1970年代あたりから目立つようになり，家族が新しい段階に移ってきたと見なされている。日本でも，基本的に同じ方向の変化が進んでおり，その動向は家族の「脱制度化」あるいは家族の「個人化」といった視点で捉えられている[14]。

日本の家族に関する統計を見てみよう。図4－3Aは家族類型による世帯構成の変化を示したものである。核家族（上から四つまでの層）の割合は大きく変わっていないが，子どものいる世帯は単調に減少している。親族世帯全体のなかで子どものいる家族の割合は，1970年の約65％から2010年の約43％へと3分の2に減少している。人間の寿命が伸び，3世代で同居する機会が可能性としては増えているにもかかわらず，そうした暮らし方を圧倒的多数の人が選択していないということである[15]。家族形態の変化だけではない。結婚や出産，母親の就業，離婚や再婚など，家族に関連するどの指標を取り上げても，この間の人々の行動には明確な変化が生じている。

ただし，子どもの側から家族をみた場合は，必ずしも家族の多様化が進んでいるわけではない。例えば，図4－3Bは，同じ家族類型の変化

14）森岡清美, 前掲書 (1993)。山田昌弘『近代家族のゆくえ―家族と愛情のパラドックス』（新曜社，1994）
15）岩上真珠「高齢化社会を生きる技法」岩上真珠他編『いま，この日本の家族』（弘文堂，2010）

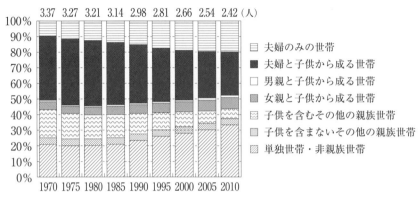

図4－3A　家族類型別一般世帯の構成と平均世帯人員

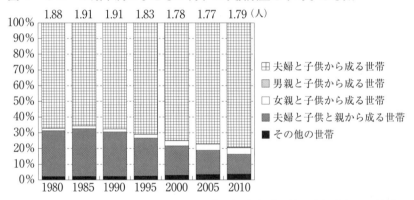

図4－3B　6歳未満の子どもが属する家族類型と平均子ども数

出典：総務省「国勢調査報告」より筆者作成

を6歳未満の子どもをベースにみたものである。ここでは，核家族に属する子どもの割合が圧倒的に多く，その比重が徐々に大きくなっている。反対に，その他の親族世帯の割合は確実に減少してきている。単親世帯も増加しているが，2010年の6歳未満の子どもで4.1％と，まだそんなに大きな割合ではない（18歳未満の子どもになると8.8％になる）。した

がって，大多数の子どもは依然として教育熱心な親と一緒に核家族のなかで過ごしていると考えてよい。A図と合わせると，子どものいる世帯（教育家族）は現代の多様な家族類型のなかに飛地をつくり，近代家族に特徴的な親子関係をそのまま維持しているようにみえる。

　実際，家族社会学者たちは，現代の働く母親は「子育ての負担を軽減したい」という欲求と「子育ての水準を高めたい」という矛盾した欲求に引き裂かれていると指摘している[16]。それは，子どもをもつ家庭が新しい価値やライフスタイルに従いながらも，依然として子どもの教育に対する熱意を保持していることを物語っている。教育社会学者たちも，それと同じ論調で，家庭教育を過度に重視する社会の風潮が母親にとってプレッシャーとなり，子育てのストレスを生んでいると指摘する[17]。その現実もまた，母親が子どもの教育に対して従来と同じ責任を一生懸命に果たそうとしている姿を捉えている。脱制度化し，個人化する家族のなかで，子どもの教育を重視する近代家族の理念が生きているのである。

（２）親子関係の第３位相

　これに対して，現代の家族変動は子どもの境遇に対してもっと本質的な影響を与えているとする見方がある。例えば，アメリカの社会学者J. S. コールマン（Coleman, James S.）は，子どもの地位の歴史的な変化を三つの位相で捉え，子どもが経済的価値をもっていた時代から，子どもが家族の投資対象となる時代に移行し，そこからさらに子どもに対する興味が失われた時代に移りつつあると論じている[18]。

　子どもへの関心が低下している背景として，コールマンは，現代社会

---

16) 山田昌弘，前掲書（1994, 228頁）
17) 本田由紀『家庭教育の隘路―子育てに脅迫される母親たち』（勁草書房，2008, 50頁）
18) James S. Coleman, *Equality and Achievement in Education,* Westview Press（1990, pp.309-314）

における家族の機能がますます消費に特化し，家族として結合することの意義が失われていること，福祉制度の発達によって親子の世代関係の維持が必ずしも必要ではなくなっていること，離婚の増加など家族崩壊のリスクが高まり，そもそも親子の安定的な関係が形成しにくくなっていること，などを指摘している。その結果，社会全体として子どもをもつ動機づけが著しく弱くなり，子をもつ親も以前ほど熱心には教育投資を行わなくなったと分析している。実際，親は子どもと過ごす時間をどんどん削り，子どももまた親と過ごす時間を減らしている。そして，すでに一部の親は子どもの社会化に責任ある主体として関わることをやめているというのである。

　コールマンだけが子どもの地位の低下を指摘しているわけではない。本章の冒頭に紹介したアリエスも，先進国の家族の状況を基に，「カップル—および個人—は，もはや19世紀や20世紀の初め頃のように，子どもや子どもの将来の観点から人生設計を行ってはいない。・・・現在の変化は，子ども期が焦点となるよりも前の1800年以前の時代に，伝統的な社会が子どもに対してもっていた態度を経験的によく理解させてくれるものかもしれない」と述べ，「子どもが王様の時代は終わった」と結論づけている[19]。

(3) 二つの関心の対立

　日本の家族の状況が第2の位相にあるのか，それとも第3の位相に移っているのかはまだはっきりしないが，現代がその移行過程にあるのは確かだろう。そのことから，家族と社会の間に子育てをめぐって微妙な温度差が生じている。

　一つは，子育て中の家族に対して周囲の共感が得られにくくなっていることである。例えば，最近ではレストランや交通機関などの公共空間

---

19) Philippe Aries, "Two successive motivations for the declining birth rate in the West," *Population and Development Review* 6-4 (1980)

において，子ども連れが現れたときに迷惑だと感じる人が少なくないという。高度成長期のように多くの家庭に子どもがいたかつての時代には，わが子の利益を考えることが結果的に子ども全体の環境を改善することにつながっていた。子どものいない家庭が寄付行為等を通して周囲に協力することも，近所付き合いの延長としてそれほどの抵抗感はなかっただろう。しかし，現代のような少子社会において，子育てをテーマに地域の人々に協力を求めることはかなりむずかしい。他人の子どものことよりも，自分たちの生活関心が優先されて当然だからだ。そこにあるのは，子どもに対する家族の関心と世間の無関心の対立である。

　もう一つは，その反対に，親が自分たちの利害関心を優先し，子どもに対して当面必要となる以上の配慮を向けなくなっていることである。育児放棄や児童虐待はその極端なケースだが，通常の親子関係のなかでも，基礎的な社会化の多くが学校任せになっている。コールマンが指摘するように，教育投資の動機づけが弱まれば，かつてのように貯蓄を取り崩したり，借金をしたりしてまで子どもを進学させたいという思いは生まれない。それゆえ，学校での成績に対してもそれほどこだわる理由がない。教育投資の展望を欠いたそうした親の態度は，家庭の教育力や責任を期待する社会との間に感覚的なズレを生み出していくだろう[20]。これは子どもに対する家族の無関心と世間の関心の対立である。

（4）教育問題と家族

　こうした家族と社会の対立的な関係は，現在注目されている教育問題のなかにもさまざまな形で見いだすことができる。

　例えば，教育格差の議論には子どもに対する家族の関心と社会の無関心とが同時に反映されている。すでにみたように，近代的な教育家族の理念は親の子に対する積極的な教育投資を推奨している。他方で，われ

---

[20] ジェームズ・コールマン『社会理論の基礎』（久慈利武監訳，青木書店，2004，下巻425頁）

われは家族資源が子どもの教育機会を制約してはならないと考え，学校制度を機会平等化のための有力な手段として位置づけてきた。私的空間と公的空間として二つの制度はもともと志向するところが異なるが，公教育に対する社会的責任を重く受け止めることで，両者のバランスがとられてきたのである。しかし，子どもに対する社会の関心が後退し，そのバランスが崩れてくると，二つの制度の本来的な矛盾が表面化してくる。親子関係が長期化すればするほど，また学校よりも家庭の責任が強調されるようになればなるほど，子どもの教育達成には家族の資源格差がそれだけ反映されやすくなるのである。

　また，いじめや非行といった教育問題には，次世代に対する社会の強い関心と社会化機関としての家族の弱体化が反映されている。コールマンによると，子に対する親の権威の低下は必然的に教師の権威を弱め，学校における生徒の規範的統制を難しくするという[21]。基本的に，親がもっている以上の権限を学校に譲り渡すことはできないからである。実際，子どもをたたいて育てる習慣がすでに家庭のなかから消えていれば，いかに教育上の理由を並べても子どもに対する教師の体罰は容認されない。家庭のなかで子どもに対する統制が早い年齢段階に失われていればいるほど，学校での生徒の統制は難しくなる。そして，それにもかかわらず子どもの生活が学校中心に回っていることが，親の統制力をさらに低下させるように働くのである。

　こうした現代家族がつくりだす問題状況に対して，コールマンは親や家庭の責任を十分に果たさせるような環境づくりを行うべきか，それとも家族に代わり学校や地域の機関に子どもに対する責任をもたせるような条件づくりを行うべきか，社会政策の方向性を問う問題提起を行っている[22]。前者は，家族を第2の位相に置き親子関係を補強すること，後者は，家族を第3の位相に置き社会の統制能力を拡充することを意味し

---

21) コールマン，前掲書（2004,下巻51-55頁）
22) コールマン，前掲書（2004,下巻432頁）

ている。

　いずれにせよ，子どもは自らの境遇を自分でつくりだすことはできず，常に親や家族のあり方に影響を受けざるをえない。今後，親と子の関係，家族と社会の関係が，世代というマクロな水準でどのように変化していくかに注目しよう。

参考文献

フィリップ・アリエス著，中内敏夫・森田伸子編訳『「教育」の誕生』（新評論，1983年）
山田昌弘『近代家族のゆくえ―家族と愛情のパラドックス』（新曜社，1994年）
本田由紀『「家庭教育」の隘路―子育てに脅迫される母親たち』（勁草書房，2008年）
広田照幸編『リーディングス 日本の教育と社会③ 子育て・しつけ』（日本図書センター，2006年）
ジェームズ・コールマン著，久慈利武監訳『社会理論の基礎〔上下〕』（青木書店，2004年）
Viviana A. Zelizer, *Pricing the Priceless Child: The Changing Social Value of Children*, Basic Books（1985年）

研究課題

①国立国会図書館デジタルアーカイブから明治時代の子どもを描いた資料を探しだし,子どもに対する見方が現在のわれわれと同じであるかどうかを確認してみよう。

②結婚,出産,就業,世帯構成等の人口統計の年次推移から,戦後の家族の変容を確認してみよう。それぞれの動きに,教育はどう関わっているだろうか。

③現在の日本の家族は,コールマンのいう第2の位相と第3の位相のどちらにあるといえるか,各自の考えを整理してみよう。

5 | 教育とジェンダー

木村涼子

《目標＆ポイント》　人間を「男」「女」の性別二分法で区別し，それぞれの特性や役割・相互の関係性を定義する文化的決まりごとを，「ジェンダー（gender）」という。教育に関わる事象においても，「女」と「男」の境界がさまざまな形で機能している。ここでは，性別を社会的に構成されるもの（すなわち「ジェンダー」）として捉える視点から，学校教育や家庭での子育て，成人の学習などのなかで，男女の区別がいかなる役割を果たしているのかを考える。

《キーワード》　ジェンダー，性別二分法，セクシズム，ジェンダー・アイデンティティ，男女別学・共学，男女間格差，ジェンダー・バイアス，隠れたカリキュラム，セクシュアル・マイノリティ

1. 性別二分法としてのジェンダー：「第三の性」が注目される理由

(1)「第三の性」

　私たちの日常において，性別は大きな意味をもっている。見知らぬ人と出会った時，私たちはその人の性別をほとんど無意識のうちに判断している。もちろんその判断が間違っている場合もあるはずだが，私たちの社会には，服装や髪型，しぐさなど，性別を判断するための記号が無数にあふれている。男女の区別は服装や行動様式だけでなく，職業生活，家庭生活，余暇生活など，生活のあらゆる分野に埋めこまれている。このように，人間を「男」「女」の性別二分法で区別し，それぞれの特性

や役割および相互の関係性を定義する文化的決まりごとを,「ジェンダー(gender)」という。

ジェンダーと教育について社会学的に考察する前提として,ジェンダー秩序(gender order)の基礎である性別二分法を相対化する近年の動きについての事例をまず提示しよう。

2013年ドイツで,「第三の性」の選択を認める法律が成立したとの報道が話題を呼んだ[1]。正確には,性別欄に記載せずに出生届を提出する選択肢を認めるように家族簿(Familienbuch)[2]制度が改正されたということだ。性別の二分法カテゴリーに当てはまらない子どもが存在することに対する現実的な対応としての法改正だが,「第三の性」という言葉にはセンセーショナルな響きがこめられている。

私たちは,「男」と「女」という性別の二分法に疑問を抱くことなく生活していることが多いが,自然科学・医療の分野では,身体的な性のあり方は実に多様であり,すべての人が「完全な女の身体」と「完全な男の身体」に二分されているわけではないことが明らかにされている[3]。20世紀には,新生児や幼児期あるいは思春期に,男女両性の特徴を有するなどの性分化疾患(disorders of sex development [DSD])をもつことが分かった場合に,外科的手術やホルモン投与などの手段を用いて,身体をいずれかの性別に「統一」するような「治療」が行われることが一般的であったし,現代もそうした「治療」を望む人は少なくない。しかし,身体上の性分化疾患を必ず治療すべき状態と捉えるのではなく,

---

1)「ドイツで(2013年)11月から,性器の外見などで男女の性別が判断しづらい『インターセックス』の子どもが生まれた場合,出生届に性別を記入しないと定めた改正戸籍法が施行された。―中略― 一部メディアは『第3の性がつくられた』と報道した」(中日新聞,2013年11月13日夕刊)
2) ドイツには日本のような戸籍制度は存在しない。類似のものとして家族簿という家族単位の登録制度があるが,日本の戸籍のように筆頭者を置くことはない。
3) 毎日新聞「境界を生きる」取材班『境界を生きる 性と生のはざまで』(毎日新聞社,2013),ヴァネッサ・ベアード『性的マイノリティの基礎知識』(町口哲生訳,作品社,2005)

「インターセックス（intersex）」などの呼称で，「男・女とはっきり決められない／決めたくない／決められたくない」との自己主張をする人々も増えつつある。また，身体上の性別とジェンダー・アイデンティティ（当該社会における「男」「女」カテゴリーのいずれの性別に自己同一化しているか）が一致しないことを訴える「性同一性障害」(Gender Identity Disorder [GID])の権利主張も強くなってきている[4]。

文化人類学や民俗学の領域では以前から，インドなど南アジアにおける「ヒジュラ」や，メキシコのフチタン市の「ムシェ」「マリマチャ」といった，「第三の性」が生活のなかに根付いている地域コミュニティがあることはよく知られていた。また歴史学の分野でも，異性装（女装・男装）や同性愛文化は，周辺化された形でながら，洋の東西を問わず多くの社会で許容されていたことが明らかにされている。

(2) 教育と性別二分法

しかし，近代化は第三のカテゴリーを認めない「男」「女」の二分法を主軸に据えて進められてきた。近代社会における学校教育・家庭教育・社会教育，それぞれの分野で，性別二分法は大きな意味をもってきた。教育における男女の区別は，21世紀の現在でも形を変えながら，ほとんどの社会で存在する。

教育における男女の区別は，さまざまな格差を生んでいる。多くの場合，教育上の格差は社会経済的格差とつながっていく。社会経済的な格差の基盤となるような区別は，セクシズム（sexism；性差別）と認識すべきだろう。教育におけるセクシズムの最も基本的で徹底的な形態は，

---

4) 日本では2003年に「性同一性障害者の性別の取扱いの特例に関する法律」が制定され，特定の要件を満たす者は，家庭裁判所の審判を経て，戸籍を含めた法令上の性別の取扱いを変更できるようになった。この法律についてはさまざまな立場からの議論が存在するが，性別のみならず婚姻についても法制度的扱いの柔軟化が国際的な流れとなりつつある。参考文献として，谷口洋幸他編『判例解説シリーズ　性的マイノリティ判例解説』（信山社，2011）。なお，2014年，日本精神経学会のDSM-5病名・用語翻訳ガイドラインでは「性同一性障害」は「性別違和」と名称変更された。

写真5－1　2013年7月12日（16歳の誕生日）国連本部でスピーチするマララ・ユスフザイ（Malala Yousafzai）さん

©AFP＝時通通信社

　教育機会からの女性排除だ。教育を受ける権利の否定というと，いかにも時代錯誤のように思えるが，それは決して昔話ではない。以下に，一例をあげよう。

　2012年，過激なイスラム原理主義団体による女子校破壊活動の理不尽さを告発し，女子にも教育を受ける権利があることを国際的に訴えていたことを理由に，パキスタンのマララ・ユスフザイさん（当時15歳）が銃撃された事件はあまりにも有名である[5]。奇跡的に回復した彼女は翌年国連で教育の重要性を改めて訴えて世界的な注目を集めたが，その前後にも，女子大学学生をターゲットにしたイスラム過激派によるテロ事件が起きている。そうした暴力に対抗するように，パキスタンではマララさんをモデルに，女子校を破壊しようとする「悪者」とブルカをかぶったヒロインがペンや本を主な武器として戦う痛快アニメが製作され，大衆的な人気を博しているという[6]。

---

[5] マララ・ユスフザイ＆クリスティーナ・ラム『わたしはマララ　教育のために立ち上がり，タリバンに撃たれた少女』（金原瑞人・西田佳子訳，学研マーケティング，2013）／ヴィヴィアナ・マッツァ『武器より一冊の本をください　少女マララ・ユスフザイの祈り』（横山千里訳，金の星社，2013）

イスラム圏における女子教育迫害の動きは，日本社会とは全く関係がないことだろうか。遠い世界のことのように思われるかもしれないが，1945年以前の日本の学校教育は，男女別学を基本とし，中等教育以上の学校種別は男女別体系をとったうえに，高等教育にいたっては基本的に女性の入学を拒否する体制を続けてきたのである。女子を教育から遠ざける文化は，日本社会においても無縁のものではない。

2. 近代日本におけるジェンダーと教育

(1)「腰の曲がる話」

　第二次世界大戦後には，ジェンダーの視点から考えても，日本の社会システムは大きな変化を遂げた。

　戦後，いわゆるナトコ映画と呼ばれる16ミリフィルムの啓発映画が各地で盛んに上映された[7]。それらの啓発映画の一つに『腰の曲がる話』(1950)[8]という印象的なタイトルのよく知られた映画がある。主人公は，農村の若いお母さんとおばあさん（「姑」）と娘の三代の女性である。おばあさんは，女の人が年をとると腰が曲がるのは，夫をはじめとして周囲の人たちに「ぺこり」「ぺこり」と頭を下げ続けるからだ，もうそんな女性の生き方は変えなければいけないと孫娘に語る。そうしたおばあ

---

6) タイトルは『ブルカ・アベンジャー』。パキスタンの人気歌手アーロン・ハルーン・ラシッドが作成。ヒロインは，昼間は女子校で働く女性教師で，夜になるとブルカをかぶって，人権を踏みにじる「敵」と戦うが，基本的に銃撃・殴る・蹴るといった直接的な暴力を用いない。子どもたちには大人気のテレビアニメであり，パキスタン国内外で話題を呼んでいる。

7) GHQが全国に支給した16ミリフィルム映写機・通称ナトコ（National Company製品）で映写されたためにそう名付けられ親しまれてきた。初期は民間情報教育局（CIE：Civil Information and Education Section）制作の映画が多かったが，日本製のものもたくさん作られた。民主主義や科学のすばらしさを教えることを主たる目的として，1948年から1950年代初期まで夕方や夜に小学校などで上映され，地域の人々の娯楽として位置づいていたといわれる。

8) 長野県の山村を舞台に，男尊女卑や前近代的な因習から脱しようとする女性たちの姿を描く。

さんの声に支えられながら、若いお母さん世代は自分たちで村の問題を解決していこうとする。地味な映画であるが、女性が受けていた抑圧を描写したうえで、女性たちが力を合わせれば、男性の理解も得て徐々に社会は変わっていくのだという、明るさを感じさせるつくりになっている。

　ナトコ映画のみならず、戦後1945年から1950年代にかけての商業映画でも女性の地位向上をテーマとするものは数多い。戦後男女共学となった中等教育機関（新制高等学校・新制中学校）を舞台とする『青い山脈』(1949)や『山の彼方に』(1950)などは、その代表的なものだろう。「戦後、強くなったのは女と靴下」という流行語があったが、法制度の男女平等化をはじめとして社会の状況は大きく変化した。学校教育や社会教育も、男女共学と男女平等を柱に変革を求められたわけだが、では、戦前の教育にはどのような性別による区別や格差があったのだろうか。

(2) 戦前の教育における分離と排除

　1872(明治5)年に明治政府は「学制」を発布して「国民皆学」を宣言する。その際、女性は男性とともに国民として同列に教育の対象となるが、1879(明治12)年の「教育令」、1880(明治13)年の「教育令」(いわゆる「改正教育令」)において、すべての学校における男女別学の原則が打ち立てられ、女子のみ教科「裁縫科」など男女別のカリキュラムが導入される。男女別カリキュラムは、男女別の中等教育の整備とともに本格的に展開されていく。

　明治時代中盤には、小学校卒業後の中等・高等教育機関に関して、完全に男女別の法令化がなされる。男子に対しては中学校から帝国大学までの中等・高等教育が多様な職業教育機関も含みながら体系化されたのに対して、女子の小学校卒業後の進学機関は、主として男子の中学校と

ペアとなる高等女学校に限定されていた。男子の教育は社会で役立つ人材となる「立身出世」が，女子の教育は夫を支え立派な子どもを育てる主婦になる「良妻賢母」が，それぞれのキーワードとなって構想された[9]。

女子にも女子師範学校や専門学校が徐々に整備されていくが，学校教育制度のメインストリームは男子教育で，女子はサブストリームに周辺化されていたのである。そのことは，高等教育からの女子の排除に端的に表れていた。大学令で定められる「大学」には，女子の入学は認められていなかった。男子が目指す専門的知識の勉学に関しては，女子は能力が先天的に欠けている，あるいは無理に勉学をすると母となるべき身体に悪影響があるといった説が唱えられていた。欧米でも事情は同じで，19世紀には，女性が学問をすることは生殖能力の衰退を招き，やがては人類の滅亡につながるといった議論が，高等教育を受ける権利や婦人参政権を認めない理由として，至極真剣になされていた[10]。

女子の能力が男子に比べて劣るという考え方は，男子向けの中学校と女子向けの高等女学校がいずれも小学校を終えた後に進学する同等の教育機関であるにもかかわらず，男子の場合は「中」と名付けられ，女子の場合は「高」と名付けられていることに象徴的に示されている。男子にとって「中等」程度の教育も，女子には十二分に「高等」だということである（実際には，中学校の教育内容は高等女学校の教育内容よりも専門的で授業時間数も多かった）。だからこそ，高等学校や大学に女子が進学するのは不可能だ。こうした認識がわずか半世紀ほど前まで，日本社会で常識化していた。

前述した映画「腰の曲がる話」は，1945年を境とする教育の民主化・男女平等の推進の動きの一端である。それから70年近くが経過した現在，

9）木村涼子「ジェンダーと教育の歴史」苅谷剛彦他と共著『教育の社会学 新版 〈常識〉の問い方・見直し方』（有斐閣，2010）
10）アン・ファウスト＝スターリング『ジェンダーの神話―「性差の科学」の偏見とトリック』（池上千寿子・根岸悦子訳，工作舎，1990）

男女の能力や適正を区別して考える認識枠組みや文化は，教育の分野から消えてしまっているだろうか。

(3) 戦後教育の男女平等化

戦後，新憲法とそれに則った教育基本法（2006年法改正）が定められ，そのもとで新しい学校教育制度は，小学校6年・中学校3年・高等学校3年・大学4年という，いわゆる「六三三四制」の単線型システムを，男女平等に保障する形でスタートを切った。戦前は原則すべての学校段階で禁止されていた男女共学が認められるようになり，高等教育の門戸は女性に開放された。

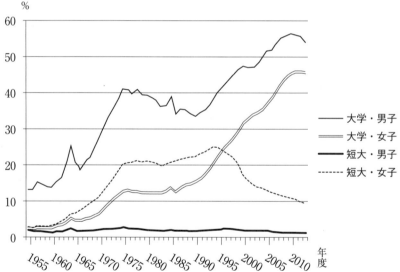

図5-1 戦後男女別進学率の推移（1955年〜2013年）

大学（学部）・短期大学（本科）への進学率（過年度高卒者等を含む）：大学学部・短期大学本科入学者数（過年度高卒者等を含む。）を3年前の中学校卒業者及び中等教育学校前期課程修了者数で除した比率。

出典：文部科学省『学校基本調査』より筆者作成

平等化が進んだ法制度のもとで，戦後復興を遂げた後1960年代以降の高度経済成長を背景に，新制の高等学校や短大・大学への進学率は男女ともに上昇する。もともと低い水準に抑えられていた女子の進学率の伸びにはめざましいものがあり，1970年前後に高等学校について，1980年代に短大と四年制大学を合わせた高等教育機関について，女子の進学率が男子のそれに追いつき，逆転現象が生じた。ただ，高等教育に関しては，戦後の旧制度から新制度への移行期の一時的措置として認められて

図5－2　四年制大学専攻分野ごとの男女別学生数（2013年度）

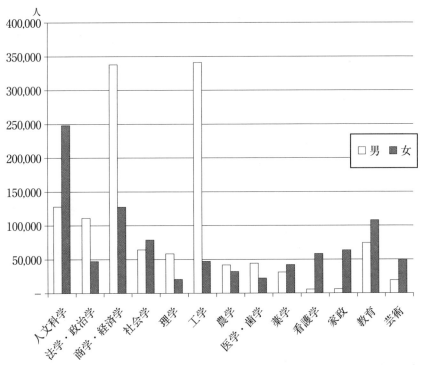

出典：文部科学省『学校基本調査』より筆者作成

いた短期大学が女子向けの高等教育機関として恒久化した経緯があり，1960年代から80年代は，男子は四年制大学へ，女子は短期大学へという，男女別の進学ルートが発達していた。しかし，その後四年制大学に進学する女子が増加し，1990年代には短期大学への進学率を四年制大学への進学率が上回るようになる（図5－1）。

この半世紀の間に，教育における男女の格差は大きく縮小した。学校教育は他の分野（例えば職場）に比べて最も男女平等な場であると，多くの人々が認識している（内閣府の世論調査）。

だが，四年制大学や大学院への進学率にはいまも男女間格差があり，高等学校や高等教育機関での学科・学部専攻において，男子は「男らしい／男性に適性がある」とされる分野へ，女子は「女らしい／女性に適性がある」とされる分野へと，分かれていく傾向は明確に残存している（図5－2）。こうした，性別分化は，先天的な能力や適性の違いの結果なのか，それとも環境要因が影響していると考えるべきなのだろうか。

3. 現代の学校教育におけるジェンダー秩序

（1）平等と差異化

戦後の学校教育は，子どもたちを性別にかかわらず平等に扱う風潮を社会に浸透させていくことに大きく貢献してきた。しかしながら，学校のなかには，性別二分法をことさら用いる慣習や，男の子を「男らしく」，女の子を「女らしく」差異化させていく指導も存在してきたのではないか。

学校は男女平等が徹底された空間ではない。学校は「女は家庭，男は仕事」という性別分業に沿う形で，女の子・男の子を社会化している。その結果，学歴や学校卒業後の社会経済的地位において男女間格差が生じている。こうした指摘は，1970年代に国際的な女性解放運動を背景としてなされるようになったが，当時は一部の人々の注目を集めたにすぎ

なかった。

　高度経済成長期を経て，産業構造の変化と女性の教育水準上昇とともに，性別分業のあり方が流動化しはじめた1990年代には，ジェンダーの視点から学校現場をていねいに見直す動きが発展していった。学校を見直すなかでキーワードとなったのが，「ジェンダー・バイアス（gender bias）」と「隠れたカリキュラム（hidden curriculum）」という言葉である。

　「ジェンダー・バイアス」とは，男女の特性や能力に関する固定的な先入観，および，そうした先入観に基づいて構成されていると考えられるシステムや実態を意味する。「隠れたカリキュラム」とは，第6章でも改めて論じるが，学習指導要領に代表されるようなフォーマルなカリキュラムとは異なるレベルで，学校の文化・慣習，教員と児童・生徒の相互作用（教科指導・生徒指導・進路指導，インフォーマルなコミュニケーションも含めて）を通じて，子どもたちに伝達される知識や規範・価値観の体系を意味する。日本の学校の「隠れたカリキュラム」のなかにはジェンダー・バイアスが含まれているのではないかとの視点から，学校の慣習や教室内での相互作用の調査や分析が行われ，学校現場でも実態の改善を目指すようになった。

　例えば，21世紀の現在，学校現場での使用が少なくなりつつある男女別・男子優先名簿は，従来合理的な理由が検討されることなく用いられてきた，典型的な「隠れたカリキュラム」である。名簿の順番に現実的な利益・不利益はさほどないものの，男子優先名簿は，男性が第一の存在だという序列のメッセージを日々子どもたちに送り続けることになる。戦後の男女共学によって，男女を同じ名簿（同じ学校・同じ学級）に集録するという平等原則が実現したものの，序列をつける形で男女で二分する差異化原則も機能していたといえよう。また，近年学校現場で

配慮を伴った対応が求められているセクシュアル・マイノリティの子どもたちにとっても、実際的な必要性を問うことなく多用される性別二分法は、大きな抑圧の源となっている[11]。

(2) 学校空間がつくる「男の子」と「女の子」

1980年代から90年代にかけての欧米の研究は、教師と児童・生徒間の相互のやりとりを観察した結果、男子のほうがより多く発言し、教師からの働きかけをより多く受けている状況を報告している。日本の小学校で観察した場合にも欧米と同様の傾向がみられる[12]。例えば、小学校高学年の授業場面は、全般的に男子の活発さが目立つ空間となっている。そこでは、男子が積極的に自己主張し授業に参加しているのとは対照的に、女子は静かに沈黙を守っている。教師は、男子には「やればできる」と潜在能力を認めて励まし、女子がよい成績をあげた場合は「努力の結果」と見なす傾向がある。子どもたちへの調査でも、実際の学力実態と関わりなく、男子のほうが女子よりも、学力についての自己評価が高いという結果がみられる。

一方、力による指導、特に体罰は女子よりも男子のほうが受けやすい。「先生は女子に甘い」いう声は、小中学生調査で男子の回答に目立つものの一つだ。さらには、授業場面だけでなく男子集団における遊びの場面を通じて、男同士の間で「力」を基盤としたせめぎあいが繰り広げられているのである[13]。

小学校中学年・高学年になると、休み時間の遊びも男女別に分かれていくことが多い。注意深く観察すると、子どもたちがそれぞれ独自にそ

---

11) 加藤慶・渡辺大輔『セクシュアルマイノリティをめぐる学校教育と支援—エンパワメントにつながるネットワークの構築に向けて』(開成出版, 2012)
12) 木村涼子『学校文化とジェンダー』(勁草書房, 1999)
13) 近年の参与観察調査としては、例えば片田孫朝日「社会的スキルとしての男性性：学童保育所の男子集団の遊びにおける相互行為の分析から」(『ソシオロジ』4812, 2003)。

うした「男の子らしい」「女の子らしい」文化を身につけていくというよりも、互いの相互作用を通じて男女別の遊びや空間の境界線が引かれていく様子がみえてくる。教室や運動場で、男子が女子を制したり排除したりすることで、自分たち中心の状況をつくりだそうとする動きが生じることがある。そんな時、女子と行動をともにしたり、女子の「味方」になったりするような男子は仲間はずれにされる。「女みたいだ」「おかま」といった言葉が、男子をはずかしめる場合に使われる。R. コンネル（Connell, Raewyn）は、「男らしさ」が「女らしさ」より優位にあるだけではなく、「男らしさ」のなかにもヒエラルキーがあることを指摘しているが[14]、そうした権力関係は、時に学校の「隠れたカリキュラム」を通して、時に子どもたちのピア・プレッシャー（仲間からの圧力）によって、つくられていくのである。

(3)「成功」や「失敗」と向き合う

学校空間で「女の子」「男の子」がつくられていく結果として、学業達成に関わる「成功」と「失敗」について、男女で異なった状況が生じてくる。

M. ホーナー（Horner, Matina）は、達成意欲（achievement motivation）研究のなかで、女性の場合、達成意欲の測定値が男性より低い結果が出ることに対して疑問をもち、成功不安（fear of success）という女性に特有の心理状態を見いだす。成功不安を測定する実験では、自己の成功を示唆する場面を提示されると、女性は、その成功が自分にとって何か「よくないこと」を引き起こすことをイメージしてしまう傾向があることが浮き彫りにされた。「よくないこと」とは、例えば、恋人との別れであったり、周囲の人たちから敬遠されて人間関係が貧しくなることであったり、幸福な家庭生活を築くことができないといったことだ。つまり、「成

---

14) R.コンネル『ジェンダー学の最前線』（多賀太訳、世界思想社、2008）

功」は「女らしさ」や「女としての幸福」とは相容れないものであると，女性自身が考えているのである。成功不安についての調査は多くの研究者によって繰り返され，そのなかで，自分の成功が他者の失敗という代償を伴う場合や，男性との競争が避けられない場合などに，成功不安が高まりやすいといった指摘がなされてきた[15]。

　また，学業などで「成功」「失敗」をした場合，その原因をどこに求めるのかについても（原因帰属），男女によって異なる経験が推測される。高い成績を収めたり，逆に試験に不合格になったりした時に，私たちは「そうなった理由」について考える。自分が納得する理由として何を選ぶかは，人によって違いがあるだろう。「失敗」の原因帰属に関して，学習環境がよくなかった，先生の教え方が悪かったなど，自分の外側に原因を求める発想と，自分の努力が足りなかった，あるいは自分の能力が不十分だったなど，自分自身に原因を求める発想に，大きく二分することができる。「失敗」を繰り返すなかで，その原因を，自己の内的要因，とりわけ能力に求める発想が強くなると，学習意欲が低下し，努力しても無駄だという「無力感」をもつようになる。そうした「学習された無力感（learned helplessness）」は，女子の場合により強く生じやすいのではないかと考えられる[16]。

　女子の意欲をクーリング・ダウン（冷却）させるメカニズムが，学校教育をはじめとして子どもの発達過程において働いているのではないかと論じてきたが，「やればできるはずだ」と励まされ続ける男子が置かれている状況にも厳しいものがある。男子に対して意欲や競争を励ます傾向が強ければ強いほど，学業で，また，「男らしさ」を示すものでもあるスポーツ分野でも，高い成績を達成することができない男の子が感じるマイナスの圧力は大きいだろう。圧力に押しつぶされそうになっても，弱音をはいたり，だれかに頼ったりすることがまた「男らしさ」に

---

15) 伊藤裕子編著『ジェンダーの発達心理学』（ミネルヴァ書房，2000）
16) スーザン・ゴロンボク＋ロビン・フィバッシュ『ジェンダーの発達心理学』（小林芳郎他訳，田研出版，1997）

反するために，一人で問題を抱え込んでしまうことも少なくない。心理学の分野では，感情制御の破綻に関する概念であるアレキシサイミア（alexithymia）を，「男らしさの病」の一つとして注目する研究が生まれている[17]。「男らしさ」が求める「強さ」は，自己の感情を認識することや他者に対して感情を伝えることに困難を抱えるという，男性の「弱さ」につながっているのではないだろうか。逃げ場をなくし，いじめなど何らかの暴力行為の犠牲者や加害者になったり，登校できなくなって自分一人の世界にこもってしまったりといった，「問題状況」に陥る子どもの数は男子に多い。

　ジェンダーの視点から教育を考える場合，教育を受ける権利が女性から奪われるというセクシズムの打破から，社会的に優位におかれている男性だからこそ受けている抑圧の解消まで，社会問題として解明し解決すべき課題は多い。その際に性別二分法を用いねば見えてこないことと，それを脱構築せねば見えてこないことの両面がある。そうした二面性の強調が今後のジェンダーと教育研究には欠かせない。

17）福富護『ジェンダーの心理学』（朝倉書店，2006）

参考文献

天野正子編『ジェンダーと教育（新編 日本のフェミニズム 8）』（岩波書店, 2009年）
R.コンネル著，多賀太訳『ジェンダー学の最前線』（世界思想社，2008年）
天野正子・木村涼子編『ジェンダーで学ぶ教育』（世界思想社，2003年）
小山静子『子どもたちの近代』（吉川弘文館，2002年）
木村涼子『学校文化とジェンダー』（勁草書房，1999年）

研究課題

①本章で述べたジェンダーと教育に関わる社会学的な知見が21世紀の現代にも当てはまるのかを検討するために，文部科学省や内閣府男女共同参画局，国際機関などが提供している客観的なデータを収集し，読み解く作業をしてみよう。その際，各自が関心をもてる，あるいは，疑問を感じるポイントに焦点をしぼることをおすすめする。

②ジェンダー研究は，女性が置かれている立場の課題を明らかにしようとするところから出発しているが，本章でも述べたように，男性に焦点を当てる研究も発展してきている。現代日本の「男子」「男性」が抱える課題について，学校のみならず，家庭教育から社会教育，マスメディアに至るまで，広義の教育・学習活動という観点から，各自のオリジナルな議論を展開し，新しい社会学的概念の創造に挑戦してみよう。

③近年学校現場では，セクシュアル・マイノリティの子どもたちが，学校や社会のなかにある性別二分法の抑圧性を指摘したり，自らの悩みを教員に相談したりするような事例が増えてきている。そうした子どもたちの状況に現実的に対応するための学校教育の課題とは何かについて考えてみよう。

6 | カリキュラムと知識

木村涼子

《目標＆ポイント》 学校において学ぶべきと見なされる知識—学校知（school knowledge）—は，人類が蓄積してきた膨大な知識のなかから部分的に選び出され，カリキュラムとして社会的な手続きを経て決定される。本章では，カリキュラムが正統化されるプロセスやカリキュラムの機能を考えるとともに，カリキュラムには顕在的なレベル（フォーマル・カリキュラム）と潜在的なレベル（隠れたカリキュラム）があることなど，社会学的分析のあり方を学ぶ。
《キーワード》 学校知，正統化，フォーマル・カリキュラム（顕在的カリキュラム），隠れたカリキュラム（潜在的カリキュラム）

1. カリキュラムと知識を問う視点

　文字として残されたものに限っても，人類が蓄積してきた知識は膨大である。近代社会では，アカデミックな領域と大衆文化の領域がそれぞれ発達するとともに，そうした二分法に解消され得ないジャンルも次々と生まれ，それぞれの場で知識が生産されるスピードは激しさを増してきた。マスメディアのみならずインターネットなど電子情報が発達した現代では，私たちは実にさまざまな方法を通じて知識を得ている。
　しかしながら，そうした現代でもまだ，私たちが知っているべき知識の主要な基準の一つは「学校で学んだ知識であるかどうか」である。学校の教育内容は，現代人が共有する知識のなかでも，ある種の正統性（legitimacy）をもった特別な位置を占めている。学校において学ぶべ

きとされる知識の総体を一般にカリキュラムと呼ぶ。

(1) カリキュラムとは

　カリキュラムといえば，学校の時間割や国語・算数といった教科名，または学習指導要領という言葉を思い浮かべる方が多いだろう。これらは，教育社会学の世界では，「フォーマル・カリキュラム（formal curriculum）」や「顕在的カリキュラム（overt curriculum）」などと呼ばれる。それらと区別する概念として「隠れたカリキュラム（hidden curriculum）」や「潜在的カリキュラム（latent curriculum）」という概念があるが，これらは3節で詳しく扱う。まずは，フォーマル・カリキュラムとは何かについて，考えてみよう。

　カリキュラム　curriculumの語源はラテン語の「走る」（currere）であり，その言葉が転じて，「学習の筋道」や「学習経験」を示す概念となったといわれる[1]。類似の説として，カリキュラムは，古代ローマの戦車競走の競技場コースを語源とし，そこから学校の「教科課程（course of study）」という意味と，「人生の履歴（course of life）」[2]という意味の二手に分かれて発達したとの学説もある[3]。

　ここでは西欧の歴史を中心とした記述となることをあらかじめお断りしておくが，古代に端を発するカリキュラムという言葉は，中世から産業革命・市民革命を経た国民国家の成立を背景に，近代的な学校教育制度確立の過程で，中核となる概念として発展する。近代以降のカリキュラムは，教育の目的と編成の原理の二側面によって，さまざまな形をとる。

　公教育のカリキュラムは，当該社会独自の教育目的と編成原理の二つを柱に，社会が成員に求める知識・技能・規範などの内容で構成されて

---

[1] 田中統治「カリキュラムとイデオロギー」柴野昌山・菊池城司・竹内洋編『教育社会学』（有斐閣，1992）
[2] そこから「履歴書（curriculum vitae）」という言葉も派生したといわれる。
[3] 佐藤学「カリキュラムの公共性　学習における関係性と共同性の回復」森田尚人他編『教育学年報2　学校＝規範と文化』（世織書房，1993, 50頁）

いる。それらの習得を通じて人々は社会化(socialization)される。また，カリキュラムを通じて社会化された人々が成員として適切なふるまいをすることで，当該社会の「正常」な運営が可能になる。つまり，学校教育は，個人を社会化することによって，社会を成り立たせる機能（function）を果たしているのである。学校や学校のカリキュラムの機能を個人の側からみれば，学習者の行程（人生の履歴）の実現を意味することになる。以上が，カリキュラムについての，社会学の一般的な捉え方である。

（2）カリキュラムの社会学的分析

　カリキュラムは，近代学校教育を考えるうえで欠かせない概念である。そのため，カリキュラムの社会学（sociology of curriculum）と呼ばれる研究領域が発達した。19世紀から20世紀初頭に活躍した著名な社会学者であるE. デュルケーム（Durkhim, Émile）やM. ウェーバー（Weber, Max）も，学校の教育内容が果たす社会的機能の重要性に注目していた。

　カリキュラムを社会学的に分析するパースペクティブは多様だが，ここでは片岡徳雄が「機能主義的」「解釈論的」「新マルクス主義」「構造主義的」の四つのアプローチに分類整理したものを紹介しよう[4]。

　第一の機能主義的アプローチでは，分業と階層分化が進んだ社会の体制維持機能を果たすものとして，学校教育および，その中核をなすカリキュラムを捉える[5]。カリキュラムは，社会変動に応じて変化し，常に順機能を果たすべきものと把握されることから，政策科学的な実証研究も多い。

　第二の解釈論的アプローチでは，それまで国家が定めた所与のものと考えられてきたカリキュラムについて，国家のみならず地方教育行政・学校など，それぞれのレベルでいかに構成されているのかを問う。この

4）片岡徳雄『教科書の社会学的研究』（福村出版，1987）
5）古くはE. デュルケーム，20世紀中盤に活躍した社会学者としてはT. パーソンズなどが代表的な論者といえよう。

アプローチの特徴は，学校内部での教師と生徒の相互作用のなかで，カリキュラムがいかに伝達され解釈されていくのかを，微視的に調査する研究に特に顕著である[6]。この流れのなかで，「隠れたカリキュラム」という概念も発展してくる。

第三の新マルクス主義アプローチは，第一の機能主義と同じく，社会体制の維持のためにカリキュラムが機能していると捉えるが，機能主義が既存の国家や社会のあり方を自明視しがちであるのに対して，社会階級（社会階層）間の格差や抑圧が存在する資本主義体制を批判する立場から，カリキュラムの機能を分析するところに特徴がある[7]。このアプローチでは，カリキュラムの決定過程や学校現場での教育内容伝達過程において，階級の利害対立を背景とした葛藤（conflict）や闘争（struggle）が存在すると考える。

最後の構造主義的アプローチは，カリキュラムの構造，編成原理に注目するものである[8]。このアプローチでは，カリキュラムの教育内容よりも，教科の分類や教科間の関係性（／無関係性），教授（teaching）の統制や権力関係など，カリキュラムの形式に着目する。形式こそが，人々の認識枠組みや規範形成に大きく影響すると考えるのだ。

さまざまな視点があることをふまえたうえで，それらのアプローチはそれぞれに，あるいは相互に影響し合いながら，カリキュラムの社会学

6）このアプローチは「新しい教育社会学」とも呼ばれる学派と重なる。M. F. D. ヤングなどが代表的論者。

7）「葛藤理論（conflict theory）」「再生産理論（reproductive theory）」という呼び方もされる。「対応理論（correspondence theory）」のS. ボールズ＆ギンティス，「批判的教育学（critical pedagogy）」のM. アップルなどもこのアプローチの論者といえよう。

8）学問の構造とカリキュラムの構造を一致させるべきだと考えたブルーナーも構造主義と呼ばれるが，教育社会学で注目されるのは教育コード理論を提唱したB. バーンステインなどである。

9）以上片岡（1987）に沿ってカリキュラムの社会学的分析の4アプローチを紹介したが，こうした分類は教育社会学の領域ではよく使われるものであるとはいえ，もちろん別の分類も可能であること，また，現実の各調査研究は四つのいずれか一つに分類できるものでもないことをつけ加えておきたい。

は展開してきた[9]。次節以降,複数の視点が織りなしてきた社会学の知見をみていこう。

2. 正統な知としてのフォーマル・カリキュラム

(1) 近代国家による国民の創生

　学校教育に関わるカリキュラムという概念は西欧を起源として,近代的な学校教育制度の導入と同時に日本社会に根付いていった。幕末から明治初期にかけて紆余曲折を経ながら,日本社会は従来の鎖国体制を抜け出し,西欧をモデルとした近代化を推し進める道筋を歩み始める。近代化を進めるために当時の明治政府が行わねばならなかった重要政策の一つは,近代的な国民を創生することであった。近代国家を構成する国民をつくり上げるために,学校教育制度の整備が緊急の課題だったのだ。

　だからこそ学校教育は,その発足の段階から現代にいたるまで,国家の強力な管理統制のもとに発達してきた。よく知られているように,日本の近代学校教育の法制的な第一歩は,1872(明治5)年の学制発布である。その際,士農工商の身分を問わず,さらには男子のみならず女子も含めて,すべての人が学校で学ぶことを明治政府は奨励した。近代国家としての日本が「国民」を成立させようとした時,すべての立場の人々が統合されたのである。

　明治政府がその黎明期に行った学校教育の整備は,徴兵制度や徴税制度と並んで,人々を「国民」として統制し動員するための基本システムの確立という意味をもっていた。国家による義務教育制度は,国民に教育を受ける権利を保障すると同時に,教育を受ける義務(保護者が子どもに教育を受けさせる義務)を課すという二面性を有しているが,学校教育整備当初は後者,つまり,国家が求める教育を受ける義務を人々に強制する側面が圧倒的に大きな意味をもっていたといえよう。国民が身

につける知識がいかなるものであるべきか（逆にいえば，いかなるものであってはならないか）について，学校のカリキュラムは徐々に法制化されていき，各学校現場に対して法的拘束力をもつことで，「正統化された知識」の位置を獲得していく。

（2）国家によるカリキュラムの統制—「正統化された知識」の誕生

　イギリスの教育社会学者であるJ. ウィッティ（Whitty, Geoff）は，「社会学と学校知識（*Sociology and School Knowledge*）」と題した，彼の代表的な著作のなかで以下のように述べている。

　「私は，中等学校の最終学期の時からずっと，次のような考えに心を奪われてきた。それは，カリキュラムはその内容および形式に関して，現在の有り様とは異なるものになりうるという考えである。—中略—なぜ私は私の前に差し出された特定の教科の組み合わせを学んでいるのか，なぜそうした教科の内容はそのようなある特定の方式のもとに構成されているのかという問いを，他の誰かに対してはもとより，他ならぬ自分自身に対して一度でも問うたことがあったのか心許ない。」[10]

　みなさんも同じような考えに捉われたことがあるだろうか。あるいは，そうした疑問をまったく抱くことなく，学校が提供するカリキュラムは「絶対的な真理」あるいは「必ずわれわれが学習せねばならぬもの」と信じていただろうか。

　しかし，その実，ウィッティが指摘するように，「学校知識とはそれよりもはるかに広範囲にわたって存在している知識からの選択を通じて生み出されたものであり，その内容に対しては社会的な規定が加えられている可能性がある」[11]。

---

10) Geoff Whitty, *Sociology and School Knowledge: curriculum theory, research and politics*, Routledge（1985=2009）ジェフ・ウィッティ『学校知識　カリキュラムの教育社会学　イギリス教育制度改革についての批判的検討』（久冨善之他訳，明石書店〈引用箇所は訳書〉14頁）

11) 同上書，14頁。

社会的規定とはどういうことを指しているのだろう。社会的規定のなかでも，近代国民国家においてもっとも強力な規定の担い手は，国家である。国家による統制のレベルの例として，ナショナル・カリキュラム制度と教科書制度を取り上げよう。

　学校教育制度発足まもない明治時代初期は，カリキュラムについても教科書についても模索状態にあった。明治政府が示した最初の指針といえる1872（明治5）年「小学教則」は，欧米の翻訳も多く含んだ多様な文献を教科書の例としてリストアップしていた。教科書制度は，自由発行・自由採択の自由採択制度だった。しかし，1880（明治13）年の第二次教育令[12]以降，文部省を中心とした中央集権的な政策が推し進められるようになり，小学校や中学校のカリキュラムが徐々に法的に整備されていく。教科書制度も，その後文部省に届け出る「開申制」から，認可を得ねばならない「認可制」，さらに「検定制」へと，国家による管理統制が強化されていった。1890（明治23）年に「教育勅語」が発布されて，戦前日本のカリキュラムの精神的中核と位置づけられ，1903（明治36）年からは教科書「国定制」がスタートする。その後約40年間にわたって，すべての小学校で文部省が作成した一種類の教科書を統一的に使用する状況が続くことになる[13]。

　国定教科書を中心とするフォーマル・カリキュラムは，近代日本のファシズム期に重要な役割を果たした。そのために，1945年の敗戦を迎えた日本は，学校教育制度の大転換を求められ，国定教科書は廃止，教科書は検定制度[14]の段階に戻っていったのである。検定の基準となるのが，

12）「改正教育令」とも呼ばれる。
13）教科書制度の歩みについては，仲新『近代教科書の成立』（講談社，1947），唐澤富太郎『教科書の歴史　教科書と日本人の形成』（創文社，1956），山住正己『教科書』（岩波書店，1970），海後宗臣『図説教科書のあゆみ―学制発布100年』（日本私学教育研究所，1971），中村紀久二『教科書の社会史』（岩波書店，1992）などを参照のこと。検定制度から国定制度への展開期に関しては，近年の教育史研究のなかでさまざまな検証がすすめられてきている。
14）正式には教用図書検定制度と呼ばれる。

戦後のフォーマル・カリキュラムである学習指導要領である。学習指導要領は，新制の学校教育制度発足時には，あくまでも「手引き」[15]として示されていたが，1958年の小学校・中学校学習指導要領が策定された際に「告示」という位置づけを与えられ，法的な拘束力が生じるようになった。

　国家によるカリキュラム統制が，時代によって強化されたり緩和されたりしてきた歴史的事実は，カリキュラムがいかに社会的に規定されたものであるかを示している。つまり，「選別された知識」であり，国家を後ろ盾に正統化された特別な知，それがフォーマル・カリキュラムなのである。フォーマル・カリキュラムあるいはナショナル・カリキュラムの設定の仕方は国によって異なる。現代の各国における教科書制度も表6－1のように多様である。

（3）フォーマル・カリキュラムの編成原理のゆらぎ

　1980年代以降，日本の教育政策はさまざまに揺れ動いてきた。1977年に告示された小中学校の学習指導要領は学習内容をやや削減した「ゆとりカリキュラム」を実施。その流れを大きく進めたのが1990年代末の「ゆとり教育」だ。

　1996年の中央教育審議会で「生きる力」が提唱され，全人的な能力の育成が叫ばれた。その提唱を受けて1998年から小中学校の学習指導要領が改訂され，従来の「詰め込み型」教育の弊害という視点から，「ゆとり教育」が導入された。教科の指導内容が大幅に削減され，完全週五日制が実施されるとともに，従来の教科の境界を越えた「総合的な学習の時間」が新設されたのである。2003年の学習指導要領改訂では「生きる力」の育成を目指す手立ての一つとして，「総合的な学習の時間」の「一層の充実」が謳われた。

---

15)「手引き」とは，混乱模索状態にあった学校現場に提示された参考モデルの意味と考えられる。当時は何ら法的な位置づけがなかったため，教育内容に関しての各学校での裁量権は大きなものだったとされる。

表6-1　諸外国における教科書制度の概要

国名		教科書制度						
		初等教育教科書 発行・検定				中等教育教科書 発行・検定		
		発行者		検定	認定	発行者		検定	認定
		国	民間			国	民間		
ヨーロッパ・アメリカ諸国	1. イギリス		○				○		
	2. ドイツ		○	○			○	○ (14)	
	3. フランス		○				○		
	4. ロシア連邦	○	○		○	○	○		○
	5. スウェーデン		○				○		
	6. フィンランド		○				○		
	7. ノルウェー		○	○			○	○	
	8. アメリカ合衆国		○		○ (1)		○		○ (1)
	9. カナダ		○	○			○	○	
アジア・太平洋諸国	1. 中国		○ (2)	○ (2)			○ (2)	○ (2)	
	2. 韓国	○ (3)					○ (4)	○	
	3. タイ	○				○ (5)	○ (6)	○ (6)	
	4. マレーシア	○				○ (7)			
	5. シンガポール	○ (8)	○ (9)		○ (9)	○ (10)	○ (11)		○ (11)
	6. インドネシア	○ (12)	○ (13)	○ (13)			○		
	7. オーストラリア		○				○		
	8. ニュージーランド		○				○		
日本			○ (15)	○			○ (15)	○	

(1) 認定の方法や主体は州により異なる。
(2) 以前は国定教科書であったが，1986年に制定された義務教育法により，国定から教育部による審査制（検定制）へと移行した。
(3) 国語（韓国語），社会・道徳，生活，数学の教科書
(4) 前期中等教育の国語，社会・道徳などのほぼ全ての教科，後期中等教育の国語，数学，英語，社会などの主要教科の教科書
(5) 前期中等教育の教科書及び後期中等教育の国語，国史，道徳の教科書
(6) 後期中等教育の教科書（国語，国史，道徳以外）
(7) 国語，イスラム教教育，道徳教育，歴史，アラビア語の教科書
(8) 社会科，公民・道徳及び母語（中国語，マレー語，タミール語）の教科書
(9) 社会科，公民・道徳，母語以外の教科書
(10) 社会科，シンガポール史，公民・道徳及び母語（中国語，マレー語，タミール語）の教科書
(11) 社会科，シンガポール史，公民・道徳，母語以外の教科書
(12) 道徳，国語，数学，理科，社会の教科書
(13) 上記（12）以外の教科書
(14) 後期中等教育の教科書について，州により一部の教科について検定を義務づけていない場合，一括して認可を行っている場合がある。
(15) 検定教科書の発行が見込まれない科目についてのみ，文部科学省著作教科書が発行される。

出典：平成12年3月，平成21年3月の㈶教科書研究センター調査研究報告等に基づき教科書課作成

「総合的な学習の時間」の着想は、戦前の新教育運動や、戦後提唱された「コアカリキュラム (core curriculum)」「自由研究」「問題解決学習」などを思い起こさせるものであり、21世紀になって突然生まれたものではない。カリキュラム理論の歴史を振り返ると、カリキュラムは常に二つの方向に引き裂かれてきた。一つには、知識を日常生活から脱文脈化し抽象的な教科ごとに分割して体系化する方向性と、今一つは日常生活に関連した学習者の関心や問題解決を中心に据えて教育内容を組み立てる方向性である。前者は教科ごとの関連性は無視ないしは軽視する傾向が強く（独立した知識体系として教科の学習を重視）、後者は教科の分割よりも統合化や相互乗り入れや関連性を重視する。B. バーンステイン (Bernstein, Basil) は、カリキュラムの編成原理を分析するものとして、教育コード理論を論じたが、その際分類 (classification) と枠づけ (framing) という概念を提起している。分類は教科間の境界分けの強さの違いを指し、枠づけは教授学習過程における統制力の強さの違いを指す。「総合的な学習の時間」は、分類も枠づけも「弱い」タイプの教育として解釈することができよう。

21世紀初頭の教育改革はある意味で画期的ともいえたが、その後まもなく「ゆとり教育」によって学力が低下しているという主張が注目されはじめ、2006年12月の教育基本法の改正と、それに続く2008年度からの学習指導要領（小学校）の改訂では、「生きる力」という目標は維持したまま、「ゆとり教育を見直す」方針転換が明確化された。いわゆる「主要教科」の授業時数が増加、学習指導要領の内容も前回削減されたもののほとんどが再度盛り込まれることになった。小学校・中学校ともに「主要教科」の授業時数の増加分を、「総合的な学習の時間」の減少、および中学校の場合「選択教科等に充てる授業時数」の廃止でまかなう形になっている。

当時,「ゆとり教育」のメリット・デメリットを十分に吟味する時間的余裕もなく,めまぐるしく方針転換が図られているのは,子ども・教員・保護者を混乱させるだけなのではないかとの議論が沸き起こった。フォーマル・カリキュラムの編成原理のゆらぎは,学校現場での混乱や学校教育の機能不全を生み出すという指摘もなされている。

3. 隠れたカリキュラムの潜在的影響力

(1)「隠れたカリキュラム」とは

学校では,教科書に書かれていることだけを学ぶわけではない。友だちと遊んだりいじめられたりという苦楽を経験しながら,子どもは自分なりの交渉術を身につけていく。教員の指示に従っての集団行動にも慣れていくようになる。学校で社会性が身につくという言い方は耳慣れたものだ。

教育社会学の分野では,そうした私たちの常識に,抽象的な定義づけをすることによって,その事柄がもっている機能や意味を考えようとする。「隠れたカリキュラム（hidden curriculum）」という概念はそのよい例だろう。「隠れたカリキュラム」とは,前節でみたフォーマル・カリキュラムとともに,学校での子どもたちの学習を支えている。完全に隠されているわけではなく,目には見えているのだが,その機能や影響力について普段私たちはほとんど考えることがない。

「隠れたカリキュラム」概念を教育社会学の分野で最初に提起したのはP. W. ジャクソン（Jackson, Philip W.）だが,彼は教科内容の3 Rs (Reading, Writing, Arithmetic) に対して,学校に適応していくための「隠れたカリキュラム」として,規制（Regulations）, 規則（Rules）, 慣例（Routines）の三つをあげている。フォーマル・カリキュラムには,テストがあり評価もされるが,「隠れたカリキュラム」には明確な評価

システムは存在しないがために，その重要性は気づかれにくい。しかし，「隠れたカリキュラム」によって，学校が求める暗黙の規範や価値観，行動様式をどれだけスムーズに身につけていくかは，学校教育を通じての選抜システムに大きく関わっている。

（2）「隠れたカリキュラム」とジェンダー

　1970年代以降の教育研究においては，学校にはフォーマルなカリキュラム以外に，上述した，暗黙のうちに共有された潜在的なカリキュラムがあることが注目されてきた。

　「隠れたカリキュラム」研究はさまざまに発展してきたが，そのめざましい分野の一つがジェンダー研究である。ここでは，ジェンダーを例に「隠れたカリキュラム」についてより詳しく説明しよう。

　「隠れたカリキュラム」のなかにはジェンダーに関するメッセージも含まれているということが，研究テーマとして取り上げられるようになったのは1970年代末から1980年代にかけてのことだが，21世紀の現代もホットな研究テーマの一つであり続けている。それらの研究で問題にされたのは，「女子はこうあるべき」「男子はこうあるべき」というステレオタイプ化されたジェンダー・イメージが，学校文化の多様な側面を通じて，子どもたちに発信されているのではないかということだった。

　5章でも述べたように，男女別男子優先名簿は，男性優位のメッセージを日常的に伝える「隠れたカリキュラム」として注目されたが，名簿に限らず，日本の学校のなかには，ことさら男女を区別して男子を優先させる慣習が多く存在している。現代では学校現場も変化しつつあるが，始業式，卒業式，朝礼，運動会などの式典や学校行事において児童・生徒を整列させたり点呼したりする場合や，授業中出席をとったりグループ分けをしたりする場合など，さまざまな場面で，特に合理的な理由も

なく男女は分離されている。そして，男女別の集団の扱いに順番が生じるときには，必ずといってよいほど男子が先，女子が後になってしまう。こうした風景は，学校生活のなかではあまりにも自然になっており，指導を行っている教員自身にもほとんど意識されていないことが多い。しかし，教師の意図の如何にかかわらず，学校というフォーマルな組織において，男女の分離と男子優先というルールがたえず繰り返されることの意味は見逃せない。

　また，男女の分離や，単なる順番としての男子優先ではなく，より明確に性別のステレオタイプ・イメージ（先入観に基づく固定的な考え方）に依拠した慣習も多いと指摘されている。例えば，委員や児童会・生徒会の役員を選ぶとき，リーダーの役割は男子で，その補佐役割は女子。係を決める場合には，重いものを運ぶ仕事は男子で，美化や行事の接待係は女子。部活動では，女子は男子の体育系クラブのマネージャーとして雑用・世話係を引き受ける。固定的な性役割や「らしさ」イメージは，学校生活のいたる場面に浸透しているのだ。

　子どもたちにとって重要な社会化モデルである教員の性別構成もまた，ジェンダー・イメージ伝達の一端を担っているといえよう。幼稚園から大学まで学校段階が上がるにつれて，女性優勢から男性優勢へと，教員の男女比はあざやかに逆転していく。また，校長・教頭など学校管理職に占める女性の比率は，どの学校段階においてもきわめて少ない。学校制度を幼稚園から大学までタテに，または，一つの学校の教員集団をタテにと，どんな斬り方をしても，女性は教員世界のヒエラルキーの下部を支える実態が子どもたちの眼前に広がっていることの意味は大きいのではないだろうか。

　「隠れたカリキュラム」はジェンダー秩序を例にとっても明らかなように，戦前は制度化されていた男女別学・男子中心主義の性差別が，「隠

れた」レベルに緩和されて機能しているものと解釈できる。とすれば，戦前の学校文化が内包していた他の非民主的な要素も，戦後の教育改革とともに解消しきれなかった部分は「隠れたカリキュラム」のなかに，例えば体罰容認のような形で残ってきたのだ。

　学校は，子どもたちが社会化プロセスで所属する主要な社会組織である。そこで「隠れたカリキュラム」として提示される，性別二分法と男女別の特性の強調，男女の不均衡な権力関係というジェンダー秩序は，子どもたちの目には，これから参入する社会のひな型と映る。そうした環境は，既存のジェンダー秩序になじまない女子・男子，また性的指向性や性的アイデンティティにおいてゆらぎをかかえている子どもたちには，抑圧的なものとなり得ることを忘れてはならない。

(3) のぞましい労働者と「隠れたカリキュラム」

　次に，「隠れたカリキュラム」を，のぞましい労働者育成という面から考えてみよう。

　教員に評価される「よい児童・生徒」とはどのようなふるまいをするべきなのか。遅刻をしない，宿題をきちんとする，忘れ物をしない，正確な計算や読み書きができる，私語をしない，教師の指示に従う，協調性をもってクラスメイトと接する，クラスでリーダーシップをとる。こうした規範や行動様式が「のぞましい」のだというメッセージは，学校文化や慣習のさまざまな側面，教職員の言動から，日々発せられている。

　こうした「よい児童・生徒」の特徴は，驚くほど，日本の職場で求められる労働者像に対応している[16]。パンクチュアルであることは，社会人の基本である。業務を完全にこなすこと，デスクワークが正確であること，勝手な判断で行動せずに上司の指示に従順に従うことなどは，日本社会の労働者として身につけるべき必須要件であろう。フォーマル・

---

[16] 学校で求められるパーソナリティと労働現場で求められるパーソナリティが似通っていることは，対応理論（correspondence theory）を提唱したボールス＆ギンティスの研究がデータをあげて指摘し，注目されてきた。

カリキュラムの教え込みだけでは実現が困難な，日本型雇用慣行にフィットした労働者づくりが「隠れたカリキュラム」の力を借りてなされてきたのではないだろうか。日本の国民性といわれる「横並び」意識，集団主義，勤勉さ・時間の正確さなど，日本の勤労文化は，学校教育を通じて子どもたちの心身に刻み込まれていく。

それらの基礎のうえに，リーダーシップを発揮し，積極性や創造性をもつもの（学級や児童・生徒会でリーダーを務めた経験，自由度が高い環境で学習を自主コントロールしなければならない高等教育機関への進学経験などによって培われる）が，職場でよりよいポストを獲得していく。

「のぞましい労働者」へといざなう「隠れたカリキュラム」に気づく子どもと気づかない子ども，気づいても「のぞましい」ようにはふるまえない子ども，ふるまいたくない子ども。「隠れたカリキュラム」への対応の仕方は，子どもによって異なってしまう。そしてそれが，進学競争においての有利不利を左右する影響力を発揮するのである。

4. カリキュラムのゆらぎと「生きる力」

現在の日本では，高度経済成長期に確立した日本型雇用慣行がくずれ，規制緩和のもと雇用の流動化が進んでいる。今日の若年層は，従来のように勤勉で従順であることを重視しているだけでは，正規労働者のポストを得ることができない現実に直面している。

一方，少子化を背景として，若い親世代にとって，「子育て」は情緒的エネルギーと経済資本をつぎこむべきライフ・イベントとしての重要度を増しつつある。新たなスタイルの子育て雑誌が次々と創刊され，教育産業は，早期教育のための知育玩具からエリート養成を約束する中高一貫の私立学校まで，さまざまな教育サービス／商品を開発し，「『正し

い』子育てをしなければ、あなたの子どもは『負け組』になる」という強迫的なメッセージも含めて消費欲求をかき立てる。「よりよい」子どもに育てたい。「よりよい」未来を子どもに提供したい。親たちは、「よりよい」とは何かをじっくり問う余裕もないまま、拡大する教育産業の市場活動に駆り立てられていく。

　学校のカリキュラムも、社会全体の変容にあわせて流動化している。上述したように、21世紀初頭、カリキュラムの目標を規定し、編成原理に影響を及ぼすキーワードとして、「生きる力」概念が登場し、脚光を浴びた。それは、これまでのような知識詰め込み型の受験学力を身につけただけではだめだというメッセージを発していた。

　こうした観点から導入されたのが、「総合的な学習の時間」だった。それは、「横断的・総合的な学習」「児童（生徒）の興味・関心等に基づく学習」（1998年学習指導要領）という新しいコンセプトに基づくものであり、学校現場でも、マスメディアや知識人の間でも、賛否とりまぜてさまざまな議論がなされた。たしかに、学校現場でのとまどいには大きなものがあり、「総合的な学習の時間」で何をどのように教えるのかが曖昧であるという批判がなされたが、その一方で、環境問題や人権問題など現代社会の課題を子どもたち主体でじっくり学習する機会として有効に活用できるとの期待も生まれていた。

　しかしいまや、学習内容量は復活する一方、教科を越えた能力を育む可能性をもった「総合的な学習の時間」が削減され、カリキュラムは従来どおり主要教科重視型に戻りつつある。にもかかわらず、カリキュラムの現代的総合化を必要として登場した「生きる力」というマジックワード[17]は掲げられたままであり、今後の教育政策の展開に、保護者も教育関係者も大いに注目している状態だ。

　「生きる力」とは何か。

---

17) ここでは、「生きる力」という概念は文脈によって意味を変えていくようにみえることを指す。

学校は，特定の目標のもとに計画的に構成されたフォーマル・カリキュラムと，学校の日常生活のなかで学ぶ隠れたカリキュラムの二本立てで機能してきた。カリキュラムの二つのレベルはそれぞれに，またその関係性も，社会変動とそれを背景とした教育政策の変化によって，常に再編成されている。教育社会学はそうした今日のカリキュラムのゆらぎを分析する理論や概念を洗練させていかねばならない。

参考文献

ジョン・デューイ著，市村尚久訳『学校と社会・子どもとカリキュラム』（講談社，1998年）

苅谷剛彦『学校って何だろう―教育の社会学入門』（筑摩書房，2005年）

Geoff Whitty, *Sociology and School Knowledge: curriculum theory, research and politics*, Routledge（1985年）ジェフ・ウィッティ著，久冨善之他訳『学校知識　カリキュラムの教育社会学　イギリス教育制度改革についての批判的検討』（明石書店，2009年）

片岡徳雄『教科書の社会学的研究』（福村出版，1987年）

Michael W. Apple, *Ideology and Curriculum*, Routledge（1980年）マイケル・アップル著，門倉正美他訳『学校幻想とカリキュラム』（日本エディタースクール出版部，1986年）

研究課題

①フォーマル・カリキュラムが決定されるプロセスや，教育現場で管理統制されるシステムについて，日本と諸外国との比較を行ってみよう。まずは法制度的な共通点と相違点を検討してみるのがのぞましいだろう。

②隠れたカリキュラムにはさまざまな側面がある。この概念について，本章で述べた以外の視点から，具体的な例を考えながら論じてみよう。

③日本のナショナル・カリキュラムである学習指導要領の近年の改訂（計画）に関してどのような議論があるのかを調べてみよう。学習指導要領を目にしたことがない受講生は，いずれの教科でもよいので学習指導要領の現物を実際に手に取ってみることで，従来の議論についての自身の認識が変化する点があるか，考えてみるのもよい。

7 | メリトクラシーと学歴

近藤博之

《目標&ポイント》 教育は，試験による選抜や労働市場における学歴重視の雇用を通して，社会の階層システムに重要な影響を及ぼしている。各国の教育社会学は，これまでメリトクラシーの考え方を基に現代の学校制度が社会の平等化に貢献しているのか，それとも階層再生産に寄与しているのかを実証的な視点で明らかにしようとしてきた。本章では，それらの研究結果を紹介しつつ，メリトクラシー概念がもっている問題点と近年におけるさまざまなゆらぎについて説明する。
《キーワード》 学歴主義，メリトクラシー，社会階層，社会移動，教育機会の平等

1. メリトクラシーの興隆

(1) 地位と選抜

どんな社会でも人々の間には富や権力や威信の違いがあり，その配分状態から個人の社会的地位が区別される。ほとんどの人が社会化の過程を経て何らかの職業につき，そこでの権限や報酬によって社会的地位体系の一角を占めるようになる以上，そこには社会的選抜の問題が必ず発生する。社会的に重要と見なされる地位には誰がつくのか，そこでの選抜の基準は何か，親は自分の地位を子どもに継承させることができるのか，それとも子どもが自分の力だけで地位を築いていくのか，そうした問題である。

これらの点について，社会には一定のルールや規範が存在し，たいてい世代を超えて安定した地位配分のパターンがつくられている。現代の

学校制度は，人々を各種の職業に結びつけるゲートキーパーとしての役割を果たしており，それによってこの問題の解決に貢献している。つまり，学校の働きが社会の不平等構造を支えているのである。

(2) 選抜基準の二つのタイプ

　社会的選抜の古典的な問題は，国政に携わる官僚の任用である。例えば，江戸時代であればその担い手は武士に限定され，かつ家柄によって就ける役職が決まっていた。これに対して，官吏任用制度が整備された明治中期以降は，一定の学歴要件と競争試験の結果によって人材選抜が行われている。前者のように，個人の資質や能力ではなく身分や家柄を第一義とする選抜は，人の属性（ascription）による選抜である。性別・年齢・人種（民族）・階級など，出生時点で個人に付与される特徴が考慮される場合も，属性基準が適用されているといえる。他方，後者のように，個人の出自ではなく資質や能力あるいはその人が成し遂げた功績などを重視して行われる選抜は，人の業績（achievement）による選抜である。一方はその人が「何者であるか」を問題にし，他方はその人に「何ができるか」を問題にするという違いがある。

　もちろん二つの基準は理念型であって，現実の選抜が純粋にどちらか一方で成り立つわけではない。身分や家柄で役職が与えられるとしても，そのなかに能力競争を持ち込むことは可能だし，出自がすべてだとしても長年の訓練や経験によって結果的に最も有能な者がその地位に就いていると見なせる場合もある[1]。後にみるように，業績基準が支配しているといわれる現代社会でも，属性基準が完全に否定ないし排除されているわけではない。

　また，これらは社会構造の特徴を明らかにするための分析的な概念であって，属性による選抜よりも業績による選抜のほうが価値的に優れて

---

1) これらの論点を含めて，江戸時代の選抜についてはR. P. ドーア『江戸時代の教育』（松居弘道訳，岩波書店，1970）を参照のこと。

いることを前提としていない。少なくとも、この区別を最初に提示したとされる人類学者のR. リントン（Linton, Ralph）は両者を同等のものと見なしていた[2]。実際、リントンは個人の思考力や創造性が求められるのは、社会システムが新しい環境に対して適応を迫られるときであり、環境適応が回復されれば業績ではなく属性と訓練の組み合わせのほうが優勢になると述べている。そのように、かつては社会的選抜について必ずしも明確な趨勢が仮定されていなかった点に注意しておきたい。

(3) 現代社会とメリトクラシー

属性から業績へという社会の変化が強く意識されるようになるのは、産業構造や職業構造の近代化が進み、多くの人が学校制度に積極的に関わるようになる20世紀後半になってからのことである。

社会の進歩と変革が自己目的化され、短期間のうちに目まぐるしく様相を変える現代社会は、リントンのいう環境適応の困難性が常態化した社会であり、業績基準を前面に押し出して、新しい才能や能力を求め続けなければならない社会であるといえるかもしれない。現実に、官僚制が支配する公的組織だけでなく、一般の民間企業も学歴や資格やスキルを応募条件に掲げ、試験による競争的な選抜を行っている。今日では、業績基準による選抜が社会階層の全域に広がっているといってよいだろう。

業績基準を前面に押し出したこのような社会的選抜の体制は、一般にメリトクラシー（meritocracy）と呼ばれている。ほぼ半世紀前にこの言葉を発明したM. ヤング（Young, Michael）は、その空想物語『メリトクラシー』のなかで「幾百年もの長期にわたって、社会はふたつの大原理——家族による選抜とメリットによる選抜との間の戦場であった」と述べ、メリットが地位配分を支配するようになるまでの過程を英国の史

---

2) Ralph Linton, *The Study of Man: Introduction*, Appleton-Century-Crofts（1936, pp.113-131）

実を織り交ぜながら描いている[3]。ヤングは，国際競争による効率化の圧力と社会主義による不平等の糾弾が近代的な学校制度の改革を推し進めたと書いているが，近代の産業社会はいずれもメリトクラシーの確立によって「効率」と「平等」の二つの価値を同時に実現しようとしてきたのであった。

2. 教育と階層

(1) メリトクラシーとOED関連

ヤングの物語を基に，メリトクラシーの観点から社会構造を分析するための枠組みを提示しよう。図7-1の(a)～(d)の推移がそれである。なお，出身地位，教育，到達地位を組み合わせたこの関連図は，英語の頭文字をとってOEDトライアングルと呼ばれる。2変数の間の矢印は，一方から他方に直接的な影響関係があることを表している。

図7-1の(a)は，身分や家柄が地位配分を決めているときの三者関連を表現したものである。例えば，武士と庶民の違いは教育機会の差（藩校と寺子屋など）をもたらすが，成人後の地位は各人の教育経験に関係

図7-1　OEDトライアングルの関連パターン

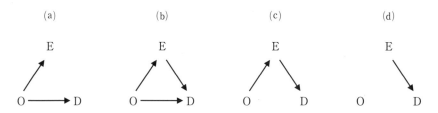

O：出身地位（Origin）
E：教育（Education）
D：到達地位（Destination）

---

[3] マイクル・ヤング『メリトクラシー』（窪田鎮夫・山本卯一郎訳，至誠堂，1982，25頁）物語では「メリット＝IQ＋努力」と定義されている。

なく社会的出自によってすでに決められている（したがってEからDに向かう矢印は描かれていない）。次に，(b)は一般大衆に向けて近代的な学校教育が整備され，学校卒業後の地位が教育経験によって媒介されるようになった状態を表している。しかし，親が子どもに職業的地位を継承させたり，子どもの地位達成に親族が影響力を及ぼしたりする余地が残されており，出身と到達の直接的な関連はなくならない。

　他方，(c)は伝統的な社会関係が大幅に後退し，ほとんどの人が学歴を基に地位形成を行っている状態を表している。ここでの特徴を日常的な関係で説明すれば，例えば就職の場面で採用者は候補者の学歴を知っているが，出身背景については何も知らないという状態にあたる。競争試験はもちろんのこと，学歴や資格といった普遍的基準を就職場面に介在させることは，そのような形で選抜の公平さを保障するのである。しかし，(c)の状態は出身地位が最終的に到達地位に影響を及ぼすのを排除していない。両者は教育機会の差を通して関連づけられるのである。つまり，才能があっても家が貧しいために教育を受けることができず，高い地位につく機会を失っているといった前近代的な関係がここでは許容されている。

　この問題を解消するのが教育機会の平等化である。すべての人に同じ内容の教育を保障したり，検定試験を導入して受験者の門戸を広げたり，不利な環境にある人の就学を経済的に援助したりする政策に，そうした機会平等化の意図を見いだすことができる。その結果，ヤングの物語のなかでたどりついたとされるのが(d)のメリトクラシーである。ここには，個人の出自が教育にも到達地位にも影響を与えない一種の「理想」状態が描かれている。(d)が一つの理想と見なせることは，親と子の間の世代間職業移動を考えてみればよいだろう。両者の間には影響を媒介するルートが存在しないので，世代間移動の様子はどの出身層も基本的

に同じ分布となる。つまり，ある職業に到達する確率がどの出身でも同じと見なせる状態が帰結するのである。

ヤングの物語は，到達地位に対する教育の影響（つまり学歴主義）と教育機会の平等化を同時に捉えることで，学校制度が社会の階層構造に対してきわめて重要な意味をもつことを強調している。そこでは，学校が自律的な制度として発展すればするほど，個人は自分の意志と能力によってどんな地位にも到達できる公正な社会が実現すると仮定されている。この見方は（ヤングの意図はともかくとして），学歴によって社会的エリートの地位を獲得した人たち，社会的エリートとなるために学歴取得を目指している人たち，そして勉学意欲の高い若者を教育によって世の中に送り出したいと考えている教師たちに好意的に受け入れられたといえる（大学の世界はそれらの特徴を備えた典型的な場所である）。そうしてメリトクラシーの語は，空想小説のなかの造語でありながら，社会的公正の観点から現実を分析・評価するための概念として社会科学の世界に定着してきたのである。

(2) メリトクラシー化仮説の検証

産業化社会が経験してきた諸々の変化は，たしかにメリトクラシーの実現を促しているようにみえる。伝統的集団から個人が析出され地域移動や職業移動が活発化したこと（OD関連の変化に対応），産業技術が発達し学卒者に対する労働需要が拡大したこと（ED関連），人々の権利意識が高まり機会平等に対する要求が強まったこと（OE関連），これらの動きはヤングが描くメリトクラシーの世界に調和している。そこで，図7−1の(a)から(d)への移行が着実に進んでいるはずだとの見方が引き出されてくる。いわゆるメリトクラシー化の仮説である。

この仮説の現実妥当性は，OEDの三つの変数の関連を吟味すること

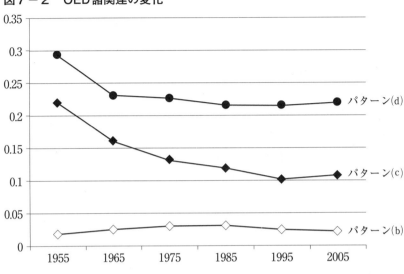

図7-2 OED諸関連の変化

注) 1955-2005年SSM調査データより計算

により判断される。ここではSSM調査[4]を利用して、過去半世紀の日本社会の変化を検討してみよう。具体的には、25-59歳の男子について、父親の職業、本人の学歴、本人の職業を組み合わせた3重クロス表を作成し、どの関連パターンがより現実に近いかを比較してみる。なお、出身と到達の地位は父親の主な職業と本人の現職で把握することとし、便宜的に、専門・管理職、事務・販売職、マニュアル職、農業の4分類とした。教育は、中卒、高卒、短大・大卒の3分類である。もちろん、ここでは学歴をメリットの代理指標として位置づけている。

図7-2がその結果を示したものである。ここでは、(b)(c)(d)の各関連パターンが現実であると仮定したときの理論的期待値と実際の調査から得られた観察値のズレを「非類似性係数」(dissimilarity index)を

---

[4] 「社会階層と社会移動に関する全国調査」が、社会学者たちの共同事業として、1955年の第1回調査から10年おきに行われている。社会階層 (Social Stratification) と社会移動 (Social Mobility) の頭文字をとってSSM調査と呼ばれている。

用いて評価している[5]。

　図の縦軸は，三つの関連パターンから期待される分布と現実に観察された分布とのズレの大きさに対応している。したがって，1955年時点であると，(d)のようにOE関連を無視したり，また(c)と(d)のようにOD関連を省いたりすると，現実からのずれが大きくなることが示されている。グラフからは，高度成長期にそれらの関連のウェイトが大幅に縮小した様子がうかがえる。ただし，OD関連の縮小は近年まで継続しているものの，OE関連のほうは変化がすぐに停滞している。すべての時点を通して，現実の関連に最も近いのは(b)のパターンである[6]。それは，学歴主義を意味するED関連とともに，教育機会の不平等を反映するOE関連も，世代間の直接的な職業継承を示唆するOD関連も，社会のなかで明確に機能していることを示している。

（3）OED関連の国際比較

　教育機会や職業機会に対する出身階層の影響力は依然として残されており，ヤングの描いたメリトクラシーの状態からはほど遠いことがわかる。そうした傾向は日本のみならず，諸外国でもほぼ同様であることが確認されている。例えば，欧州諸国のOEDトライアングルを分析した研究は，メリトクラシー化仮説に反して多くの国でED関連が弱くなっていること，OE関連とOD関連については，弱まっている国と，その反対に強まっている国があることを明らかにしている[7]。こうした検討から，少なくとも(d)の関連パターンに向けて，すべての国で同じ変化が単線的に進んでいるわけではないということがわかる。

　メリトクラシー化仮説が妥当しない主な原因は，とくに出身背景と教

---

5) 非類似性係数は，次のように定義される。$DI = \sum_{ijk} |n_{ijk} - f_{ijk}| / 2N$，$n$は観察値，$f$は各々のパターンの理論的期待値，$N$は全体のサンプル数，添字は各変数のカテゴリーを表す。
6) これは統計的な観点からも，現実を要約する最適モデルとして支持されている。
7) Richard Breen ed., *Social Mobility in Europe*, Oxford University Press (2004)

図7-3 高等教育輩出率の推移

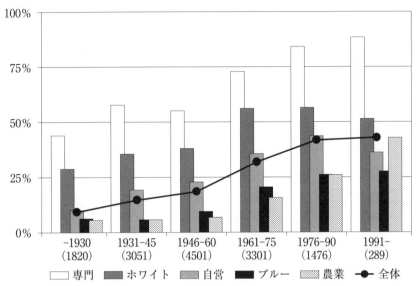

注）1955-2005年SSM調査の全データを合併して使用した。（ ）はサンプル数。出身階層は，父職のSSM総合職業分類による。横軸の区別は，15歳時の年による

育の関連が根強いところにある。そのOE関連に焦点を当てた国際比較もなされているが，多くの研究は教育拡大が生じる前の20世紀前半と拡大が進んだ20世紀後半で出身階層の影響にほとんど変化がないと報告している[8]。教育拡大によってどの出身階層も平均的な教育水準を上昇させたが，出身階層による有利・不利の比較に目立った変化はないのである。日本の場合も，教育機会の地域差や男女差は高度成長期を通して徐々に解消されたが，出身階層による格差は，図7-3に示すように期待されたほど縮まってはいない。

結局，20世紀後半の教育拡大期に，「効率」と「平等」の二つの観点から学校制度の発達を後押ししたメリトクラシーの観念は，国内外の社

---

[8] Shavit, Y. and H.-P. Blossfeld eds., *Persistent Inequality: Changing Educational Attainment in Thirteen Countries,* Westview Press (1993)

会学者たちの実証分析によって物語の世界にとどまることが確認されたのである。

3. メリトクラシーのゆらぎ

（1）教育の大衆化と学歴

現実社会のメリトクラシー化が否定されるとともに，近年，メリトクラシーの考え方そのものにさまざまな限界やゆらぎがみえ始めている。

まず，教育の大衆化によって上級学校の進学からこれまでのような利益が引き出せなくなっていることがあげられる。かつては高卒が大半を占めていたホワイトカラー職は，ある時期から大卒の学歴を入職の条件とするようになり，さらに今日では大卒でもホワイトカラー職に就けない者が出てきている。これは，教育と職業が基本的には別個の制度であり，高学歴化が高学歴者向きの職業を自動的に生み出すわけではないことによる。ホワイトカラー職が急速に拡大していた時期には，学校組織がつくる専門職の需要増も加わって，そうした基本的な面がみえにくかったのである。先進諸国におけるED関連の弱まりは，明らかに教育と職業の制度的なズレを反映したものといえる。

しかし，教育の大衆化により平均的な学歴効用が低下したとしても，職業的地位の決定において学歴要件が効力をもたなくなったわけではない。現実はむしろ逆である。教育の大衆化が進むほど高学歴者の「下方就業」は顕著になるが，それとともに「上方就業」が高学歴者によって独占されるようになる。また，同じ学歴でも学校間の差が目立つようになってくる。こうした現代の状況に対して社会学者のU. ベック（Beck, Ulrich）は，教育の地位配分機能が二つの次元に分けられ，その一方が企業の側に渡ってしまったと分析している。ベックによれば，企業側に渡ったのは候補者に地位獲得のチャンスを与える正の選抜機能，学校に

残されたのは学歴要件に劣る者を候補者から除外する負の選抜機能であるという[9]。したがって，学校制度が社会的地位の配分に自律的に関わるというメリトクラシーの根幹が大きくゆらいでいることになる。

(2) ペアレントクラシー

次に，教育機会の平等化が滞り，社会的出自と教育のOE関連がいつまでも解消できていないことがあげられる。そうした事態が起こりえることは，実はメリトクラシーの論理のなかにもともと内包されている。なぜなら，メリトクラシーのもとでは，経済的報酬の大きな格差がメリットを根拠に許容されるからだ。それは，次世代の家庭環境に反映され，社会化の条件に差をつくりだすものとなる。その関連を前提に，学校制度が家庭や地域の影響力を上回る社会化能力を発揮することによって，初めてメリトクラシーの理念が成立するのである。しかし，学校制度にそこまでの格差是正能力がないことは，20世紀後半の先進諸国の経験を通してますます明らかとなっている。

他方，メリトクラシーの理念を尊重し，家庭背景の影響を完全に排除するとしたら，その方策はすべての子どもを親から引き離して集団保育を行う，あるいは教育選抜を試験ではなくクジ引きで行うといった極端なものとならざるをえない。だが，多くの人はそこまでのやり方で「結果の平等」を求めてはおらず，個人の意欲や能力に応じて自由に競争できる社会を望ましいと見なしている。そして，そこに家庭背景の影響が及ぶこともある程度は仕方がないと考えている。近年では，むしろ教育サービスの市場化や学校選択制の導入といった新自由主義的な教育政策が支持され，親の利害関心が子どもの教育にストレートに反映されるのを容認する傾向が強まっている。そうした動きを捉えて，社会的選抜の体制がメリトクラシーを理念とする時代からペアレントクラシーの時代

---

[9] ウルリヒ・ベック『危険社会—新しい近代への道』（東廉・伊藤美登里訳，法政大学出版局，1998, 294-309頁）

に変わったとする見方も提示されている[10]。教育達成が個人の「能力と努力」ではなく,親の「富と選好」によって決まっているというのだが,ここでも教育機会の平等化というメリトクラシーの根幹がゆらいでいる。

(3) イデオロギーの反転

現代社会のなかで,メリトクラシーは政治的イデオロギーとしても機能している。実際に,それは貴族主義（aristocracy）を否定し,民主的で平等な社会をつくるための革新的イデオロギーとしての面と,現実の不平等な分配を機会の平等を理由に正当化していく保守的イデオロギーとしての面をあわせもっている。近年ではそのバランスが後者のほうに傾き,メリトクラシーの理念がもつ危険性が徐々に表に現れている。

例えば,1990年代の米国でベルカーブ論争と呼ばれるたいへん白熱した議論が展開された。出身階層と教育,職業,所得との間に明確な関連が存在するのは,メリトクラシーが実現していないことを意味するのではなく,むしろメリトクラシーが徹底されたことの結果であるとする主張がなされたのである。民主的な教育改革や能力的選抜の普及によって次第にメリット階級が成立し,その結果として知能の遺伝に基づく親子間の関連が観察されているにすぎないというのである[11]。知能が高い者どうしの結婚と子どもへの遺伝によって社会が階級的に分断されるという筋書きは,まさしくマイクル・ヤングが空想物語の後半部で戯画的に描いたものであった。

メリトクラシーを盾にした社会的不平等の正当化は,その後,さまざまな学問分野で批判的な検討と検証が行われ,遺伝メカニズムに現実の不平等をそこまで説明する力はないことが明らかとされている[12]。しか

---

10) Phillip Brown, "The 'third wave': Education and the ideology of Parentocracy," *British Journal of Sociology of Education* 11 (1990)
11) Richard Herrnstein & Charles Murray, *The Bell Curve: Intelligence and Class Structure in American Life,* Free Press (1996)

し，一方に学歴による格差的な地位配分の現実があり，他方に客観的で公平な選抜が行われているとの認識があれば，不平等の結果を素直に受け入れ，それを個人の価値として読み取る社会の眼差しが容易につくられる。貧困や生活困窮の原因を当事者の責任と見なし，本人の能力のなさを非難（あるいは甘受）するところに，メリトクラシー理念の不道徳性が露骨に現れてくるのである。

(4) 社会的選抜のバランス

　結局，メリトクラシーの理念はある程度までは革新的なイデオロギーとして機能するものの，極端化するとその理念がもつ価値を自ら否定するような結末を招来してしまうのである。メリトクラシーの物語を通してヤングが明らかにしたかったのも，そのような負の側面にあった。したがって，現在の社会的選抜を偽りのメリトクラシーと見なし，メリットの中身を突き詰めることで真のメリトクラシーを実現していかなければならないとする類の議論は，いかに機会平等の理念を掲げていても危険地帯にわざわざ足を踏みだすようなものとなる。実際，学歴による社会的選抜の体制は，正規雇用と非正規雇用の違いにみられるように一種の身分化をもたらしやすく，硬直化することで平等や効率の価値を損ねてしまう危険性をはらんでいる。メリトクラシーの理念に社会的な価値を認めるのであれば，より柔軟な能力的選抜のあり方を常に考えていく必要がある。個々人の能力形成についても，多様な機会があるのが望ましいことはいうまでもないだろう。

〔付記〕SSM 調査データの使用に関して，2005年 SSM 調査研究会の許可を得ている。

---

12) 一つの検討例として，Samuel Bowles & Hervert Gintis, "The inheritance of inequality," *Journal of Economic Perspectives* 16 (2002)。

参考文献

マイクル・ヤング著,窪田鎮夫・山本卯一郎訳『メリトクラシー』(至誠堂,1982年)
ダニエル・ベル著,内田忠夫・嘉冶元郎・城塚登・馬場修一・村上泰亮・谷嶋喬四郎訳『脱工業社会の到来〔下〕』(ダイヤモンド社,1975年)
石田浩・近藤博之・中尾啓子編『現代の階層社会2──階層と移動の構造』(東京大学出版会,2011年)
本田由紀・平沢和司編『リーディングス 日本の教育と社会② 学歴社会・受験競争』(日本図書センター,2007年)
近藤博之編『日本の階層システム3 戦後日本の教育社会』(東京大学出版会,2000年)
ジョン H. ゴールドソープ「『メリトクラシー』の諸問題」A. H. ハルゼー,H. ローダー,P. ブラウン,A. S. ウェルズ編,住田正樹・秋永雄一・吉本圭一編訳『教育社会学──第三のソリューション』(九州大学出版会,2005年)

研究課題

①政治,経済,スポーツ,芸能,科学など,各界の地位配分について考えてみよう。それぞれどんな選抜のしくみをもっていると見なせるか。

②「メリトクラシー」と「学歴社会」(degreeocracy)の異同について考えてみよう。

③親が職業や財産を子どもに継がせることは制限されるべきだろうか,それとも何らかの条件のもとに認められるべきだろうか。各自の考えを整理してみよう。

8 | 学力と意欲の階層差

近藤博之

《目標＆ポイント》 近年，日本でもさまざまな学力調査が行われ，学力や意欲の階層差が格差社会との関連で問題となっている。国際的な学力調査データの分析によると，学校制度が発達するにつれて学力に対する家族の影響力が大きくなるようである。ただし，さまざまな影響が混じり合う調査データから学力差の真の原因を明らかにすることは容易ではない。本章では，学力調査の結果を解釈する際の問題点と，それをより適切に理解するためのアプローチについて考えてみる。

《キーワード》 学力の階層差，学校効果，PISA 調査，文化資本，社会資本

1. 学力調査における家族と学校

(1) 学力に対する関心

近年の日本の教育界では「学力」が一つのキーワードになっている。その始まりは，高等教育の大衆化や入試制度の多様化により基礎学力を欠いた大学生が増えているとする議論にすぎなかったが，いわゆる「ゆとり教育」に対する批判や，国際学力調査において日本の成績が低下しているという指摘を受けて，社会全体に対する危機意識へと広がっていった。「学力低下」のみならず「学力崩壊」や「学力分断」といった刺激的な言葉が使われるのも，それだけ現在の日本で学校化社会が進んでいることを示すものといえるだろう。つまり，個人にとっても，社会にとっても，学校教育の成否が豊かさを保障する鍵と見なされ，その根幹となる学校教育の効果や子どもの学力の現状に対して多くの人が無関

心ではいられなくなっているということである。

近年の学力問題で，教育社会学者たちが特に注目するのは学力の階層差である。そこでは「格差社会」の議論に呼応して，家庭背景の差異が生徒の学力分化をもたらしているとの認識が示されている。そうした現実理解は，社会的選抜においてメリトクラシーの理念が実現していないとするマクロな社会分析の結果に対応している。たしかに，学校制度が発達してくれば最終的な教育達成（学歴）を決める要因として学力のウェイトが高くなってくる。その意味では，第7章で示した出身階層と教育の持続的な関連（OE関連）も学業成績のなかに原因を探るのがより正確であるかもしれない。教育と階層のマクロな関連が生徒の学力差を通してより直接的に吟味されるようになっているのである。

（2）機会平等からの学力調査

学力の階層差について，教育社会学の主だった研究からこれまでの流れを押さえておこう。通常，学力調査は生徒個人や学級集団の学習効果の改善を目的として行われるものであり，社会構造に対する関心からそのような調査が行われることはあまりない。そうしたなか，1960年代の米国で，その後の教育社会学の展開に重要な影響を及ぼすことになる大規模な学力調査が実施された。「コールマン報告」の名で知られる，教育機会の平等をテーマとした学力調査である[1]。この調査の結果は，どの人種・民族グループでも成績の分散に対する学校の説明力がきわめて小さなことを明らかにし，学校教育による平等化効果を信じてきた人々を大いに驚かせた。

報告書によると，成績の分布を最もよく説明するのは生徒たちの家庭背景であり，その関連は学年が進んでも弱まることはないという。学校の特徴で関連が認められるのは，やはり生徒集団の社会経済的背景であ

---

[1] James S. Coleman et al., *Equality of Educational Opportunity*, Department of Health, Education, and Welfare (1966)

り，それ以外には成績との間に弱い関連しか認められない。教員の質は成績の分散をいくらか説明するものの，学校の施設や設備やカリキュラムなどの差異は生徒の成績に対してほとんど影響を与えないのである。この結果から，報告書は次のような結論を引き出している。

　「学校は，子どもの社会的背景や一般の社会的文脈から独立に，子どもの成績に対して影響を及ぼすことはほとんどない。そのように独立の効果がないということは，家庭・近隣・同輩集団によって与えられる不平等がそのまま持ち越されて，卒業後に成人生活に直面するときの不平等になるということである。学校を通して教育機会を平等化するには，子どもの接する社会環境から独立した強力な学校効果がなければならないが，そのような独立の強力な学校効果はアメリカの学校には存在していない」[2]。

　子どもの学業成績に影響力をもつのは，学校入学前にすでに与えられている家庭や地域の環境であり，それらが統制されたなら学校教育が子どもの成績差に付け足すものはほとんどないとするこの結論は，いわゆる「学校無力論」を生み出し，教室の水準でメリトクラシー化の仮説に疑問を投げかけるものとなった。

(3) 学校効果からの学力調査

　学校効果を否定したコールマン報告の結論に対しては，その後，比較教育の観点から，途上国を含む世界全体に目を向けたなら学校教育の効果が期待どおりに観察されるのではないかとの異論が唱えられている[3]。この問題提起を受けて1980年代以降，学力の階層差についても，

---

2) Ibid., p. 325
3) Stephen P. Heyneman & William A. Loxley, "The effect of primary-school quality on academic achievement across twenty-nine high- and low- income countries," *American Journal of Sociology* 88-6 (1983)

学校効果を評価するという形で変化の方向が検討されるようになった。そこで利用されているのが，TIMSS（国際数学・理科教育調査）やPISA（生徒の学習到達度調査）といった国際学力調査の結果である。マスコミでは国の成績や順位のみが取り上げられるが，これらの調査はいずれも家庭背景の影響力と学校の影響力を図と地の関係として問題にしていることを強調しておこう。

　この点について，コールマン報告以降の研究動向を整理した米国の教育社会学者は，教員や教科書に不足を来すような劣悪な条件にあれば学校環境の差が生徒の成績に反映されるが，学校の資源環境がある程度の水準に達すると生徒の成績差に対する影響力はほとんどみられなくなり，反対に家庭背景の違いが前面に出てくるようになる，と一般的な傾向をまとめている[4]。さらに，最近の国際学力調査を用いた詳細なデータ分析は，経済水準が高い国ほど成績に対する家庭背景の影響力が絶対的な水準でも，（学校の影響力と比べた）相対的な水準でも大きくなると報告している[5]。少なくとも，発達した学校制度が家庭背景の影響力を抑え込むという傾向は見いだせないようだ。

　ここに，家族と学校のそれぞれについて相反する二つの傾向を見いだすことができる。一方において，家族制度の変化は子どもの人生に対する親の影響力を弱めたと見なされている。しかし，学校の成績に対する家族の影響力はそうではない。そこでは，ますます家庭背景の差が目立つようになっているのである。他方，子どもの成績に対する学校の影響力は，教育の質が標準化することによって低下してきている。しかし，

---

4) Adam Gamoran & Daniel A. Long, "Equality of educational opportunity: a 40-year retrospective," WCER Working Paper No. 2006-9（2006）
5) 例えば，次の論文。①Caro, D. H. and J. Lenkeit, "An analytical approach to study educational inequalities: ten hypothesis tests in PIRLS 2006," *International Journal of Research and Method in Education* 35-1（2012）
②Chudgar, A. and Luschei, T. F., "National income, income inequality, and the importance of schools: a hierarchical cross-national comparison," *American Educational Research Journal* 46-3（2009）

子どもの人生に対して学校はかつてない影響力を及ぼしている。結局，学校の選抜・配置機能が肥大化し，それが研ぎ澄まされた鏡となって，わずかな成績差やそこに見いだせる家庭背景の差異をより鮮明に映し出すようになっていると見なせるだろう。

2．学力差をもたらす諸要因

（1）家族の資源格差

社会構造の観点から教育と階層の関連を扱った研究は，伝統的に親の社会経済的地位（学歴，職業，所得など）に注目して家庭背景を捉えてきた。他方，学力調査では，社会経済的地位のほかに親の行動や態度，家庭の物的・文化的環境，家族構造，地域環境など多種多様の変数を取

図8－1　児童の正答率と家庭の世帯収入

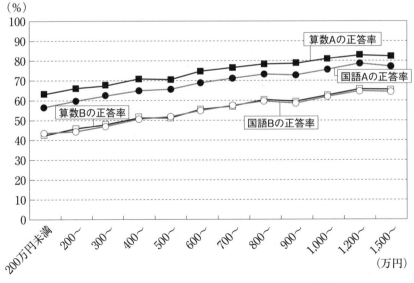

出典：「文部科学白書2009」12頁

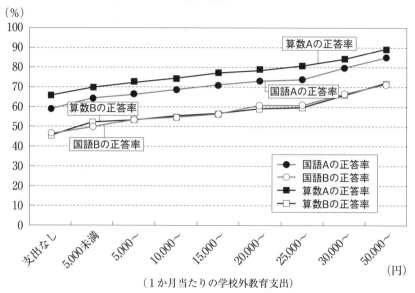

図8−2 児童の正答率と学校外教育投資

（1か月当たりの学校外教育支出）

出典：「文部科学白書2009」15頁

り込んだ分析が行われている。つまり，子どもはさまざまな量質の資源をもって学校教育に関わり，その資源の差異が直接・間接の原因となって学力の階層差をつくりだしていると考えられているのである。

　もっとも明白な家族資源は経済的なものである。実際，家庭が経済的に豊かであれば，子どものために勉強部屋や学習用具を取りそろえ，外部の教育サービスを購入したり，受験教育に定評のある私立学校に通わせたりすることが容易となる。それらのことが必ず子どもの学力を高めるとはいえないが，少なくともその可能性を広げているとはいえるだろう。図8−1と図8−2のグラフは，そうした観点から家庭の経済的資源と子どもの学力の関係を捉えたものである。ここでは，どのテストの正答率も，世帯収入と学校外教育支出の水準に明瞭に比例することが示

されている[6]。

　しかし，家族資源については，教育費の負担に象徴されるような機会制約の側面ばかりでなく，親子の関係を通して子どもの内面に働きかける社会化の側面にも注目する必要がある。教育は幼いうちに始まり，日常生活とともに進む長期の過程なので，むしろそちらのほうが重要といえる。例えば，家庭の収入が安定していれば，長期の時間展望のもとに教育期待を形成し，子ども自身にも親が望むような教育的願望を抱かせやすい。反対に，収入が不安定で確実性を欠いていれば，教育＝職業＝所得をつなぐ長期の時間展望がもちにくく，まさに将来のために現在を犠牲にするという教育投資の動機づけが弱いものとなりやすい。家庭の経済条件の差も，こうした心理的メカニズムを通して子どもの教育達成に影響を及ぼしていると考えられるのである。

（2）家族資源の多様性

　近年の学力調査は，親の行動を中心にさまざまな家庭の特徴に注目している。例えば，図8-3は，上と同じ調査から，親の子どもへの接し方と普段の行動が子どもの学力に関連する様子を，上位4分の1の成績層と下位4分の1の成績層の間の経験率の差として捉えたものである。この結果が暗に示しているのは，家庭の文化的環境や親子のコミュニケーションが子どもの学力に影響を及ぼしている可能性があり，成績上位者の場合と同じ家庭環境が与えられたなら，現在の成績下位者も学力が向上するかもしれないということである。

　家庭の文化的環境がもつ重要性は，OECDのPISA調査でも強調されている[7]。例えば，親子の間で政治・社会問題について話す，本・映画・

---

6)「平成21年度文部科学白書」より引用。政令指定都市100校の小6児童の学力調査と保護者調査の結果による。問題Aは知識・技能の定着を，問題Bはそれらの活用力を調べている。

7)『生きるための知識と技能①—OECD　生徒の学習到達度調査（PISA）2000年調査国際結果報告書』（ぎょうせい，2002）。PISA調査は，高校1年生を対象に，教科内容よりも広い範囲で知識や技能の運用能力を評価している。

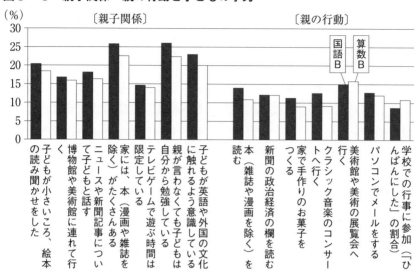

図8-3 親子関係・親の行動と子どもの学力

出典:「文部科学白書2009」(15-16頁)および「平成19・20年度全国学力・学習状況調査追加分析報告書」(文部科学省, 2009年, 152-3頁)を参考に筆者作成

テレビについて話す, クラシック音楽を聴く, の三つの質問項目から「文化的コミュニケーション」尺度を構成し, 上位4分の1と下位4分の1の生徒でテスト得点を比較すると, 日本を含めた多くの国で統計的に有意な差が観察される(単位当たり変化効果のOECD平均は20.5点)。また, 生徒本人の文化的行動(博物館・美術館, オペラ・バレー・クラシックコンサート, 観劇)から構成された「クラシックな文化的活動」尺度でも, ほとんどの国でテスト得点との関連が確認されている(同18.2点)。PISA調査では, 携帯電話, テレビ, コンピュータ, 自動車, 浴室の所有個数から「家庭の物質的豊かさ」の尺度をつくっているが, テスト得点に対する効果(同19.8点)は文化的尺度の場合とほぼ同じである。家庭環境の有形の資源も, 無形の資源も, 子どもの学力に対して同等の影

響力を及ぼしているようにみえる。

3. 学力の階層差を説明する

(1) 要因論の限界

　学力調査の結果は，たしかに家族資源と学力との関係を明らかにしている。では，小さいときから絵本の読み聞かせをし，博物館や美術館にも頻繁に足を運べば，子どもの学力は向上するのだろうか。あるいは，無料の通塾チケットが支給されて，世帯収入の少ない家庭の子どもが塾通いの時間数を増やしたなら，現在の学力差は縮小するのだろうか。結果はそうであるかもしれないし，そうでないかもしれない。

　まず，統計分析によって確認される関連はあくまでも相関関係であって，ただちに因果関係を意味するものではないという点に注意しなければならない。実際，図8－4［A］に示すように，変数Xと変数Yの間

図8－4　因果関係のパターン［A］，［B］

［A］強力な先行変数　　　　　　　［B］互いに関連する媒介変数

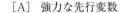

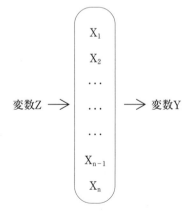

に関連がみられるとしても，隠れた原因Wが両方の変数に同時に影響を与えていれば，そこには共変関係が発生し，あたかも一方の変化が他方の変化を引き起こしているようにみえてくる。例えば，博物館・美術館に行くこと（X）は出費を伴う行為であり，必ず家庭の経済条件（W）の影響を受ける。他方，家庭の豊かさが恵まれた学習環境を通して子どもの成績（Y）に影響を与えているとすると，博物館・美術館に行く頻度が多い（少ない）ほど，成績が平均的に高い（低い）という関係が観察されることになる。そこから，あたかも博物館・美術館に行くことが子どもの教養を高めて，成績の違いをつくりだしているかのような錯覚がもたらされる。

博物館・美術館なら錯覚といえそうだが，塾の場合はどうだろうか。通塾の効果を否定するわけではないが，上に説明したような関係があれば，通塾による成績差にも少なからず非因果的な関連が含まれていることになる。そうした見せかけの関連を排除するために，通常，第3変数（たとえば世帯収入）を統制して変数Xと変数Yの関係が吟味されるが，その操作によって真の関係が捉えられる保証はない。世帯収入とは別の隠れた原因が二つの変数に対して同じように働いているかもしれないからである。結局，日常生活の観察からつくられる社会科学のデータに，実験の論理（そこでは条件が完全に統制されている）をそのまま単純に当てはめるわけにはいかないのである。

さらに，図8-4［B］は，観察されたさまざまな要因（X_1〜X_n）が互いに密接に関連し，各々の微細な効果が根本的な原因Zの影響を結果Yに伝えている様子をイメージとして表現したものである。このようにたくさんの要因が互いに関連し合う一つのまとまりをなしているとしたら，一つ二つの要因が変化したとしても他の要因がそれらの影響を引き継ぎ，「要因効果の見かけは変化したが，教育と階層の関連は変わらない」

といったことがいくらでも起こりえる。

(2) 資本概念の導入

こうした要因論の限界をふまえて，系統的な理解をつくるために，学力調査の結果を一般の階層理論に接合する必要がある。

階層論の観点からは，家族はさまざまな社会的資源の配分単位であり，それらの資源を用いて子どもの社会化に関わっていると見なされる。親は，現在の社会的地位を次世代に伝達し，あるいはその地位を上昇させようとして，家族資源を子どもの社会化に投入するのである。そうした家族の目標において，学校は子どもの教育達成に有用な家族資源を特定し，次世代への地位伝達をサポートしてくれる一つの手段として位置づけられる。子どものために投入できる資源を多くもつ家族は，学校教育に適合的な環境をより多く構築し，それを阻害する環境をより安全に遠ざけておくことができる。

こうした観点から教育の階層差を理解していくうえで，文化資本や社会資本の概念が有用となる。資本とは，広い意味で将来の見返りを期待してなされる資源の投資（蓄積）であるが，それらの資本概念に注目することで，どんな資源が，どんなメカニズムによって，階層の世代再生産に働いているかがみえやすくなる。

文化資本は，フランスの社会学者P. ブルデュー（Bourdieu, Pierre）が提起した概念で，学校教育において評価される知識，技能，態度，習慣などを，家族がどれだけ保有し，子どもに身体化させているかを問題にしている[8]。例えば，家庭に百科事典があり，日頃から疑問に思うことを事典で調べる習慣がついていれば，学校の勉強においても事典で身につけた知識が役立ち，また文字に表された知識を尊重するといった態度が学校での適応を助けるだろう。家でインターネットを使う，海外で

---

8) ピエール・ブルデュー & ジャン・クロード・パスロン『再生産〔教育・社会・文化〕』（宮島喬訳，藤原書店，1991）

暮らしたことがある，ピアノを習っているといった経験により身についたスキルも，そのときの学校環境の様態に応じて文化資本として働く可能性がある。また，親が高学歴であるほど学校についての知識や情報を多くもっており，それらが子どもにも伝達されて，学校世界を突き進んでいくうえで重要な指針となる。そうした点も含めて，ブルデューは親の学歴が家族の文化資本の程度を知るための一つの指標になると述べている。

　社会資本は，人の日常的なつながりが子どもの教育にプラスに働く側面を捉えたものである。例えば，コールマンは親と子の間の緊密な関係，地域の親どうしの連携，さらには親と教師のコミュニケーションが，子どもの教育にとって一種の社会資本として機能すると論じている[9]。そうした日常的な関係から有益な情報や支援が引き出されたり，学習規範が強化されたりすることで，子どもの教育達成に間接的に貢献するというのである。他方，狭い範囲の緊密なつながりよりも，たくさんの友人，知人と広く関わりをもっていたほうが，異質な情報がネットワークを通じて流れてくるのでよいという見方もある。実際，親族や地縁によるつながりは似たような情報しか運んでこないが，職場や学校やサークルを通して機能的に結びついた関係はしばしば異なる情報をもたらし，子どもの学習意欲や関心を引き出すことがある[10]。

　いずれにせよ，学力差に関係する個別要因ではなく，それらの要因の関連構造に注目する必要がある。要因の関連構造は家族の社会的位置に応じた現実的な対応を表しており，教育の階層差のメカニズムもそうした一連の対応のなかに読み取られるのである。実際，多様な関心と興味をもつ子どもに，勉学中心の生活を妥当なものとして受け入れさせることができるのは，学校制度に対してもともと高い依存性を示し，家庭のなかで教育エートスを具体化させている社会層にほかならない。それゆ

---

9) ジェームズ・コールマン『社会理論の基礎』(久慈利武監訳, 青木書店, 2004)
10) 社会関係資本についての論点は, ナン・リン『ソーシャル・キャピタル—社会構造と行為の理論』(筒井淳也他訳, ミネルヴァ書房, 2008) を参照。

え，学校制度はその最大の利用層である都市ミドルクラスの生活様式ときわめて親和的であり，学力差のパターンもミドルクラスの文化との距離を反映していると見なされてきたのである。

(3) 階層差の主体的側面

さらに，学力の階層差を考えるうえで子どもの主体的な側面を無視することはできない。例えば，子育てに関する心理学の知見を俯瞰したJ. R. ハリス (Harris, Judith Rich) は，親や教師が子どもの性格や知能を決定するという常識的な見方を批判し，子ども自身がもつ人格形成力を強調している[11]。子どもは，子どもどうしの社会のなかで自分の置かれた環境や他者との相互作用を通して，社会的性格や社会的地位を獲得していくのである。実際，ハリスがあげる例は，移民の親が新しい国の言葉を満足に話せないとしても，子どものほうは地域や学校の友だちと交わることで新しい社会に容易に適応していくといった具合にたいへん説得的である。

われわれ自身を振り返っても，現在の自分が親（家族）や教師（学校）の手によって粘土のように成型されたと考える人は誰もいまい。しかし，学力問題について語り始めると，どういうわけか多くの人は子どもを粘土のように見なしてしまう。学力の階層差についても，子どもが親を親として認め，自分の名前に対して愛着をもつように，自分が置かれた状況を肯定的に受け入れ，集団のなかで家庭的背景の違いを意識しながら，学校や学習に対する態度を主体的に形成していくという面が少なからずあるだろう。つまり，ブルデューのいうハビトゥス[12]の違いが学力差

---

11) ジュディス・リッチ・ハリス『子育ての大誤解—子どもの性格を決定するものは何か』（石田理恵訳，早川書房，2000）
12) 社会的生活条件に応じてつくられる持続的な心的傾向のシステムで，客観的世界における慣習行動の分類原理であるとともに自らの慣習行動の生成原理として働くとされる。ピエール・ブルデュー『ディスタンクシオン』（石井洋二郎訳，藤原書店，1989，第3章）を参照のこと。

のなかにも見いだせるのである。

　したがって，学力調査の結果には子どもたちの認知的能力の差のみならず，学校環境に対する適応度の違いも反映されていると考えなければならない。通常のアンケート調査では，それは回答意欲の差となって現れる。教室で行われる調査はだいたいが学校や学習の価値を前提にしているので，もともと生徒の態度に影響されやすいといえる。アンケート調査でもそのような状況なので，調査の形式で試験問題を解かせたなら，それ以上の非協力的回答が発生するのは避けられない。教師の権威だけで，子どもの内面を統制することはできないのである。そして，その態度には生徒の出身背景が関係している。学校に対する依存度が低く，教育エートスも希薄な社会層の出身者が学力調査に非協力的な態度をとった場合，その成績は本来の学力よりも低くなり，その他の質問の回答も反学校的な傾向を示すものとなる。ここでも，学力と意欲の階層差を理解するには個別の要因ではなく，諸要因の関連構造に注目していく必要があるといえる[13]。

（4）学力オブセッション

　ところで，子どもの「学力」が低下したというのと，子どもの「体力」が低下したというのは同型の認識であるが，マスコミの報道や世間の受け止め方はだいぶ異なっている。それは，学校化社会が進み，すでに健康優良児よりも成績優秀児に対して高い価値を認める風潮が定着しているからである。そうした風潮のもとに，現在の経済的格差や将来の社会保障の問題やあるいはグローバル化社会での競争といった不安を重ねて，子どもの学力が社会問題化されている。

　しかし，冷静に考えてみれば，それがオブセッション（強迫観念）であることは明らかである。仮にテストの翌日にもう一度，同じテストを

---

[13] 近藤博之「生徒調査における回答者の非協力的態度について」『大阪大学人間科学研究科紀要』第39巻（2013）がこの問題を扱っている。

行ったとしたら,恐らく学力のほうが体力よりも大きな改善を示すだろう。学力テストそのものが記憶や反省を呼び覚ます学習効果をもつからである。そして,間違ったところを改めて教えてやれば学力は確実に向上する。もともと,学力テストはそうした目的のために行われてきたのであった。しかし,今日では,学力テストの結果を取り返しのつかない固定的なものとみる見方が広まり,それを学校や家庭の問題に結びつける議論が横行している。まるで失敗の責任を誰かに押しつけ,非難の対象をみつけるために学力テストを行っているかのようである。

学力調査の結果を正確に読み取り,因果的な観点から影響関係を明らかにするのはもちろんだが,問題となっていることの社会的文脈を掘り起こすことも教育社会学の重要な課題といえるだろう。

参考文献

苅谷剛彦・志水宏吉編『学力の社会学―調査が示す学力の変化と学習の課題』(岩波書店,2004年)
山内乾史・原清治編『論集 日本の学力問題〔下巻〕』(日本図書センター,2010年)
国立教育政策研究所編『生きるための知識と技能―OECD生徒の学習到達度調査(PISA)』(ぎょうせい)
ジュディス・リッチ・ハリス著,石田理恵訳『子育ての大誤解―子どもの性格を決定するものは何か』(早川書房,2000年)
ピエール・ブルデュー,ジャン・クロード・パスロン著,宮島喬訳『再生産〔教育・社会・文化〕』(藤原書店,1991年)
Stanley Lieberson, *Making It Count: The Improvement of Social Research and Theory*, University of California Press (1985年)

研究課題

①学級・学校を超えて，全国や全世界で一斉に学力調査を行うことの意義はどこにあるか。また，悉皆調査とサンプル調査の意味の違いについても考えてみよう。

②コールマン報告の場合もそうだが，学力の階層差は学年が進むにつれて拡大する傾向があるという。その理由を考えてみよう。

③高校入試が廃止され，すべての公立校が中高一貫校となった場合，学力と意欲の階層差がどう変化するか（あるいは変化しないか）について考えてみよう。

9 | 高校多様化の可能性

岩井八郎

《目標&ポイント》 1970年代初めに，中学卒業者の90％以上が高校に進学するようになってから40年以上が経過している。ただし，1990年代初めまで，高校から大学への進学率は30％台を推移し，大学進学率が低下した年度もあった。大学進学率は，1990年代半ばから上昇に転じ，現在では同年代の50％以上が大学に進学するようになっている。大学進学率が停滞していた時期，大学受験に有利か否かを中心に，高校は受験校や底辺校といった呼び方がなされた。しかし誰もが大学へ進学できる時期になって，高校のカリキュラムや実践も大きく変貌してきている。現在では，多様な学科やコース，カリキュラムがあり，ユニークな実践が行われている。現在の高校は，学校間のみならず学校内でも多様化が進んでいる。

　「多様化」は，高校教育の文脈では「進路多様化校」というように，大学進学率の高くない学校の呼称として，ネガティブな意味が含まれていた。そのため多様性というと，既存の社会的格差を隠蔽する言葉と見なされるかもしれない。しかし現在では，むしろ「ダイバーシティ」とカタカナに言い換えられて肯定的に用いられるようになっている。ダイバーシティは，多様な人々に社会的機会を平等に開いて，より多くの人々が自らの力を発揮できる可能性を広げられるような社会制度設計の目標とされている。本章では，多様化が進む高校教育の学科やコース，カリキュラムについて社会学的にどのように理解したらよいかを，ショッピングモール・ハイスクールの考え方を参考にしながら説明し，新しい活力の源があるのかを考察しよう。

《キーワード》 公立高校の地盤沈下，ショッピングモール・ハイスクール，ダイバーシティ

1. 公立の拡大と地盤沈下

　1970年代初めは，第2次ベビーブームと呼ばれており，1971年から74年まで，毎年，200万人以上の子どもが生まれた。1970年代初頭に生まれた子どもたちが学校教育段階を移行するのが，主として1980年代であった。高校入学者数は，ピーク時には180万人を越え，戦後のベビーブーム世代を上回っていた。その一方，大学入学者数は50万人前後であまり増加していない。大学（学部）進学率は，1970年代半ばより横ばいであり，低下した年次もあった。

　この時期，高等教育の量的拡大が，政策によって抑制されたことはよく知られている。高校生の数が多いにもかかわらず，大学入学定員にほとんど変化がなければ，当然，受験競争は厳しくなる。合格率（大学短大入学者数÷志願者総数×100）をみても，1980年代は低下し，1980年代末には63％となって，1966年あたりの水準に近くなっていた。

　1970年代末から80年代は，多くの教育問題が噴出した時期でもあった。校内暴力，家庭内暴力，いじめ，登校拒否，不登校と「問題行動」というカテゴリーに含まれる現象が増えたし，塾通いが増えて受験競争の低年齢化が進んだ。さらに大学の入学金や授業料も上がり，教育のコストの高騰も問題視されるようになっていた。高度経済成長が終わった後の変化の乏しい時代において，高等教育機会の拡大がないにもかかわらず，教育人口が増加したという事実が，受験競争の激化や「問題行動」の増加の背後にあったと考えられる。

　1970年代後半から80年代にかけて，生徒人口の増大に対応して公立高校が増設された。公立高校が多くの生徒を受け入れたが，その一方で，私立の中高一貫校への受験熱も高まり，公立高校の地盤沈下が問題視されるようになった。各都道府県には，戦前からの伝統をもつ公立の名門

校があって，日比谷高校を経て東大というように，有名大学へ卒業生を送り出してきた。それに対して，有名な私立中高一貫校への受験競争も当時からあった。両者は並存してきたが，後者の優位が高まったのが，1980年代である。高校多様化の背景として，この時期にはっきりと現れた，公立高校の拡大と私立中高一貫の隆盛との関係を理解する必要がある。

　図9－1を見よう。図は，都道府県別の時系列データを利用して，1975年から85年までの公立高校生徒比率の変化と，高校卒業者の上級学校進学率の変化との関係を示している。神奈川，大阪，愛知，東京といった大都市圏では，高校生数に占める公立高校生の割合が，1975年から85年にかけて高まった。その一方で，1975年から85年までの高校卒業生の上級学校進学率は，公立高校生のシェアが大きいところで，低下している。神奈川で10％，大阪で9％と著しい落ち込みを示していた。

　高校卒業生をベースにした大学短大進学率は，1975年から85年まで全国集計でも，33.9％から30.3％に下がっているが，都道府県別にみるとばらつきもある。一般的なパターンでは，公立高校生のシェアがやや増え，大学短大進学率がやや低下している。これは，大規模な高校生人口を抱えながら，大学入学定員がさほど増えていないという人口構成上の問題が反映した結果である。しかし，大学進学率の低下が，神奈川，大阪，東京都という大都市部で突出して生じただけに，公立高校の不振ぶりが，強く意識された[1]。

　図9－1では，埼玉の場合，公立のシェアが低下し，その一方で，進学率はあまり大きく低下していない。埼玉のデータを見ると，1975年から85年までに，高校生数が12万人から24万人に急増しており，公立高校数も108校から160校に増加しているにもかかわらず，公立のシェアが低下している。つまり，例外的なほど高校生数が急増し，公立だけでは対

---

[1] 小川洋『なぜ公立高校はダメになったのか　教育崩壊の真実』（亜紀書房，2000）

図9－1　公立高校の拡大と大学進学率：1975年－85年

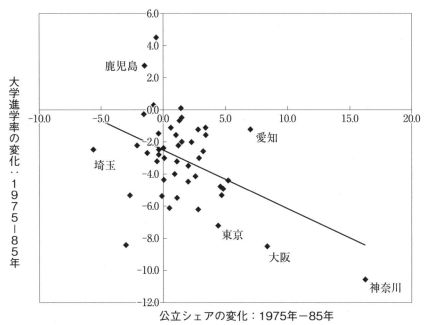

応できず，私立が拡大したことになる。そして，私立のシェアの拡大が，大学進学率低下に歯止めをかけたと読める。埼玉から神奈川への回帰直線が，公立高校の沈滞を示している（都道府県のばらつきの20％程度を説明しており，公立のシェアの変化と進学率の変化との相関係数は，0.45である）。

　図には示していないが，1985年から95年への変化についても説明しておこう。まず，全体に公立のシェアが低下する。すなわち，私立のシェアが拡大する。一方，大学進学率も全体に上昇している。このようなデータは因果関係を示していないが，私立の拡大と大学進学率の上昇が同時に生じているため，私立の優位を印象づける結果となっている。

1980年代，人口規模の大きい集団の95％が高校へ進学するという状況に対する具体的な対応が，公立高校の増設と定員の拡大であった。これ自体は，政策的な成功である。公立であることは，全てのタイプの生徒を引き受けることを要求される。しかし大学入学定員が増加していないために，受験競争が厳しさを増した。拡大した公立高校は，大学入学試験への対応においては私立に劣る。大学進学率がすべてではないとはいえ，結果として，公立の沈滞が印象づけられる。

　1970年代後半あたりから，大学入学金や授業料が値上げされ，塾などに費やす教育費も増加していた。さらに大学入学への私立の優位も高まって，子どもをもつことの経済的負担感が増大した。これらの現象の背後には，1970年代後半からの生徒の人口規模と教育政策とが深く関係していることが分かる。

2. 高校の多様化政策

　高校の多様化政策は，公立高校の低迷への対応として推進されてきた。中央教育審議会の答申を振り返ってみると，高等学校で学ぶ生徒は，能力・適性，進路，興味・関心などがきわめて多様であることを前提として，「生徒の実態に対応し，できる限り幅広く柔軟な教育を実施すること」（1991年），「子どもたち自身，あるいはその保護者が，主体的に選択する範囲を拡大していくこと」（1997年）が謳われている。具体的には，単位制高等学校の導入と全日制への拡大，学校外学習（大学や専修学校での学習，ボランティア活動等）の単位認定，総合学科（普通教育と専門教育の選択履修を総合的に行う学科）の導入，中高一貫制度の導入などが実施されてきた。「特色ある学校」づくりと「選択の自由」がキーワードとなっている。

　埼玉県の例をあげると，1988年度から94年度までの6年間に，公立高

校の15校が学科を再編し、38校がコース制を導入している。「体育科」「理数科」「外国語科」といった学科が設置され、コースについては「外国語コース」「情報コース」「国際文化コース」「体育コース」などがある。ただし、私立学校への流れを食い止めるまでにはいたらなかった[2]。

　全国レベルで推移をみておくと、総合学科は1994年の7校が2013年には363校に、単位制高校は1988年の4校から2013年には974校に増加している。中高一貫教育校も2000年に17校であったが、2013年には450校になっている。高校以外での学修成果を単位認定する学校も増えており、2011年度において、「大学又は専修学校等における学修を単位認定」する学校は478校あり、「ボランティア活動等に係る学修」については504校が単位認定している[3]。

　さらに2002年度より、理数系教育に重点を置いた研究開発を行う「スーパーサイエンスハイスクール」、英語教育を重視したカリキュラムの開発、大学や中学校等との効果的な連携方策等についての実践研究を実施する「スーパーイングリッシュランゲージハイスクール」を指定して予算を配分するようになっている。都道府県別でも、大阪府は公立高校10校を「グローバルリーダーズハイスクール」に指定しており、広島県では公立6校を「トップリーダーハイスクール」としている。2014年度には、「スーパーグローバルハイスクール」として、グローバル・リーダーの育成を目指した人文科学・社会科学分野の先進的な教育課程の開発・実践を行う高校を100校指定している。

　このような多様化政策の成果を現時点で問うことはできないが、日本の高校教育の「外見」が、大きく変貌してきた点は明らかであろう。高校への通学に問題を抱える生徒からグローバル化への対応、先端的な知識の習得までを包含して、個別化と細分化の進んだ高校教育の見取り図を提供するようになっている。

2）小川洋、前掲書
3）文部科学省「高等学校教育の現状」（平成24年7月12日）

近代の教育システムは成立した時点から，卒業生に高度な知識を修得させ，指導的な社会的地位を約束するエリート教育の部分と，全ての子どもたちに共通する知識を提供するマス教育の部分が含まれていた。現代の教育システムも全体としてみれば，エリート教育とマス教育の役割を担いながら，人と知識を大規模に分類して，毎年卒業生を社会に送り出す機関である。
　そのなかで高校教育は，エリート教育とマス教育の中間に位置し，大学へ進学する生徒への準備教育と高校を最終学歴とする生徒への完成教育という二重の役割を担ってきた[4]。しかし95％以上が高校に進学し，そのなかで50％以上が大学等の高等教育機関に進学するようになると，エリート教育とマス教育の境界も曖昧にならざるをえない。
　高等教育機関のなかでエリート教育の場と見なせるところは限られてきており，内部の分化も進んでいる。第3章で指摘したように，学校卒業後のライフコースも多様化している。高校教育にとっては，高校卒業後の明確な人生の道筋を想定したうえで，それに合致するような学科やカリキュラムを設計することがますます困難な状況になっている。異なる能力や才能を平等に扱うならば，アカデミックな能力も，多くの能力や才能のなかの一つとしてしか定義できない。勉学やクラブ・サークル活動を含めた，高校生活の多様なメニューを用意し，生徒が自分の姿を自由に選択してくれることを期待するしかない。現在の高校教育は，アメリカの「ショッピングモール・ハイスクール」に類似してきている。

3. ショッピングモール・ハイスクール

　「ショッピングモール」といえば，アメリカの都市郊外によくある，こぎれいな商店街を思い浮かべる。遊歩道があって，ウィンドウ・ショッピングが楽しめる場所でもある。アメリカのハイスクールは，「ショッ

---

4) M. トロウ「アメリカ中等教育の構造変動」J. カラベル＆A. H. ハルゼー編『教育と社会変動　下』（天野郁夫訳，東京大学出版，1980）

ピングモール・ハイスクール」と呼ばれることがある[5]。そこからイメージできる学校の姿は分かりやすい。このショッピングモールには，数学とか物理とか外国語とか，さまざまな教科のショップがあると想像すればよい。ショップの中に入ると，いくつもの部屋があって異なるレベルの授業が行われている。生徒は遊歩道をどの教科を選択すべきか迷いながら歩いている。熱心な生徒がいて，どのショップにも足を止め，細かいスケジュールを組んでいる。もちろん素通りしていく生徒もいる。

「ショッピングモール・ハイスクール」は，実在する学校ではなく，学校をどのようにみるとよいかを示してくれる隠喩である。それによって，学校の仕組みがよりよく了解できるのである。高度な学問の入門版が，多様な消費者向けにアレンジされて，各店舗に並んでいると考えてもよい。アメリカのハイスクール（とくに公立）は，能力，出身背景，動機づけなど，あらゆる面で異質性の高い，大規模な生徒集団を受け入れ，学習の機会を提供して，ほとんどを卒業させなければならない。「ショッピングモール・ハイスクール」は，そのための対応である。

学校のカリキュラムの構成をみると，まず，各科目が横一線に並べられている。代数，幾何，フランス語，物理などの科目名が並置されている。次に，科目のなかには，難易度が異なるものがある。初級，中級，上級というように，やさしいレベルから段階的に学習しなければならない科目がある。それから，スポーツや学業以外の活動がある。それらには「付け足し」以上の意味があって，対外的に学校を代表することもあるし，一部の生徒に達成感を与える機会でもある。さらに，心理的な問題のカウンセリングや，進路指導などのサービスがある。大規模なハイスクールの履修案内は，400以上の科目が並べられて，それぞれについて簡単な概要が掲載されているから，かなり分厚い。大学の履修案内に似ているが，このような多様性が，ハイスクールの特徴として最もよい

---

[5] A. G. Powell, E. Farrar, & D. K. Cohen, *The Shopping Mall High School: Winners and Losers in the Educational Marketplace*, Houghton Mifflin Company (1985)

と認識されている。アメリカのハイスクールでは，自動車免許が取得でき，ウェートレスの訓練をするコースまである，という事実を思い浮かべればよいだろう。

　生徒の時間割は，学校が決める問題ではない。学校は，機会をできるかぎり多く提供するが，そこからどのように科目を選択して勉強するかの決定は，生徒と親に委ねられている。できる限り多くの品数が用意されているが，選択はお任せするという方針である。ハイスクールは，生徒に何をすべきかを押しつけない。生徒集団が多様になればなるほど，カリキュラムも多様になり，何が価値のある教育的な経験かについて，生徒や親ばかりでなく，教師の間でも意見の一致が得られない。生徒が選択した個別の結果について，価値中立的な立場をとるしかない。

　教室の内側も千差万別である。同じ科目であっても，いったん教室の扉が閉まると，どのように教えるか，何を学ぶかは，教室によって異なる。出席するだけで卒業できるとか，毎回クラスで発言するとか，南北戦争についてだけ学ぶとか，それぞれの教室の中では，教師と生徒との間である種の「取り決め」がある。

　もちろん，これでは満足できない親や生徒がいる。難関の大学を目指し，より高いレベルの授業を期待する者のために，トラッキングや進度の速いクラスを用意して対応する。ハンディキャップのある生徒にも，また職業訓練を重視する場合にも，特別のコースを設けることになる。「ショッピングモール」に特別に「専門店」ができるようなものである。

　大半の生徒は，はっきりした要求も不平もなく，単位を集めてハイスクールを通過する。しかし変化がないわけではない。ほどほどの成績の生徒が多すぎるなら，専門性をより高める試みがなされるし，ドロップアウトが増えれば，より娯楽性のある授業を用意し，生徒をつなぎ止めておくような対策が実施される。「ショッピングモール」であることが，

問題視されることはない。「ショッピングモール」という仕組みが解決策なのである。問題が生じたなら，古い店舗が閉じられて，新しい店舗が設けられる。

かつてアメリカの社会学者，W. ウォーラー（Waller, Wellard）は，『学校集団』という書物を書き，アメリカの学校教育のありさまを克明に描写した。ウォーラーは，次のように述べた。

「おとなの大多数が，正直いって自分にはとてもできそうにないと認めていながら，そのくせ，他人にはその実行を求めるといった種類の道徳律がある。例えば，弱者に対する理想，青少年に対する理想，教師に対する理想といったものである。また，今ではだれ一人信じていないため，ほとんど絶えようとしている理想もある。おとなはこんな理想など，とっくの昔に振り捨ててしまったのだが，それでもきっぱりと抹殺してしまう気にはなれぬらしい。こういう理想を生かしておくところが学校なのである。」[6]

ウォーラーは，学校を理想や道徳を所蔵し展示する「博物館」に喩え，「美徳の博物館」と呼んだ。「ショッピングモール・ハイスクール」では，数多くの品目が価値中立的に並列されており，どれが望ましいかの判断は，個人の選択に委ねられている。しかしこの存在そのものが，特定の美徳を提示している点も明らかだろう。つまり，「多様性」と「選択の自由」こそが，この博物館が展示する美徳なのである。

4. 小さな学校・あふれる機会

このようにみると，「多様性」と「選択の自由」は，アメリカの大規模な公立学校にだけ当てはまるようであるが，1960年代後半以降，さまざまなタイプの学校にも浸透している。プレップ・スクールと称され，白人上流階級子弟の教育機関としての伝統をもつ，小規模な私立学校に

---

[6] ウィラード・ウォーラー著，石山脩平他訳『学校集団―その構造と指導の生態』（明治図書，1957，54-55頁）

おいても同じである。

　一例として，ニューハンプシャー州にある，セントポールズ校のカリキュラムの変化を簡単に紹介しておこう。セントポールズは，1950年代まで卒業生のほぼ3分の2が，ハーヴァード大，プリンストン大，イェール大に進学し，現在でも20％程度がアイビーリーグ校に進学する，いわゆる全寮制の私立エリート中等学校である。

　1950年代のカリキュラムを見ると，古典と宗教が強調されており，必修は，ラテン語2年，宗教（キリスト教）学4年，英語4年，現代外国語2年，数学2年，ヨーロッパ史とアメリカ史が2年となっていた。選択科目は，ラテン語，古代ギリシャ語，上級数学ぐらいしかない。そのほかにも，ほぼ毎食，着席して決められた食事を取り，週8回，チャペルサービスがあり，週4，5回，午後に運動競技に参加するなど，大学進学準備に加え，古典的なキリスト教文化の伝達と身体訓練が目的であった。

　1960年代後半を境にして，このカリキュラムが選択科目中心になる。公民権運動や学生運動，ベトナム戦争反対などによって，旧来のカリキュラムを支えた権威が失墜した。セントポールズ校も白人以外の多様な生徒を受け入れ，男女共学になる。カリキュラム改革の結果，1970年代になると，1学年の生徒数が130人程度にもかかわらず，提供科目がきわめて細分化されて，150科目以上の科目数になっている。歴史だけをみても45の授業があり，「アフリカ文化史」「中国史」「女性史」「アメリカ教育」など，大学の授業のミニチュアのようになった。

　1970年代半ば頃の授業の履修案内を見ると次のようにある。「必修科目は，個人の選択の自由を大いに認めながら，履修の順序や領域を考えて，適切に配分されている。生徒は自分の関心を追求し，自分の勉強へのモティベーションを満たす機会を得ているのである。・・・生徒は各自で，アドバイザーや親と相談しながら，自分の関心を満足させると同

時に，高度な教育を受けた人々にふさわしい活動や技能や見識を与えてくれる，科目の履修を計画すべきである。」。まさに「シッピングモール・ハイスクール」の考え方である。

　最新の学校概要と授業の履修案内を見てみよう。第9学年から第12学年までの4年制の学校であり，2013-14年度の生徒総数は548名，男女比はほぼ均等，2013年秋入学に対して，1594名の応募者があり，15％が合格，そのなかで170名が入学している。548名の在学生は，アメリカの36州と25か国の出身であり，アフリカ系が8％，アジア系が19％，ヒスパニック系が5％など，アングロサクソン系以外が39％になっている。かつてのアメリカ東部の白人上流階級子弟中心の学校から大きく変化している。

　常勤の教師数が96名で，非常勤教師を加えた教師と生徒の割合は，1：5となっている。授業料と生活費の合計は，年間5万ドルだが，36％の生徒が平均4万6千ドルの奨学金を得ている。また，年収8万ドル以下の家庭出身の生徒が入学許可された場合，全額補助されている。

　履修案内には，220以上の授業が紹介されている。教科は，芸術，人文学，語学，数学，科学に5分類されており，とくに近年では，芸術関係の科目が拡充されている。芸術は，ダンス，美術，音楽，演劇に分かれ，70以上の科目に細分化されている。人文学は，拡散していた選択科目が統合され，歴史や政治，文学の概要を扱う三つのコア・コースが必修となっている。そのうえで，37の選択科目が提供されていて，「アフリカ系ディアスポラ」や「戦後日本社会」という授業科目もある。また作文指導（論文作成）の科目も重視されている。外国語は，中国語，フランス語，ドイツ語，ギリシャ語，ラテン語，日本語，スペイン語が提供されている。数学は，代数，幾何，微積分，確率論，統計学が初級から上級まで配置されていて，財政関係の科目が選択になっている。科学

も，物理学，化学，生物学が難易度別に配置され，天文学，分子生物学，人工知能，情報科学，ロボット学などの科目も提供されている。

運動競技に参加することも強く推奨されていて，陸上，サッカー，アメリカン・フットボール，アイスホッケー，ラクロスなどの20ほどの運動競技部があり，週末には対校戦も組まれている。興味深いのは，新入生全員が2年以内に水泳の試験に合格しなければならず，そのための指導も行われている。さらに最終学年になれば，生徒個人がプロジェクトを提案し，採択された研究には予算援助も行うような，個人研究も用意されている。

卒業後の進路をみておくと，現在では，かつてのようにハーヴァード大，イェール大，プリンストン大への進学が大半を占めているわけではない。2010-13年の557名の卒業生のなかで，ハーヴァード大は23名，イェール大は15名，プリンストン大は12名，スタンフォード大は13名となっている。卒業生の進学先の大学は125校に上っており，特定の大学に進学先が集中していない。これは，近年の大学側の入学者選抜方針の変化によるのだが，セントポールズ校とよく似た伝統をもつ，私立の名門寄宿舎学校についても同じような状況である。

セントポールズ校のカリキュラムは，「多様性」と「選択の自由」を最大限に活用し，授業内容の「優秀性」を示そうとしている。しかし卒業生が将来どのように活躍するのかを予測することは難しい。「メニュー」を揃えて，卒業生から将来の「ビル・ゲイツ」の出現を待っているようである[7]。

5.「脱標準」の活力

「ショッピングモール・ハイスクール」は，アメリカの学校に当てはま

---

7) 岩井八郎「標準化された優秀性―アメリカにおける私立エリート中等学校の伝統と変容」『京都大学大学院教育学研究科紀要』第47号（2001）
岩井八郎「多様性の浸透―1960年代後半以降のプレップ・スクール」『京都大学大学院教育学研究科紀要』第49号（2003）
　最近の研究として，Shamus Rahman Khan, *Privilege : The Making of an Adolescent Elite at St. Paul's School*, Princeton（2011）。

る概念で，日本の高校は異なるという意見があるかもしれない。日本の場合，高校よりも大学のカリキュラムが「ショッピングモール」により近くなっている。かつては，日本の高校全体を「ショッピングモール」と考えたほうがよかったかもしれない。進学校，スポーツの有名校，中高一貫校，工業や商業などの職業高校，底辺校など店舗の数は非常に多かったが，それぞれの高校では選択の幅が乏しく，カリキュラムも画一性が高かった。しかし近年の改革の方向は，「ショッピングモール」化の方向に進みつつある。「ショッピングモール」化に対しては，学校教育が細分化され，個別化されて，「解体」されてしまうのではないかという批判的な見解がある。しかし日本の場合も，細分化され，個別化された学科やカリキュラムのなかから，活力のある試みが生まれることを期待することもできる。

最後に，日本の事例として，三重県多気郡多気町にある県立相可高校食物調理科生徒のクラブ活動として運営されている高校生レストラン「まごの店」を取り上げておきたい。多気町は，過疎化と高齢化が進む人口1万5千人余りの小さな町である。相可高校は，普通科，生産経済科，環境創造科，食物調理科を有する総合高校である。食物調理科は，1994年に創設された1学年わずか40名の学科である。2003年に，文部科学省による高度な先端技術や伝統工芸を取り入れた教育を進める専門高校を支援する「目指せスペシャリスト」事業の指定校に選ばれた。多気町にとっても，高校と連携して，地域活性化の目玉の一つとして，地域の食材を利用した創作料理を目指す新しい「まごの店」建設に取り組むことになった。2002年に村の農産物直売所「おばあちゃんの店」に隣接する店舗で開店したことから「まごの店」と名づけられた。現在の店舗は，三重県内の工業高校生徒から建設コンペで案を募集して建設された[8]。

「まごの店」は，1994年に食物調理科に赴任した教師の熱意あふれる

---

8) 岸川政之『高校生レストランの奇跡』（伊勢新聞社，2011）
村林新吾『高校生レストラン，本日も満席』（伊勢新聞社，2008）
村林新吾『高校生レストラン，行列の理由』（伊勢新聞社，2010）

指導により，メニューの考案，食材の購入，調理，接客，経理まで全てを高校生が行うユニークなレストランである。土日の営業日には，開店前から行列ができ，つねに完売のにぎわいである。全国の料理関係のコンクールなどで数々の受賞をし，テレビドラマ化され，地元以外からの来店客も多いというように注目されているのだが，高校生が料理の腕を磨くだけではなく，接客によって対人関係のスキルも学んでいる点も重要だろう。通常，高校時代におとなとの接し方を学べる機会はあまりない。生徒たちの溌剌とした活動風景は心地よい[9]。

 1990年代後半以降，学校から職業への移行の連続性が失われ，転職も増加して，20歳代のライフコースが不安定化してきた。教育水準が低く，専門的技術を欠いた者が，低賃金で熟練を必要としないサービス職に吸収され，不安定な雇用条件のもとでは，失業の可能性も高くなるとしばしば指摘されてきた。しかしそのような状況に対抗する力を個別の学校のなかで高めることができる。職業科のなかでも食物調理科は，現在の標準的な学校システムにおいては，「周辺」の小さな部分に位置づけられる。しかしそこでのユニークな試みが学校の日常的な活動の活力を高め，さらに地元との連携によって，地域社会にも貢献する例となっている。

 高校の多様化政策というと，「進路多様化校」というように，大学進学率の高くない学校の呼称として，ネガティブな意味が含まれていた。現在では，むしろ「ダイバーシティ」とカタカナに言い換え，肯定的に用いるほうがよいだろう。ダイバーシティは，多様な人々に社会的機会を平等に開いて，より多くの人々が自らの力を発揮できる可能性を広げられるような社会制度設計の目標である。高校のダイバーシティ政策が展開されると，従来の学科やカリキュラムは，細分化され個別化が進むであろう。教師や生徒の熱意や創意工夫によって予期せぬ成果が生まれる可能性を秘めていると考えたい。

9）猪本武徳編『〈働く〉は，これから 成熟社会の労働を考える』（岩波書店，2014）

参考文献

猪木武徳編『〈働く〉は,これから　成熟社会の労働を考える』(岩波書店,2014年)
岩井八郎「標準化された優秀性—アメリカにおける私立エリート中等学校の伝統と変容」『京都大学大学院教育学研究科紀要』第47号(2001年)
岩井八郎「多様性の浸透—1960年代後半以降のプレップ・スクール」『京都大学大学院教育学研究科紀要』第49号(2003年)
小川洋『なぜ公立高校はダメになったのか　教育崩壊の真実』(亜紀書房,2000年)
M.トロウ著,天野郁夫訳「アメリカ中等教育の構造変動」J.カラベル&A.H.ハルゼー編,潮木守一他編訳『教育と社会変動　下』(東京大学出版会,1980年)
ウィラード・ウォーラー著,石山脩平他訳『学校集団—その構造と指導の生態』(明治図書,1957年)

研究課題

①自分の出身高校について,1980年代から現在までカリキュラムの変化を調べてみよう。とくに選択科目がどのくらい認められているのかを調べてみよう。

②文部科学省によって指定された,「スーパー」と称する高校のカリキュラムをHP上で調べてみよう。どのような美徳が展示されているのかを考えてみよう。

③ショッピングモール・ハイスクールのアイデアを利用して,独自に新しい学校を構想してみよう。

10 | 入試と選抜

中澤 渉

《目標&ポイント》 教育には二つの相反する機能がある。一つは共通の知識や技能を教え定着させることで，集団（社会）が共有できる基盤を構築する機能である。その一方，知識や技能の習得に差が生じるため，その習得度によって個人を差異化し選別する機能もある。後者は主として試験によって測られる。上級学校への進学には入学試験が課され，試験の点数のよいものだけが選抜される。それゆえ入試は，多くの生徒や保護者にとって重大な関心事であり続けた。本章では入試という現象に注目し，教育システムにおける選抜が，社会的にどういった意味をもつのかについて考える。日本では入試が非常に重大な一大イベントとして解釈されがちだが，歴史的視点や国際比較的視点を取り入れることで，そうした解釈を相対化することを試みたい。
《キーワード》 一発勝負の試験，調査書重視の選抜，面接試験，後発効果，新制度論，葛藤理論，アファーマティブ・アクション，競争の加熱と冷却

1. 業績主義と入試

(1) 繰り返される入試制度改革

　いわゆる第二次ベビーブーム世代が大学受験を終える1990年代前半まで，入試はあたかも日本の風物詩であるかのように，毎年早春のニュースを賑わせていた。しかし一発勝負のペーパーテスト（high-stakes examination）中心の試験から推薦入学やAO入試[1]の導入が進み，入試の多様化が進んだことや，少子化で受験競争が緩和したことから，入

1）AOはAdmission Officeの略で，AO入試は1990年に慶應義塾大学湘南藤沢キャンパスにおいて最初に導入された。アメリカの入学者選抜を参考にしたものだが，アメリカでは学生の選抜に教員自らが強く関与するわけではなく，このオフィスにいる専属の職員が中心になって書類選考を行う。日本のように，特定の日に一斉に試験を行う習慣はない。

図10-1　大学入学者の入試方法別入学者割合の推移

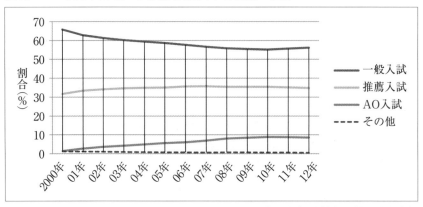

出典：文部科学省大学入試室資料

試は人々の注目を失いつつあるようにみえる。図10-1からも、一発勝負型の試験で入学している大学生は、近年6割を切っているのが分かる[2]。

　入試制度は改変されると有利になる人と不利になる人が現れるので、どう転んでも常に潜在的不満者が存在する。そうした人々の思惑もあって、日本の入試制度は（高校も大学入試も）学力本位の一発勝負型の試験と、調査書や面接を用いた人物重視型の試験との二つの提言の間で揺れ動いてきた。こうした入試改革論議は、本当に問題解決を狙ったというより、入試に失敗した人々の不満のはけ口として機能している、と皮肉を込めて解釈する論もある[3]。いずれにせよ日本の入試では、学業成績を本人の努力の成果と見なし成績をもとに選抜を行うのが公平だという価値観があり、そこには業績主義という考え方が根本にある。

2）中井浩一『大学入試の戦後史――受験地獄から全入時代へ』（中公新書ラクレ、2007）参照。もっとも内実は国公立と私立で大きな違いがある。
3）竹内洋『選抜社会――試験・昇進をめぐる＜加熱＞と＜冷却＞』（リクルート出版、1988、66-70頁）

（2）近代化と業績主義

　産業化で人々の経済活動が拡大し，活動内容自体も複雑になる。一人の人間にできることは限られているから，複雑で広範な活動を行うために組織も機能分化し，官僚制化が進む。官僚制組織では適材適所という発想がなじみやすいが，旧来の身分制に基づく人材配置は必ずしも適材適所の理念に符合しない。そこに生まれもった属性より業績によって適性を判断するのが合理的である，という価値観が浸透する素地が生じる。

　そうした業績主義を体現する場が，学校を中心とする近代教育制度である。学校教育制度は国家の官吏登用資格をはじめ，さまざまな職業資格と結合することで大きな意味をもつ。学校教育を受ければ必要な知識や技能が身につき，また特定の職業につく資格を得られる。教育内容が高度になれば高い能力も必要とされるので，上級学校の門戸は狭くなる。上級学校進学の可否は，学業成績という業績で決められるのが原則であるが，実際には進学に学費，時間，（進学することで放棄する所得のような）機会費用といったコストがかかる。そのコストの負担感は人（出身階層）によりかなり差があるが，形式的には勉強して試験にさえ合格すれば，誰にでも進学する機会は与えられることになる[4]。それゆえ多くの人は，試験に合格しようと競争に参入するようになる。試験は一発勝負だが，数値（点）によって明瞭な結果が出るうえに，同じ条件下で一斉に試験を受けるという儀式的な環境が加わって，あたかもフェアな競争に参加しているというイメージが付与される[5]。日本の入試はこうした形式的な公平性を重んじてきたので，試験の点やそれによって得られる学歴に必要以上の価値を置く人々を多く生んできたのかもしれない。

4）教育社会学における教育機会の不平等研究は，学校教育が「業績主義を標榜しながら，実際には階層のような属性により進学機会が制約されている」点を問題視していることになる。つまりこの問題設定自体が，業績主義を前提としなければ成立しない。

5）近藤博之「階層社会の変容と教育」『教育学研究』68(4)（2001，351-59頁）

(3) 入試制度と公平感の議論

　これまで述べた議論は，機能主義的な近代化論に沿った説明である。しかし業績主義といいながら，試験で問われている内容は進学先の上級学校での専門や将来の職業との関連性が薄い。結果的に，たいして必要ともされない知識の習得を業績と読み替えて評価するのは不条理だ，という声が起きても不思議ではない。そこで学歴の社会的意味や機能が薄れるのならまだしも，そういった兆候はみられない。定員枠がある以上入試は必要悪とされ，議論は入試選抜の改善方法に集中する。そこでテストの点だけで合否を決めるのはむしろ不公平で，人物を評価すべし，という議論が持ち上がる。彼らが参照するのは，専らアメリカの大学入学者選抜制度である。しかし後述するように，アメリカの有名大学が実施している「人物重視」選抜の起源や置かれた社会的文脈は，日本と全く異なる。またヨーロッパ諸国の大学の入学者選抜は，個別の大学が試験を実施するというより，高校卒業修了証をもって大学入学資格が得られると見なされており，一般的に高校の成績が重視される。面接も多く取り入れられるが，日本のように「人物評価」の材料として用いられるわけではなく，学問的なことが問われるのが普通である[6]。知識や技能といった業績を基にした評価といっても，実際には社会によりその把握の方法は相当な差異が存在するのである。

2. 選抜をめぐる人々の選択と向上心（アスピレーション）

（1）後発効果と新制度論

　日本の近代学校制度は，日本の風土に初めから根づいていたものではない。近代以前にも庶民の学ぶ場として寺子屋が存在し，武士は藩校で学んでいた。しかしそれらは，統一国家が公式の制度として確立したものではなかった。明治維新で近代化や西洋化を進めるため，明治政府が

---

[6] 具体例としてはブルデュー（Bourdieu, Pierre）による『国家貴族Ⅱ』（1989=2012, 立花英裕訳，藤原書店）の第Ⅳ部1章を参照のこと。

人為的に目新しい制度を導入したのが近代学校制度である[7]。重要なのは，機能主義者が重視するような教育の中身そのものより，いかに西洋風の学校教育制度を定着させるか，ということであった。当時の政府にとって，近代化は欧化を意味していた。つまり西洋的なものを取り入れること自体が，日本が近代国家であることを示す証拠となったのだ。

ある制度を文脈の異なる別の文化に移植したとき，それが同じように定着するとは限らない。後発産業国だった日本は，欧米に追いつけといわんばかりに，西洋風の制度を形式的に輸入し実践した。R. ドーア（Dore, Ronald P.）は後発に産業化の始まった国について，教育制度に過剰な価値が置かれて学歴インフレが進み，皮肉にもますます多くの人が進学しようと受験競争が激化する「後発効果（late development effect）」が生じていると論じた。実際，近隣の韓国，台湾，中国は，産業化の開始こそ日本より後になったが，今や日本以上の学歴競争社会となっていることはよく知られているだろう。

私たちは，目的があって，目的達成のためにシステムや制度がつくられる，という発想に慣れている。だから学校制度は人々に，効率的に知識や技能を提供するために設置された，と解釈されやすい。もちろんそれは間違ってはいない。しかしその発想に捉われていると，試験で試されている知識と現実社会の間には乖離があり，現実社会に直結しない知識が問われている受験競争になぜ皆が参加するのかを説明できない。

J. マイヤー（Meyer, John W.）とB. ローワン（Rowan, Brian）は，組織は合理的な目的をもって制度を設置するのではなく，所与の制度を組織が備えていると主張することが組織の正統化に不可欠で，教育制度もそうしたものにすぎないと主張した[8]。つまり近代国家には一定の形式に沿った学校施設や統一カリキュラムをもつ教育システムが備わって

---

7) 森重雄『モダンのアンスタンス―教育のアルケオロジー』（ハーベスト社，1993）
8) John W. Meyer and Brian Rowan, "Institutionalized Organizations: Formal Structure as Myth and Ceremony," *American Journal of Sociology*, 83(2) (1977, pp.340-63)

いることになっているから,自らが近代国家であることを証明するために学校を設置する必要があったのだ。だから明治政府は曲がりなりにも機能していた寺子屋を排除してでも,西洋風の学校の設置にこだわったのだ。近代化論に基づけば,学校制度の発達と産業化は並行して進むと考えるのが自然である。しかしマイヤーらは,大衆教育システムが産業化の程度と無関係に世界的に普及していることを示し,機能主義的な説明を否定する[9]。社会的背景や文化は多様であるのに,驚くほど同じような教育システムが普及するのは,正統とされる制度に追随することで自らの国家の正統性を証明しようとするからである[10]。これは功利主義的な個人の行為が集積してある種の現象が起こるという合理的選択理論と異なり,制度の自律性を基盤に個人の行為を理解しようとする新制度論(New Institutionalism)と呼ばれる立場に基づく説明である[11]。

(2) 葛藤理論

機能主義に対する別の批判として,選抜の基準が公平中立なのかを問う葛藤理論が存在する。R. コリンズ(Collins, Randall)は,M. ウェーバー(Weber, Max)を援用しつつ,所与の文化を共有する地位集団(status groups)の集合体を社会と見なす[12]。おのおのの地位集団は,自らが

---

9) John W. Meyer, Francisco O. Ramirez, and Yasemin Nuhoğlu Soysal, "World Expansion of Mass Education, 1870-1980," *Sociology of Education*, 65(2) (1992, pp. 128-49)
10) これはディマジオ(DiMaggio, Paul J.)やパウエル(Powell, Walter W.)が制度的同型化(institutional isomorphism)と呼んだものの一例であろう。
　Paul J. DiMaggio and Walter W. Powell, "The Iron Cage Revisited: Institutional Isomorphism and Collective Rationality in Organizational Fields," *American Sociological Review*, 48(2) (1983, pp.147-60)
11) James G. March and Johan P. Olsen, "The New Institutionalism: Organizational Factors in Political Life," *The American Political Science Review*, 78(3) (1984, pp.734-49)
12) Randall Collins, "Functional and Conflict Theories of Educational Stratification," *American Sociological Review*, 36(6) (1971, pp.1002-19)

保持する文化（価値観や習慣）をもたない人々を排除しようとし，富，権力，威信の獲得をめぐり地位集団間で葛藤（conflict）を引き起こす。つまり教育システムは，覇権を握った地位集団が自らの権力を維持し，それ以外の地位集団を排除するために使う装置である。学校も特権階級入りできる卒業生が増えれば学校自体の社会的威信が上昇するから，支配的な地位集団になじむ人を入学させ，そうした文化を教えようとする。教育拡大や高学歴化は，教育システムを通じて支配的な地位集団に加わろうとする人々の需要の高まりとして説明される。

　ここで日本において「人物重視」の選抜方法と解釈される，アメリカの大学入学者選抜について考察しよう。J. カラベル（Karabel, Jerome）によれば，アメリカのビッグ・スリーといわれるハーバード，イェール，プリンストン各大学の入学者選抜制度の変遷の背景には，いわゆるユダヤ人問題が存在する[13]。19世紀末まで，こうした大学では筆記試験による選抜が広く行われていた。ところが19世紀末から20世紀にかけて，ユダヤ人移民が急増した。彼らは勤勉で，大学を勉学の場，職業達成の手段と見なし，試験では好成績をあげた。一方でアメリカのエリート大学は，WASP（White, Anglo-Saxon, Protestant）と呼ばれるアメリカの特権階級集団が自らの地位を誇示するために行く場所で，大学内にもWASP的文化が浸透していた。ユダヤ人の行動はWASP的文化と相容れず，大学上層部にはユダヤ人入学者の急増が大学の文化を壊すと解釈された。またユダヤ人の増えた大学ではWASP的背景をもつ入学者が減少し，大学の名声や伝統が失われるかもしれない，という危機感を生んだ。推薦状や社会的活動を重視する選抜方法はそうした背景のもとで導入され，制度変更後，ユダヤ人比率は大きく減少した。

　アメリカ社会において，人種や民族は非常に敏感な問題である。高等教育は社会的に高い地位の就業機会を促すことになるから，公民権運動

---

[13] Jerome Karabel, *The Chosen: The Hidden History of Admission and Exclusion at Harvard, Yale, and Princeton*, Boston and New York: Houghton Mifflin Company (2005)

の拡大以降,大学は黒人などのマイノリティに特別な措置を与え優先的に入学させるアファーマティブ・アクション（affirmative action）を採用するようになった。アファーマティブ・アクションを行わなければ,黒人・ヒスパニックなどの入学率が非常に低くなってしまう。しかしこうした措置は逆差別を生み,むしろ差別を固定化する,メリットを受ける人種民族の選定が恣意的である,という批判を生み,露骨な人種民族枠を設けることを違憲だとする判決も出た。したがって最近はこの措置の目的が,多様な背景をもつ学生がともに学ぶことで民主主義に貢献できる人材が養成できることから,学生の多様性を維持するために必要だと説明されるようになっている[14]。またアファーマティブ・アクションは相対的に恵まれた黒人中間層を取り込む手段として機能し,黒人グループ内の分断化を促し,肝腎な貧困問題が解決されずに取り残されたという評価もある[15]。支配集団は一つの制度をいかようにでも恣意的に都合よく解釈し,運用するということがこういった例からも理解できる。

（3）競争の加熱と向上心（アスピレーション）の冷却

　高い学歴を得ることで地位や収入などの利益を獲得できるならば,人々は高い学歴を得るための努力をする。成績が重視されるのなら,よい成績を得ようと自発的に勉強するだろう。教育システムに競争試験を持ち込むのは,競争に参加して勝つために努力（勉強）するというように,試験を利用して人々を自発的に現体制に組み込ませることに大きく寄与するからで,権力にとって強制や監視コストが少なくすむ。こうしてかき立てられた向上心の広がりには,その国の教育制度が大きく関与する。ドイツや戦前の日本で観察された分岐型学校体系では,出身階級と進む学校のコースに対応関係があることが多く,競争が進学するのを

---

14) その積極的成果を示す例としては,William G. Bowen and Derek Bok, *The Shape of the River*, Princeton: Princeton University Press（1998）
15) John David Skrentny, *The Ironies of Affirmative Action: Politics, Culture, and Justice in America*, Chicago: University of Chicago Press（1996）

当然と考える上流階級に限定される庇護移動（sponsored mobility）を生む。一方アメリカや戦後日本は，成績がよければ進学機会が閉ざされない単線型学校体系を採用した。この場合は競争が特定階級ではなく全体に広がり，進学したい人は常に競争状態に置かれる競争移動（contest mobility）が観察される[16]。

　広い範囲で向上心を加熱（warm up）すれば，それだけ生徒は競争に参加し教育システムに組み込まれる。しかし競争である以上，必ず敗者が出る。敗者の「負け」をどう納得させるか，いわば煽られた向上心を冷却（cool out）するシステムの存否が，制度の維持を左右する。そうでなければ敗者の不満が増幅されるからだ。例えば日本の偏差値は単純明快に成績を示しているようにみえるため，その結果を本人につきつけることで「実力」を自覚させ，過剰な向上心を抑え相応の選択をさせるのに寄与する[17]。アメリカのコミュニティ・カレッジは高等教育進学機会を一応は与えながらも，向上心を徐々に冷却化させ，カレッジ在学中により現実的な進路選択をすることを促すように機能しているという[18]。

3. 入試改革議論を考え直す

(1) 入試制度の機能不全？

　以上は教育の選抜システムが十分機能したときの話だが，現実はそうではない。現在の高学歴化は，より高い知識をもつ人材の需要の増加で

---

16) Ralph H. Turner, "Sponsored and Contest Mobility and the School System," *American Sociological Review*, 25(6) (1960, pp.855-67) や Earl Hopper, *Social Mobility: A Study of Social Control and Insatiability*, Oxford: Basil Blackwell (1981) を参照。
17) Kariya Takehiko and James E. Rosenbaum, "Self-Selection in Japanese Junior High Schools: A Longitudinal Study of Students' Educational Plans," *Sociology of Education*, 60(3) (1987, pp.168-80)
18) Burton R. Clark, "The "Cooling-Out" Function in Higher Education," *American Journal of Sociology*, 65(6) (1960, pp.569-76)

説明できるかもしれないが，周囲が進学するから（進学しないと負のレッテルを貼られるので）進学する人も多いだろう。進学率の上昇は，選抜の基準が緩くなった結果起きたともいえる。一部の有名校をめぐる厳しい競争は続くかもしれないが，それ以外の多数の人々にとって進学競争は厳しくなくなるので，競争を利用した向上心の加熱は難しくなる。

　日本の受験競争は，真の必要性というよりも競争システム自体がつくり出した加熱であったといえる。だから学歴主義や詰め込み主義が批判され，「授業に対する興味関心が低い」とか，「受験が終わると詰め込んだ知識はすっかり忘れてしまう」という問題が指摘された。しかしそれは選抜システムが機能不全に陥っていたというより，むしろ選抜システムの加熱と冷却が働きすぎて，本来の教育や学校システムから乖離してしまった結果とも解釈できるのかもしれない。

　今は少子化で競争が緩和され，かつて問題視された受験競争の弊害は取り除かれたようにみえる。しかし競争が緩和すれば，競争での勝利が動機づけとなっていた学習時間が減少するのは必然であり，そうした緩やかな競争で勝つことの価値も薄れる。その結果，過度な競争を解決するために導入された推薦・AO入試や，いわゆるゆとり教育が学力低下の元凶だと指摘される。こうした批判は，生徒の主たる学習動機が内在的なものではなく競争システムによるものだと，正直に吐露するものとなっている。

（２）　入試改革論議の限界

　2013年秋，教育再生実行会議が突然，「学力（点数）のみではなく，人物を考慮した」大学入試の根本的改革を提言した。同じような提言は30年以上前にも存在したもので目新しくはない。ただしかつては知識偏重の競争の激化を問題視していたのに対し，今はグローバル化した競争

に対応できる人材育成という全く対照的な位置づけである。具体的な入試改革の内容は代り映えしないが，変更すべきとする根拠は社会的文脈に応じていかようにも述べることができる。変わっていないのは，入試改革を行えば問題が解決されると考える姿勢そのものである。

　制度が変われば，もちろん生徒の進路選択の行為に一定の影響が及ぶ。ただしそれが教育的意図に沿ったものかは別の問題である。現実の進路選択は打算的に淡々と行われているのであり，また入試改革論議の背景にはそうした現実とは異なる政治的な駆け引きが存在する。そう考えると，私たちは入試に過大な価値を置きすぎて，入試改革の議論そのものに振り回されてはいないだろうか。入試制度を改革することで根本的な問題解決に結びつくという考え方は，あまりにナイーブすぎるといえるだろう。本章で検討したように，一歩退いて冷静な目で入試という現象を捉えなおすと，入試を中心とする教育の選抜システムがいかに機能してきたかが理解できる。その制度の中身は何であれ，入試が存在する以上，その選抜を経て人々の地位配分がなされるという事実は変わらないのである。

参考文献

天野郁夫『教育と選抜の社会史』(ちくま学芸文庫,2006年)
R. P. ドーア著,松居弘道訳『学歴社会—新しい文明病』(岩波書店,1990年)
苅谷剛彦『大衆教育社会のゆくえ—学歴主義と平等神話の戦後史』(中公新書,1995年)
中村高康『大衆化とメリトクラシー—教育選抜をめぐる試験と推薦のパラドクス』(東京大学出版会,2011年)
中澤渉『入試改革の社会学』(東洋館出版社,2007年)
竹内洋『日本のメリトクラシー—構造と心性』(東京大学出版会,1995年)
ニコラス・レマン著,久野音穏訳『ビッグ・テスト—アメリカの大学入試制度・知的エリート階級はいかにつくられたか』(早川書房,2001年)

研究課題

①日本の入試制度の歴史を調べ,そこでどのような議論が積み重ねられてきたのか,またそれぞれの制度がどういったメリットとデメリットをもっていたのかを整理してみよう。

②機能主義的な説明と,葛藤理論,新制度論の説明の特徴を整理し,それぞれの説明が現実社会のどういった現象をうまく捉えているか,またどういった現象について説明できていないかを整理してみよう。

③学校体系や入試のあり方は,人々の学歴に対する考え方や,進路選択にどのような影響を与えるのだろうか。他の国の状況を調べて,日本と比較をしながら考察し,整理してみよう。

11 資格社会化と就職

中澤 渉

《目標&ポイント》 厳しい経済状況を反映して，若年労働市場が注目を集めている。日本の教育社会学では従来から，学校から労働市場への移行，すなわち就職を主要な研究対象として扱ってきた。学校と企業との間には強いつながりがあり，そのつながりは若年者が不安定な地位に陥るのを防ぐセイフティ・ネットの機能をもつと解釈されてきたのだ。そうした就職をめぐる慣行は，近年機能しなくなりつつあるという批判も増えている。そうはいっても，現在のような就職の慣行は歴史的経緯があって成立したものであり，企業組織のあり方，学校体系とも深く関わっているため，変革するのは容易ではない。本章では，近年の若年労働市場や日本の就職活動をめぐる歴史を振り返り，そうした現象が理論的にどう説明されるのかを検討したい。
《キーワード》 日本的経営，間断なき移行，制度的連結，人的資本論，シグナリング，就職活動，実績関係，専門職，学校体系

1. 若年労働市場の問題

(1) 厳しい就職動向

かつて日本の若年失業率は，他の先進諸国に比して非常に低かった。しかし1990年代以降日本経済が不振に陥り，フリーター問題に象徴されるように，若年労働市場が社会問題化するようになった。

図11-1はこの15年ほどの高校生，大学生の就職(内定)率の推移を示している。経済状況を反映し，90年代後半から2000年代前半は低下もしくは低迷傾向が続いたが，いったん持ち直し，いわゆるリーマン・ショック（2008年）による世界同時不況以降は再び低下している。注意しなけ

図11−1 就職（内定）率の推移

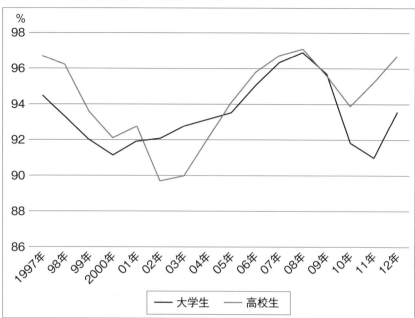

出典：厚生労働省・文部科学省『大学等卒業予定者の就職内定状況調査』『高校・中学新卒者の求人・求職・内定状況』より筆者作成

ればならないのは，この就職(内定)率を計算する際の分母は，就職希望者であることだ。数値だけ見ると9割を超えているため，ほとんど問題なく就職しているようにみえるが，ここには進学者はもちろん，就職を希望しなかった者は含まれていない。例えば四年制大学卒業者を分母にしたときに，実際に就職した大卒者は2012年3月卒業生の場合63.9％にすぎない[1]。さらにこの数値は「卒業生」なので，就職活動に失敗して留年した学生は数値に反映されていない。

　学校卒業前に就職活動を行い，卒業前に内定を得て，そのままスムー

1）上西充子「学卒者の就労」『日本労働研究雑誌』633（2013，38−41頁）

ズに就職していく間断なき移行は，日本では当たり前のものと認識されている。こうした移行（transition）は，若年労働者の失業リスクを抑制し，しかも効率的に人材配分を行えるシステムと評価されてきた。しかし近年の厳しい経済状況で就職活動に失敗する学生が増え，学校経由の就職がうまく機能しなくなってきているといわれる。

（2）日本的経営

　教育と労働市場はそれぞれ独立したシステムだが，教育システムが労働力を供給する以上，両者が無関係ということはありえない。

　日本の企業の特性を「終身雇用」「年功序列」「企業別労組」に求めたのはJ. アベグレン（Abegglen, James Christian）である。このうち特に就職事情と関連するのは，「終身雇用」と「年功序列」であろう。この特性とされるものは社会学的にいう一種の「理念型」で，必ずしも現実をそのまま反映しているわけではない。伝統的にこれらは女性労働者には適用されてこなかったし，企業規模や学歴による違いも大きい。図11－2と11－3は「2005年社会階層と社会移動に関する調査（2005年SSM調査）」を基に，2005年時点での20〜69歳の男性の初職を離職するタイミングを示したものである[2]。これを見れば，就職してわずか5年ほどで，中・高卒の半数が離職したことがわかる。官公庁の定着率は比較的高いが，従業員300人以上の大企業でも，10年ほどで半分が離職する。

　終身雇用というとき重要なのは，単に同一会社に長期間勤続するということではなく，新卒で入った企業を勤め上げるということである[3]。日本の大企業は新卒者を大量に採用すると，いくつかの部署を転々とし多くの経験を積ませながら企業内訓練（on-the-job training）を行う。そうして同期で切磋琢磨しながら少しずつ昇格し，一定の地位以上にな

2）生存率（企業への定着率）の推定にはカプラン＝マイヤー法を用いており，変数の統制は行わず，それぞれ単純に学歴と企業規模間で比較している。
3）小野旭『日本的雇用慣行と労働市場』（東洋経済新報社，1989）

図11-2　学歴別初職継続の生存率曲線

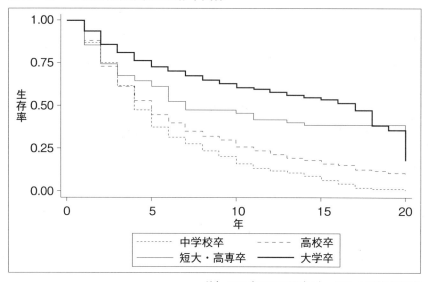

注）2005年SSM調査データにより筆者作成

図11-3　企業規模別初職継続の生存率曲線

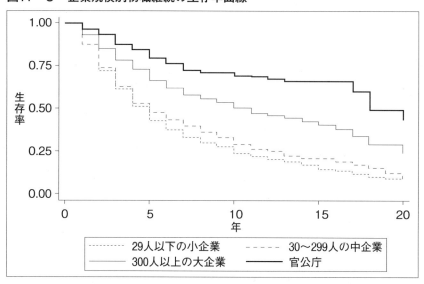

注）2005年SSM調査データにより筆者作成

ると昇進のスピードに差が出てくるようになる[4]。こうした企業内教育はコストがかかるので，コストを回収するためにも企業は早期退職を望まない。一般に勤続年数とともに昇給し，しかもその昇給スピードが後になるほど急になるように設定されているのは，長く同一企業に勤めたほうが得であることを勤労者に意識させるためである。つまり日本の企業は，特殊な知識や技能をすでにもっているエキスパートより，企業内訓練を行うのにコストがかからず，広い分野で適応力のある人材を採用しようとすることになる。日本では学校で習ったことと職業の関係が薄いといわれるが，背景にはそのような人事管理制度が存在すると考えられる。

(3) 学卒一括採用の成立

　近代国家の成立には国家の中枢を担う官僚の養成が不可欠で，国家官僚機構と高等教育制度は密接に関連していた。急速な産業化により経済活動も活発になり，民間企業の組織運営も官僚的になる。当初，大卒者の多くは高級官僚となったが，徐々に民間でも大卒者の需要が増していく。同時に高等教育機関が増えたことで，大卒就職システムが制度化されていった。大卒者の新規一括採用は1920年代には一般的になり[5]，公務員や大企業の新規一括採用制度が定着すると，中小企業もそういった慣行を無視できなくなった。

　戦後の日本の教育制度では，大別して中学卒業時，高校卒業時，短大・大学卒業時の三つの就職の機会がある。最近は中卒者の就職は非常に少ない。また高卒後すぐの就職者は減少し，代わって進学者が増えている。どの段階の学校であれ，卒業は原則3月で，4月1日が新入社員としての採用となり，卒業前に就職先の内定を得ているのが普通である。

---

4) 今田幸子・平田周一『ホワイトカラーの昇進構造』（日本労働研究機構，1995）したがって年功序列といっても，完全に横並びに昇進していくのではなく，適度な競争原理が働いている。
5) 尾崎盛光『日本就職史』（文藝春秋，1967）

戦後，義務教育が3年加わる形で発足した中学校は，旧制学校制度には該当するものがない。だから新しい就職システムを構築する必要があった。高度成長期はブルーカラーの労働力が不足していたため，中卒者は「金の卵」ともてはやされた。工業地域は偏在していたこともあり，労働力の効率的な配分には上からの統制が必要であった。そこで職業安定所が，中卒就職者の適正配置に介入するようになった[6]。
　一方新制の高校は，戦前の旧制中学・高等女学校・実業学校が母体になっていたが，旧制学校と地元企業の間に，一定数の優れた卒業生をその企業に紹介することで，その学校からの企業への就職枠が維持されるという関係が存在していた。これはお互いの信頼関係に基づくもので，「実績関係」と呼ばれる。高校はその実績関係を引き継いで生徒の就職の斡旋機能を担うようになり，職安の関与は形式的になった[7]。
　終戦直後，大学は卒業生が増えたこと，不景気が重なったこともあり就職難となった。学生運動の激化も懸念されたため，企業の選考・採用プロセスを規律化しようと1953年に大学と産業界の間で「就職試験の時期を一定期間に定める」という紳士協定が結ばれた。これが後に就職協定となる。大学生の就職は文系と理系で異なるが，当初は大学教員による推薦状を添えた指定校制がよく活用された。しかし徐々に優秀な学生を早く確保したい企業の青田買いが進み，就職協定の廃止や改変が繰り返された[8]。また特定の大学に有利な指定校制が批判を浴びると，OBのネットワークを利用した採用活動（OB訪問）が盛んに行われた。OB訪問は就職協定の抜け穴を突いたもので，協定は形骸化し，結局廃止された。その後は，資料請求はがきやインターネットを通じた自由応募が

[6] 苅谷剛彦・菅山真次・石田浩編『学校・職安と労働市場―戦後新規学卒市場の制度化過程』（東京大学出版会，2000）
[7] 苅谷剛彦『学校・職業・選抜の社会学―高卒就職の日本的メカニズム』（東京大学出版会，1991）
[8] 中村高康「就職協定の変遷と規制の論理―大卒就職における『公正』の問題」『教育社会学研究』53（1993, 111-130頁）

図11−4 初職入職経路の推移

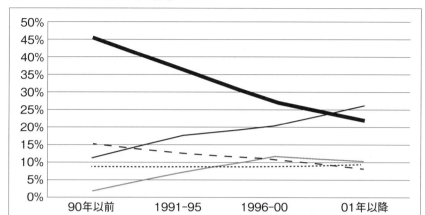

注）Japanese Life Course Panel Survey（JLPS）2007より筆者作成

主流になるが，一方で大学の就職部の役割も見直されつつある[9]。

図11−4は東京大学社会科学研究所が実施している調査（Japanese Life Course Panel Survey：JLPS）に基づいて，初職入職経路の推移をまとめたものである。調査の対象世代は1966〜86年生まれの男女で，分布に男女差はほとんどないことから，男女を合算した結果を掲載した。1990年以前では半数近くが学校経由で初職を得ていたが，2001年までにその割合が半減している。代わって増加傾向にあるのが，自分で探して応募する直接応募である。図11−5は学歴別のデータであり，高校で学校推薦が多く，大学で直接応募やはがき・エントリーシートが多い傾向が読み取れる。図11−4の変化は学校推薦の多かった高卒や短大卒が減少し，大卒者が増えたことが影響している可能性もある。

9）大島真夫『大学就職部にできること』（勁草書房，2012）

図11－5　学歴別初職入職経路

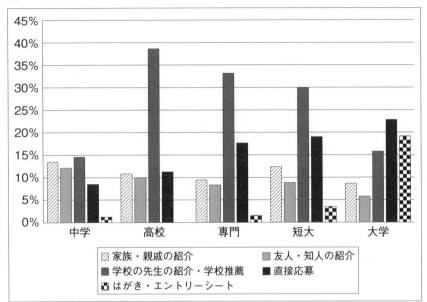

注）Japanese Life Course Panel Survey（JLPS）2007より筆者作成

2. 教育と労働市場の連結に関する理論

（1）人的資本論とシグナリング理論

　学歴が高いということは何を意味するのか。まず，長く教育を受けているのだから，知識や技能が多く身についているはずだ，という考え方がある。そういう人が増加すれば，社会全体の生産性が高まるともいえる。つまり教育への投資は，知識や技能を個人のみならず社会も蓄積することになる。だから教育投資には価値がある。こういった機能主義的な経済学の立場を人的資本（human capital）論という。代表的な論者としてはG. ベッカー（Becker, Gary Stanley）がいる。

ところが，学校で習ったことは職業に直結しない，という批判もよく聞く。だとすると，高学歴でも職業に有効な知識や技能をもっていることにならないので，高学歴者に高い賃金が支払われる理由をうまく説明できない。また市場メカニズムを前提にすれば①求職者も雇用側も，お互いに関する情報を完全に掌握し，②優れた求職者，もしくは企業がお互いベストの選択ができるという完全競争が成立している必要があるが，かなり無理のある前提である。そこでA. スペンス（Spence, Andrew Michael）が唱えたのがシグナリングという考え方である。
　求職者も企業も，現実には相手についての限られた情報しかもっていない（情報の非対称性）。そこで求職者は何らかの指標で自分の能力の高さを示そうとするし，企業もそういった情報を求めている。人材発掘には費用がかかるから，企業は最小限の費用で選抜をしたい。そこで学歴は能力の高さを示すシグナルとして機能する。人的資本論と異なるのは，高学歴は訓練可能性（潜在能力）の高さを示すにすぎず，本人が学校で何らかの知識や技能を習得しているか否かは問題にされない点にある。

(2) 制度的連結

　また日本の強固な学校と企業の結びつきは，情報の非対称性を埋める機能を果たしているという説明もある。高卒就職に典型的だが，生徒は自ら職選びをするには未熟だし，企業側も求職者の情報に乏しい。学校がその両者の情報不足を補い，職を斡旋するというわけである。学校がよい人材を送れば企業は学校を信頼するようになり，その学校からの採用枠を確実に準備するようになる。こうして生じた強い信頼関係に基づくつながりを制度的連結と呼ぶ[10]。人気ある企業には生徒が殺到する。高卒就職での企業への推薦は一人一社が原則だから，選考は校内で予め行われる。その選抜基準として，成績が用いられる。だから生徒は進学

---

10) Kariya Takehiko and James E. Rosenbaum, "Institutional Linkages Between Education and Work as Quasi-Internal Labor Market," *Research in Social Stratification and Mobility*, 14（1）(1995, pp.99-134)

しなくとも、勉強するインセンティブを保ち続けられる。

　一方で近年のような厳しい経済状況では、企業が継続的に学校から卒業生を受け入れるのは困難である。日本の学校教育では職業教育が軽視され、職場で役立つ知識や技能を学習させてこなかったが、制度的連結はそうした事実を隠蔽してきたのであり、小手先の進路指導の改善ではなく教育と職業の関係性（レリヴァンス）自体を見直すべきだという論者もある[11]。M. ブリントン（Brinton, Mary C.）は、M. グラノベッター（Granovetter, Mark）の転職行動における弱い紐帯（weak tie）論を援用しつつ、制度的連結によって生徒の就職活動が過剰に保護されて自己選択する力が弱められたともいえるので、生徒が自ら就職機会を切り開く力を身につけさせるべきだと提言した[12]。

（3）専門職養成と教育

　M. ウェーバー（Weber, Max）によれば、高等教育機関がさまざまな学位を出すということは、その学位に立脚した専門職集団を生み出すことを意味する。そして専門職集団は自らの地位を維持・独占するために、労働市場においてその入り口を学位取得者に制限する。大学は卒業生を専門職にすることで威信が上昇するから、専門職資格を得やすい知識を教えることに熱心になるし、学生数を増やせば専門職集団に入れ込むチャンスも増すので、定員を増やそうとする。労働市場構造と無関係に起こる教育拡大は、10章でも触れた葛藤理論によってこのように説明される。

　専門職につくには高等教育を終え、資格試験を受け、現場で採用されるという3段階を踏むことが多い。資格は大学教育と結びつき、国家試験となって正統性をもつ。しかし採用プロセスでは専門職団体の意向を

---

11) 本田由紀『若者と仕事―「学校経由の就職」を超えて』（東京大学出版会、2005）
12) メアリー・C. ブリントン『失われた場を探して―ロストジェネレーションの社会学』（池村千秋訳、NTT出版、2008）

無視できず，大学教育も資格試験の内容に影響される。専門職団体は専門職の地位を独占的に代表しているため社会的影響があり，必ずしも政府のいいなりになるわけではない。つまり専門職の配置は，教育，政府，専門職団体の微妙なパワー・バランスの上に成り立っている[13]。

　もっとも，資格は専門職に限定されるものではない。一般企業のように官僚制の発達した組織の，現場業務に特化した資格も多く存在する。教育拡大が進めば，中等教育や前期高等教育修了者は珍しくない。そこでは資格が，他の人との差異化を図る道具となる。しかしこうした資格は，必ずしも特権階級に結びつくものではない[14]。阿形健司の分析によれば，一般的な職業資格をもっていても，収入や地位が上昇する明確な証拠は見いだせないという[15]。

3. 学校システムと労働市場

(1) 中等教育の分化と職業教育

　日本の高校は，旧制学校制度の伝統を引き継いだため普通科と職業学科が併存することになった。戦後は進学志向が強まったため職業学科の人気が落ち，大学進学に有利な普通科に階層の高い生徒が，不利な職業学科に階層の低い生徒が集まった。このように，複数の学科・コースを併存させると，既存の社会階層の構造と対応関係をつくってしまい，進学機会の格差が固定化されるのでは，ということが懸念された。

　早期に学科を分けて進む方向性を決めてしまうのは，流動化する現代社会ではむしろ進路決定の融通性を失うリスクが高くなる。一方で進学率が上昇した今，同一の学校段階でも学校間に社会的威信や評価に違い

---

13) 橋本鉱市編『専門職養成の日本的構造』（玉川大学出版部，2009）
14) David K. Brown, "The Social Sources of Educational Credentialism: Status Cultures, Labor Markets, and Organizations," *Sociology of Education*, Extra Issue (2001, pp.19-34)
15) 阿形健司「職業資格の効用をどう捉えるか」『日本労働研究雑誌』594（2010, 20-27頁)

があることも否定できない。日本の高校ではかつて普通科と職業学科の格差が問題視された。ところが普通科の数が増えすぎたため，職業教育も受けず，また進学もできない高卒者が増加した。90年代後半にフリーターや無業者の問題が深刻化したのは，職業学科より普通科高校の卒業生だった。海外の研究によれば，中等教育でブルーカラー的な職業教育に特化すると，将来の昇進可能性が減る。一方で高卒者一般にとって職業教育は失業や不安定就業のリスクを減らす。つまり中等教育の分化は出身階層と進路の関連を強める懸念があるが，進学しない生徒に失業リスクを減らす職業教育を行いやすいというメリットが存在する[16]。アメリカでは，目的意識もないまま進学させることで退学率が上昇し，そうした人々の就職がより困難になることが問題視されている[17]。

(2) 職業と教育のレリヴァンス

　教育と労働市場の関係を，国際比較の観点から以下の3指標に基づいて整理してみよう。第一に国内で教育内容やカリキュラムの統一されている程度を示す標準化（standardization）がある。第二に中等教育において進学コース，就職コースのように複数のコースが分化している程度を示す階層化（stratification）がある[18]。最後に教育内容が職業にどれだけ密接に関連しているかを測る職業特化（vocational specification）がある[19]。標準化が進めば，外部から学校が何を教えているか分かりやすいし，評価基準も統一されているので評価の信頼性が高まる。階層化が進めば，ニーズや能力に応じた教育をしやすくなる。標準化，階層化

---

16) Richard Arum and Yossi Shavit, "Secondary Vocational Education and the Transition from School to Work," *Sociology of Education*, 68 (3) (1995, pp.187-204)
17) James E. Rosenbaum, *Beyond College for All*. New York: Russell Sage Foundation (2001)
18) Jutta Allmendinger, "Educational Systems and Labor Market Outcomes," *European Sociological Review*, 5 (3) (1989, pp.231-50)
19) Alan C. Kerckhoff, "Education and Social Stratification Process in Comparative Perspective," *Sociology of Education*, Extra Issue (2001, pp.3-18)

が進み，職業特化した教育が提供されれば，教育と職業のマッチングが容易になり学校と労働市場の関連性も強まる。いずれの指標も強いとされる例はドイツで，弱いのはアメリカである。日本は中央集権が進んでおり標準化の程度が高いが，階層化や職業特化の程度は低いとされる。

　学校経由の就職が限界を来しているといわれる今，日本はどこに向かうべきなのか。中等教育で教える職業は，ブルーカラー的な技術教育が中心になりがちだが，日本の第二次産業は大きく縮小しており，将来の見通しも不透明である。では第三次産業的なサービス業に特化した職業教育として，学校は何が伝えられるのか。また有効な職業教育を行おうとすれば，それなりの人材や設備投資が必要になる。しかし短期的な経済変動でその職の需要が大きく減った場合，対応が難しい。このように職業教育は実行に移そうとするとさまざまな問題点が浮上するのである。

〔付記〕
1．SSM調査データの使用に関して，2005年SSM調査研究会の許可を得ている。
2．JLPSは，科学研究費補助金基盤研究（S）(18103003, 22223005) の助成を受けたものである。東京大学社会科学研究所パネル調査の実施にあたっては，社会科学研究所研究資金，株式会社アウトソーシングからの奨学寄付金を受けた。パネル調査データの使用にあたっては社会科学研究所パネル調査企画委員会の許可を受けた。

参考文献

荒井一博『教育の経済学・入門―公共心の教育はなぜ必要か』(勁草書房, 2002年)
苅谷剛彦・本田由紀編『大卒就職の社会学―データからみる変化』(東京大学出版会, 2010年)
小杉礼子『若者と初期キャリア―「非典型」からの出発のために』(勁草書房, 2010年)
Yossi Shavit and Walter Müller eds. *From School to Work: A Comparative Study of Educational Qualifications and Occupational Destinations*, Oxford: Clarendon Press (1998年)
菅山真次『「就社」社会の誕生』(名古屋大学出版会, 2011年)

研究課題

①就職活動の形態が変化していることが本文から示唆されていたが，どういった変化があるのかを整理したうえで，なぜ変化が起きているのか，考えてみよう。

②学校経由の就職が果たしてきた機能を整理し，今後の就職のあり方や，学校の果たすべき役割，あるいは就職指導において学校や教育システムの果たせる役割の限界について考えてみよう。

③日本の労働市場において学歴はどういった機能をもっているのだろうか。特に教育社会学の理論と経済学の理論を比較し，その着眼点の違いを整理してまとめてみよう。

12 | インターネット社会と若者

大多和直樹

《**目標＆ポイント**》 一般家庭へのインターネットの普及はめざましく，総務省の調査[1]によれば1997年には9.2％にとどまっていた普及率が，2002年には50％を超え，2012年には79.5％に達している。若年層ではさらに普及のスピードが速く，13～19歳の青少年の場合，2004年の時点ですでに90.7％に達しており，2012年には97.2％ときわめて高い普及率となっている。インターネットは現代の若者の日常生活にとけこみ，彼らのコミュニケーションのあり方やリアリティを変容させていると考えられる。また，インターネットを通じて新しい学習リソースや学習機会が提供されており，これまでの教育のあり方を変容させる力をもっていることが予感される。インターネットの社会的普及に伴う変動をどう捉えていくのか，本章ではこのことについて考えていく。

《**キーワード**》 インターネット，ニューメディア，SNS，若者，コミュニケーション，友人関係，携帯電話，ムーク，eラーニング，視聴覚教育

1. 旧い世代のメディア観

インターネットのインパクトを捉えるというのは難しい作業である。そもそも新しいメディアが社会的に普及する際には，未知なるものへの不安や新しさの幻惑からいわば「自然体」でニューメディアやインターネットを捉えることが難しくなるからである。

実際，インターネットや電子メディアに対する教育的議論は一種の混乱状況にあるとみることができる。一方で「子ども／若者が接する電子メディア」の側面においては，メディアの悪影響によって彼／彼女らが

---

[1]「通信利用動向調査」（総務省，1997-2013）

危機に瀕していることが数多く語られるが、他方で「学校に導入される電子メディア」の側面においてはメディアの可能性が強調され、未来の教育は電子メディアによって成立するものと考えられているふしさえある。おもしろいのは、これら二系統の言説が、互いに深刻な対立や葛藤をほとんど生じさせることなく——多くの場合、それほど危険なものをなぜ学校教育に入れるのかといった議論にはならない——、無摩擦のまま併存していることだろう。そのように、無節操ともいえる言説状況が生起し、視界を曇らせているのである。

まずは、その曇りを晴らしていくために「子ども/若者が接する電子メディア」の側面において、①なぜメディア・バッシングに近い状況が生起するのか、旧い世代のメディア観とその功罪について考えていくとともに、②メディア・バッシングの見方を離れたときに、現代の若者たちがどのようにインターネットを利用し、どのような問題を抱えているのかについて最近の研究をみていくこととしよう。

(1) ＜ヴァーチャル＞侵略枠組み

M. プレンスキー (Prensky, Marc) は、物心つく前から主にパソコンやインターネットなどの情報メディアがあり、それらを当たり前のものとして扱っている世代をデジタル・ネイティブとし、物心ついた後にそれらに触れた世代（デジタル移民）との感覚の違いを指摘している[2]。デジタル移民は、情報メディアを自分のものにできていないというが、そればかりでなくデジタル移民にあたる旧い世代のメディア観によって——新しい映像・電子メディアという未知のものに対する不安があり——若者や子どもが接するニューメディアをいたずらにネガティブに捉える傾向がみられた。

デジタル移民にとって新しいメディア、すなわち映画やテレビ・アニ

---

2) マーク・プレンスキー『テレビゲーム教育論——ママ！ジャマしないでよ 勉強しているんだから』（藤本徹訳, 東京電機大学出版局, 2007）

メなどの映像メディアやパソコン，テレビゲーム，携帯電話，タブレット端末などの電子メディアは経験したことのない未知のものであった。したがって彼らは，これらが自分たちの世界に侵略してきて，人々（とりわけ子ども）に悪影響を及ぼすというメディア悪玉イメージを抱きやすかったと考えられる。

実のところ，戦後の映像・電子メディアに関する教育的議論の多くは，ほぼメディア悪玉論を基調としたものになっている。筆者は，戦後の教育雑誌などの記事を分析するところから，図12-1に示すようなメディアに対する認識枠組みを剔出した^{てきしゅつ}[3]。

この認識枠組みが示しているのは，第一に，私たちの経験する世界が次の三つの経験の領域として捉えられることである。その三つの領域とは，①現実経験であり，対面的なコミュニケーションの経験である＜リアル＞，②想像の世界であり，読書や活字メディアと深い関係がある＜イマジナリー＞，③映像メディアや電子メディア（インターネットを含む）がつくり出す仮想的世界の＜ヴァーチャル＞である。このとき教育関係者は，対面的コミュニケーションは＜リアル＞，活字メディアは＜イマ

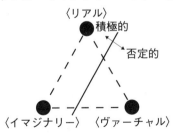

図12-1　＜リアル―イマジナリー―ヴァーチャル＞の図式

出典：大多和直樹「メディアと教育のパラドクス―メディアの教育への導入と悪影響批判の同時進行状況をめぐって」『東京大学教育学研究科紀要』第37巻，105頁

3）大多和直樹「メディアと教育のパラドクス―メディアの教育への導入と悪影響批判の同時進行状況をめぐって」『東京大学教育学研究科紀要』第37巻（1997, 101-111頁）

ジナリー＞，映像世界やネットは＜ヴァーチャル＞というように，メディアとこれらの領域を一対一に結びつける傾向があることを指摘しておきたい。

　第二に，＜リアル＞と＜イマジナリー＞については，自然体験教室や読書の推奨などにみられるように＜教育的経験＞と見なされるのに対し，＜ヴァーチャル＞については＜非教育的経験＞と見なされる傾向があることが指摘できる。例えば，ビデオやゲームなどの悪影響で現実世界と仮想世界の境界が曖昧になった青年が連続女児殺人事件や「酒鬼薔薇事件」などの凶悪事件を引き起こしたとされ，電子メディアは現実感覚を狂わす経験を提供していると見なされてきた。こうした認識は，デジタル移民世代の新しいメディアに対する不安を反映したものであり，自分たちの依拠する古き良き世界が新興メディアによって侵略・破壊されるという図式とみることができる。そして，その悪影響から逃れるためには，映像・電子メディアを遠ざけたり，あるいは活字メディア経験や直接経験を増やして「中和」したりしなければならないとされるのである。

　ここで具体的な例を一つ紹介しよう。アニメ映画監督の宮崎駿氏は，現代の子どもの映像・電子メディア経験について「子どもたちの遊びが直接体験ではなく，TVやビデオ，ゲームをなどの疑似体験の世界に侵されてきている」こと，すなわち「子どもの世界がバーチャルなものに侵略されていることこそ，日本民族が遭遇している一大事」であると新聞紙上で論じている[4]。ここから宮崎氏は，映像・電子メディア経験を「バーチャル」（=＜ヴァーチャル＞）と捉え，それが以前は＜リアル＞の世界が中心であった子どもの世界を侵略してきているというように位置づけていることがわかる。さらに宮崎氏は，「『トトロ』を見せるのは年に一回でいいんです（笑い）」[5]とし，やはり＜ヴァーチャル＞経験を減じることで状況の改善につながると捉えている。

4）朝日新聞・全国版1999年6月30日「たんけん・はっけん・ほっとけん」
5）前掲記事

筆者が驚いたのは，日本のアニメ界を牽引し子どもたちを鮮やかな映像世界に誘ってきた —すなわち＜ヴァーチャル＞をつくり出し，提供してきた— 宮崎氏が，それを「侵略」と捉えているところであった。それは＜ヴァーチャル＞のつくり手にまで＜ヴァーチャル＞経験をネガティブに捉えさせてしまうという，＜ヴァーチャル＞侵略枠組みが社会に深く根付いていることに対する驚きでもあった。

（2）＜ヴァーチャル＞侵略枠組みの功罪

　とはいえ，この＜ヴァーチャル＞侵略枠組みからメディア問題を考えることには有効な側面もある。その一例としては，例えばインターネット依存問題があげられる。ここでは，インターネットに薬物やギャンブル依存と同じように子ども/若者を引きつけ，依存させる側面があると考え，その利用を適切に制限することで依存をなくそうとする動きがある。インターネットをやりすぎれば，ときに生活に支障を来す場合もあるから，そこから救う活動には意味があるだろう。このネット依存の背景にあるメディア観は，子ども/若者に悪影響を与えるインターネットを取り上げれば問題は解決するという意味で＜ヴァーチャル＞侵略枠組みと相似形をなしているとみてよい。

　近年，中学・高校の生徒指導において導入されているインターネット・リテラシーの議論においても，学校とは相容れないインターネット世界が出現し，子どもが引きつけられている—そこでネットいじめなどのトラブルや買春などの犯罪に巻き込まれる危険がある—という認識があるようだ。ここでは，そこで利用を適切に制限したり，マナーや利用法を教えようとしたりする方策がとられることが多い。これもまた新興メディアの侵略への対応とみることができるし，一定の効果をあげていることも確かである。

しかし，＜ヴァーチャル＞侵略枠組みに一定の有効性があるとしても，この枠組みが有する限界とは，一つには＜ヴァーチャル＞が子ども／若者にどのような恩恵をもたらしているのか，また，彼／彼女らがどのような問題に直面しているのかについて理解しようとする方向性が著しく弱いことである。さきにあげた宮崎駿監督の例にみても，彼の作品世界は子どもたちの想像の世界を豊かにするなどのプラスの効果があったはずである。そうした効果への言及は少なく，直接体験の世界を「侵略」していく＜ヴァーチャル＞の側面ばかりへの言及が目立つ。この枠組みからは，＜ヴァーチャル＞を退けようとする力が強く，デジタル・ネイティブたちの生活誌に迫ることはできないといわざるをえない。

さらに，＜ヴァーチャル＞侵略枠組みには，電子メディアやインターネット経験は＜ヴァーチャル＞，直接体験は＜リアル＞というように＜リアル＞と＜ヴァーチャル＞を固定的・対立的に捉える限界もある。例をあげてみれば，中学校や高校で実施されている野外活動や自然体験教室がそれで，野外活動は「青少年の体験不足を補う活動として，高い教育的価値を有する」[6]と＜リアル＞なものと位置づけられてきた。すなわち現代の子どもの直接体験の不足を野外活動で補うことができるというわけである。しかし考えてみれば，学校が主催する野外活動とは，多くの場合，作り物的な自然であることが多く，すなわち（一種の擬似的な経験という意味で）＜ヴァーチャル＞な性格を帯びたものといわざるをえない。安全に管理された川や森での体験，年にたった数日の経験，過剰に帯びた教育的意図などを鑑みれば，これが本物の＜リアル＞でないことは確かであろう。＜ヴァーチャル＞侵略枠組みにおいては，こうした直接経験に潜むヴァーチャリティを捉える視角が弱くなるのだ。

---

[6]「青少年の野外教育の充実について」（文部科学省，青少年の野外教育の振興に関する 調査研究協力者会議・報告, 1996）(http://www.mext.go.jp/ b _menu/shingi/chousa/sports/003/toushin/960701d.htm)

2. デジタル・ネイティブの生活誌

　それでは，＜ヴァーチャル＞侵略枠組みを離れたとき，現代のデジタル・ネイティブの生活や彼らが抱える問題を捉えることができるのだろうか。まずは，彼/彼女らのインターネット利用状況をみた後，最近の研究を紹介しつついくつかの特徴を明らかにしていきたい。

（1）コミュニケーション圧力の高まり

　現代の若者のインターネット利用の特徴は，第一にパソコンよりも携帯電話やスマートフォン（スマホ）を主体としたものになっているところにある。ここでは電話機能よりもメールや掲示板，ブログ，SNS（ソーシャル・ネットワーク・サービス：コミュニティ型交流サイト）など，いわゆるネットの利用に比重が置かれている。彼らは，携帯電話やスマホを肌身離さず持ち歩いており，その様子は場合によっては身体の一部となっているとみることができる。ここではもはやモバイルを超えてウェアラブル・メディアが具現化しつつあるとみてよいだろう。こうした姿を橋元良明らは，パソコン世代のデジタルネイティブよりもさらに進んだネオ・デジタルネイティブと捉えている[7]。

　彼/彼女らの一部では電子メールがすでに旧いツールとなってきており，グループでのやりとりがやりやすく，やりとりの流れを確認しやすいLineや手軽にコミュニティに参加できるmixi等を中心としたSNSを利用する傾向がみられる。図12−2に見るように，SNSを「現在一つだけ利用している」と「現在複数利用している」割合の合計は若い世代ほど高くなっており，若年層がSNSを活発に利用していることがわかる。また，図12−3に示すように，SNSの利用の際には若者ほど携帯電話やスマホを用いていることがみてとれる。まだまだパソコンの割合も高い

7）橋元良明・奥律哉・長尾嘉英・庄野徹『ネオ・デジタルネイティブの誕生―日本独自の進化を遂げるネット世代』（ダイヤモンド社，2010）

図12－2　ソーシャルメディア（SNSなど）の現在の利用数，利用経験（年代別）

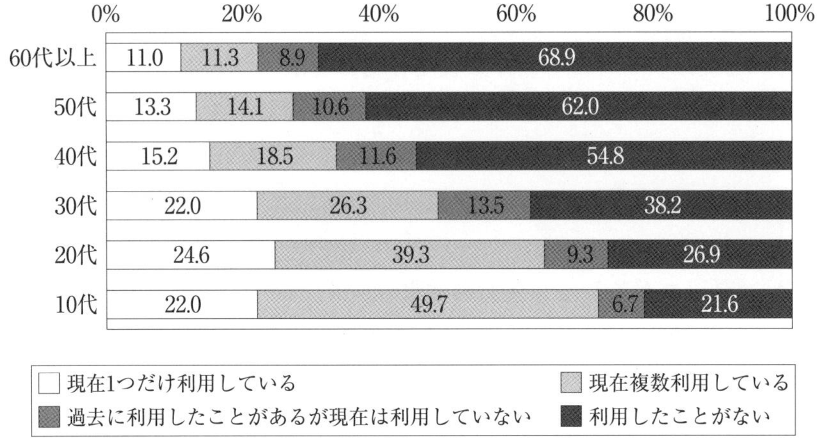
0%
20%
40%
60%
80%
100%
60代以上
11.0
11.3
8.9
68.9
50代
13.3
14.1
10.6
62.0
40代
15.2
18.5
11.6
54.8
30代
22.0
26.3
13.5
38.2
20代
24.6
39.3
9.3
26.9
10代
22.0
49.7
6.7
21.6
現在1つだけ利用している
現在複数利用している
過去に利用したことがあるが現在は利用していない
利用したことがない

出典：総務省「次世代ICT社会の実現がもたらす可能性に関する調査」（平成23年）

図12－3　ソーシャルメディア（SNSなど）利用に主に用いる端末（年代別）

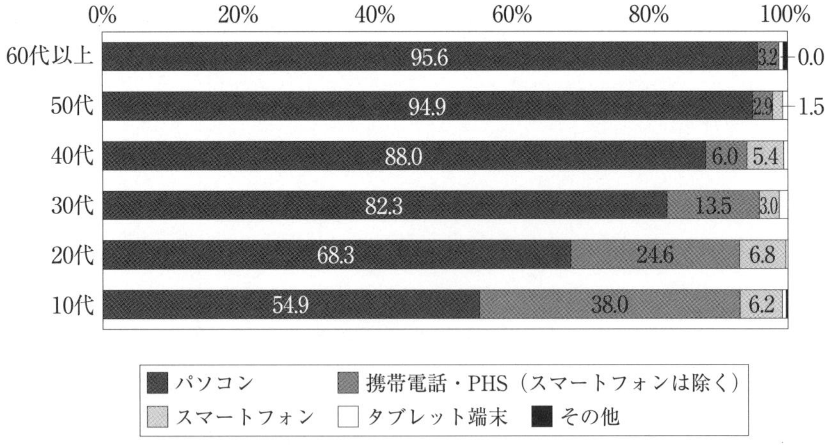
0%
20%
40%
60%
80%
100%
60代以上
95.6
3.2
0.0
50代
94.9
2.9
1.5
40代
88.0
6.0
5.4
30代
82.3
13.5
3.0
20代
68.3
24.6
6.8
10代
54.9
38.0
6.2
パソコン
携帯電話・PHS（スマートフォンは除く）
スマートフォン
タブレット端末
その他

出典：総務省「次世代ICT社会の実現がもたらす可能性に関する調査」（平成23年）

から完全にSNSの利用が携帯電話やスマホにシフトしているはいえないが，アクティブユーザーは携帯電話やスマホを用いることで常にSNSをチェックできる状況にあるということはできるだろう。SNSにおいては，ますますスピーディーなやりとりが求められ，電子メール時代には受信してから30分以内に返信しなければならない「30分ルール」が一部の若者の間に存在したが，SNSにおいては「3分ルール」へとスピードアップしている傾向にある。

　このように，ますます電子メディアが介在するネット上のコミュニケーションの比重が高まってきている状況があるわけであるが，こうした状況は対面関係こそが本物（＜リアル＞）と考える人々にとっては，現実世界での人間関係がないがしろになっているにちがいないという疑念が生じるかもしれない。しかし，若者をめぐる状況としては，むしろリアルな世界でのコミュニケーションへの圧力が高まっている。土井隆義によれば，現代の若者は親しい友人関係においても相手を傷つけないように高度に配慮するなどコミュニケーションの繊細化が起きるとともに，コミュニケーション力の多寡によって人間関係の地位が決まる状況にあるという[8]。また就職活動においてもコミュニケーション能力が重要なキー・コンピテンシーとなりつつある。現実世界でのコミュニケーションの重要性は低下するどころか，むしろ高まってきている。

（2）つながりの現代的モード

　デジタル・ネイティブ世代の人間関係に対しては，デジタル移民世代から若干こじつけ的に「人間関係の希薄化」が起きていると見なされてきた。しかしながら，近年の研究からはデジタル・ネイティブ世代の人間関係のつながり方は単純な希薄化では捉えられない複雑さを有するものであることがみえてきている。ここでは方向性の違う二つの現象につ

[8] 土井隆義『友だち地獄—「空気を読む」世代のサバイバル』（ちくま新書，2008）

図12-4　自我構造の2つのモデル

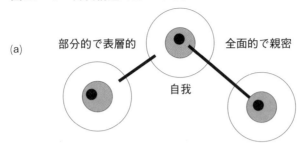

(a) 部分的で表層的　全面的で親密　自我

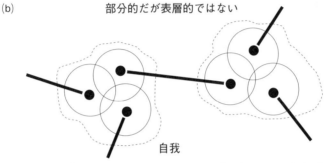

(b) 部分的だが表層的ではない　自我

出典：辻大介「若者のコミュニケーション変容と新しいメディア」橋元良明・船津衛編『子ども・青少年とコミュニケーション（シリーズ・情報環境と社会心理3）』（北樹出版，1999年，23頁）

いてみていく。

　第一に，辻大介[9]は多元的な自我構造に基づく新しい対人関係の成立を指摘している。おもにデジタル・ネイティブ世代の一部の若者においては，特定の人間関係の拘束（全面的な付き合い）を嫌い，場面に応じて複数の人間関係を使い分ける友人関係のフリッパーズ（スイッチのオンオフの切り替え）志向があるという。辻は，その背景に，図12-4（b）のような人間関係に応じてあり方が違った自分がおり，それがゆるやかにまとめられたような自我構造があるとみている。そうした自我

9）辻大介「若者のコミュニケーション変容と新しいメディア」橋元良明・船津衛編『子ども・青少年とコミュニケーション（シリーズ・情報環境と社会心理3）』（北樹出版，1999）

同士の人間関係では，部分的な人間関係ではあっても自我の中心同士がつながっている関係であるから，単に表層的な関係にはとどまらないということになる。しかしながら，デジタル移民世代の自我は図12－4（a）のように全面的な付き合いがある関係ならば親密な対人関係であり，そうでない部分的な関係ならば表層的な対人関係であるような同心円的な構造になっているという。したがって彼/彼女らには部分的だが表層的でない関係を理解できず，部分的ならば表層的，すなわち希薄な関係が増加しているようにみえるのではないかと辻は考察している。

　第二に，羽渕一代が「テレ・コクーン」というごく限られた濃密な人間関係を指摘している[10]。「テレ・コクーン」とは，友人関係のグループが，対面的関係を離れても携帯電話のネットワークを通じてコミュニケーションを行い，24時間つながっているような極めて濃密な関係を指す。ネットが対面的関係を補い，つねに濃密な関係を維持していくというわけである。羽渕がコクーン（繭）と名付けたのは，排他的なまでに限られた濃密な関係が育まれているからなのであり，デジタル移民世代からみればその排他的なあり方が希薄イメージに重なる可能性がある。

　ところで携帯電話は常につながることができるメディアであるが，それは同時に松田美佐等が指摘するように—「どの人とはつながって，どの人とはつながりを断つ」というように—友人関係を選択できるメディアでもある[11]。そこで，自分が友人からつながりを断たれないように，「常につながることによって親密な関係を維持しなくてはならない」という不安を生じさせるという（つながり不安）。かつての親友といった関係ならば，それが幻想だとしても，つながっていなくともつながっている感覚を得ることができた。しかし，現代の携帯電話やネットを通じたつながりは，いつでもつながることができる反面，常につながっていなけ

10）羽渕一代「5章　高速化する再帰性」松田美佐・岡部大介・伊藤瑞子編『ケータイのある風景—テクノロジーの日常化を考える』（北大路書房，2006，121－139頁）
11）松田美佐「若者の友人関係と携帯電話利用—関係希薄化論から選択的関係論へ—」『社会情報学研究』vol.4（2000，111－122頁）

ればつながりが失われたかのような不安にかられる側面があるのかもしれない。

(3) コミュニケーションの二重化

若者の日常世界は対面的コミュニケーションに加えてオンライン(ネット)のコミュニケーションが存在するようになってきている。宮台真司は，この現象を「コミュニケーションの二重化」と呼んでいる[12]。例えば若者たちの学級のコミュニケーションは，教室における対面の場だけでなく，「学校裏サイト」やSNSなどのやりとりを含めたものとなっているわけである。ここでは対面的な状況では良好な関係にあっても，オンラインの裏領域では何を言われているかわからないという疑心暗鬼に陥りやすくなる。「ネットいじめ」などの問題は，ネットの利用だけの問題ではなく，この「コミュニケーションの二重化」の問題として捉えるべきであろう。このとき重要なことは，仮に携帯電話等を持っていない人にとっても，学級という場は二重化したものとなっている―携帯電話を持っていない人にはオンラインでどのようなやりとりがなされているかを知ることができないだけで，実際にはオンラインで何らかのやりとりがなされている―ということである。例えば学校への携帯電話の持ち込みを禁止しても，学校外でのネット利用がある以上，「コミュニケーションの二重化」が生起してしまう。すでに個人がメディア利用をやめれば問題が解決されるというような状況にはないということだろう。

3. 学習へのインパクト

最後にもう一つの側面，インターネットが学習に与えるインパクトについて考えていく。インターネットが将来にわたって学習のあり方を変

---

12) 宮台真司『日本の難点』(幻冬舎新書, 2009)

えていく可能性は大いにある。それは，既存の学校の有効性や権威を揺るがす可能性さえもっている。

(1) 無料オンライン授業の広がり

　近年，最もインパクトのある動きの一つとしてムーク (MOOC: Massive Open Online Course) をあげることができる（複数形でムークス：MOOCsとする場合もある）。ムークとは，米国の大学を中心に広まっている大規模無料公開オンラインコースの略であり，ムークを通じては，ハーバードやスタンフォードといった米国の名門大学の授業を無料で受けることができる。これまでもマサチューセッツ工科大から始まったOCW (Open Course Ware) 等の無料の学習リソースが存在し，講義の動画や講義に用いられた教材に無料でアクセスすることができた。しかし，これらとムークの決定的な違いは，課題やテストなどのアプリケーションが用意されており，それに合格すると修了時に修了証をもらえることだ。さらに海外では，ムークを受講することで自分の通う大学の単位として認定されることもあるという[13]。

　ムークは，これまで世界中の高等教育を受けられなかった人にまで名門大学の授業を受講する経験を提供しているという意味で，I. イリッチ (Illich, Ivan)[14]が1971年に提唱したラーニングウェブの具現形ともみることができる。脱学校論者で知られるイリッチのラーニングウェブとは，簡単にいえば，学校が学習資源を独占している構造を切り崩し，学校に行かずとも学びたいことが学べ，また，市井の人々がもっている知識を学習資源として必要な人に提供できるようなネットワークのことである。ムークがこれほどまでに注目を集めているのは，学習者がそうした新たな学びの実現を実感できていることにほかならない。ムーク以外に

---

13) 金成隆一『ルポMOOC革命―無料オンライン授業の衝撃』(岩波書店, 2013)
14) イヴァン・イリッチ『脱学校の社会』(東洋・小澤周三訳，東京創元社，1976)。イリッチは，インターネットがまだ存在しない時代から，ウェブすなわち情報共有ネットワークを構想していた。

も，大学受験のための「manavee」や小中学校の学習内容を扱う「さかぽん先生.tv」などの無料学習サイトが続々登場しており，ラーニングウェブの実現を後押ししている。

（2）冷静な目で現象をみる

　たしかにインターネットが学習に与えるインパクトは大きいが，同時に冷静な目で現象をみることも重要となる。教育に新しいメディアを導入する動きは，少なくとも戦前の視聴覚教育における映画にまで遡ることができる。それ以降，テレビ，OHP，パソコン，ビデオ，インターネット，タブレットやスマホなど，新しいメディアや技術が導入されるたびに，「教育が変わる」，「教育革命が起きる」，「未来の教育」などと喧伝されてきた。他方，実際に多くの小中学校で教育テレビやパソコンを利用した学習が行われたものの，いまいちのレベルにとどまることも多々みられた。これまでさまざまな教育のイノベーションが提唱されてきたが ─ もちろんさまざまな実験的な実践は活発に行われるべきであり，その動きを妨げるつもりはないが ─ そのたびにどこか既視感のある現象に映ってしまう面もあった[15]。

　そうした目から，先に取り上げたムークをみると，単にラーニングウェブという夢の実現として楽観視することはできないだろう。起きていることはより多面的であり，米国を中心に世界の一流大学がこれほどまでにムークに関心を寄せているのは，背景に学生獲得競争のグローバル化

15）なぜ新しいメディアが教育を変革するポテンシャルをもちながら学校教育に部分的にしか浸透しないことが多々みられたのか。それは教師－生徒対面式の教室が一斉授業を成り立たせるために発明された社会装置であり，またノート（洋紙）や鉛筆が（それまでの暗誦にかわって）ノートテイキングを実現するニューメディアであった（佐藤秀夫『ノートや鉛筆が学校を変えた─学校の文化史』平凡社，1988）からといえないだろうか。すなわち，今日，ノートや鉛筆は古臭いものとして捉えられているが，学校教育のありようを強力に下支えするニューメディアないしはニューテクノロジーであり，電子メディアを使った実践の多くが部分的にしか成功しないのは，残念ながら，これらを超えるデザインがなされていないということなのかもしれない。

の動きがあるからでもあることがみえてくる。大学がこぞって無料のコンテンツを提供するのは，これが①大学のプレゼンスを高める広報活動や②優秀な入学予備軍が世界のどこにいるのか —テストの結果で判定できる— を知るマーケティング活動を兼ねているからという事情もあるのだ。日本でも東京大学をはじめとし，威信の高い大学がムークへの参加を表明している。これは学校権威の解体の動きとは逆に，既存の学校社会のなかでも最も権威のある大学群が自己の勢力を強化する（ないしは競争から疎外されないように消極的に参加して，プレゼンスを維持する）動きということができるだろう。

　他方，学校制度の学習はどちらかというと固定的であるのに対して，ITテクノロジーによる学校制度外の実践は流動的で，拡散的である。ますます活発になっているそこでの動きは，学校制度を中心としたこれまでの学習環境を少しずつ変えていくだろう。例えば，S. カーン（Khan, Salman）が主宰する「カーン・アカデミー」[16]のように，学校制度によらない高度な学習をいかに成立させるのか，そのしくみを緻密にデザインするものも登場してきている。我々は新しさの幻惑に捉われず，かつ可能性の側面を汲み取りつつ，これから何が起きるのかを冷静に多面的にみていくことが必要になる。

---

16)「カーン・アカデミー」は，いま最も注目を集めている無料オンライン学習サイトの一つであり，「質の高い教育を，無料で，世界中のすべての人に」をキー・コンセプトとして運営されている。コンテンツの充実だけでなく，モチベーションをいかに持続させるかなどのしくみが研究されている。参考文献を参照のこと。

参考文献

土橋臣吾，辻泉，南田勝也編著『デジタルメディアの社会学―問題を発見し，可能性を探る』（北樹出版，2011年）
北田暁大・大多和直樹『リーディングス 日本の教育と社会⑩ 子どもとニューメディア』（日本図書センター，2007年）
橋元良明・船津衛編『子ども・青少年とコミュニケーション（シリーズ・情報環境と社会心理3）』（北樹出版，1999年）
マーク・プレンスキー著，藤本徹訳『テレビゲーム教育論―ママ！ジャマしないでよ 勉強しているんだから』（東京電機大学出版局，2007年）
岡田朋之，松田美佐『ケータイ社会論』（有斐閣選書，2012年）
サルマン・カーン著，三木俊哉訳『世界はひとつの教室―学び×テクノロジーが起こすイノベーション』（ダイヤモンド社，2013年）
金成隆一『ルポMOOC革命―無料オンライン授業の衝撃』（岩波書店，2013年）

研究課題

①メディアが子ども／若者に与える影響についてどんなことが論じられているのか，最近の新聞記事や教育雑誌，教育研究などから収集してみよう。そして，そこにどのようなメディア認識があるのか分析してみよう。

②最近の若者のメディア利用がどのようなものになっているのか，それは先行世代とどのような点で違っているのか，そこに潜む問題点を含めて収集してみよう。

③近年ますます増加するウェブを利用した無料オンライン授業について，どのようなものが出てきているのか調べてみよう。そして，それらの革新的な点や課題となる点について分析してみよう。

13 | 少年犯罪の増減

岩井八郎

《目標&ポイント》 少年犯罪は，2000年代前半に急増したが，現在では減少している。メディアの報道も一時は加熱して，少年犯罪が「凶悪化」している，「低年齢化」していると頻繁に報じられた。しかし，そのような報道も下火となっている。ただし，世論調査をみると，依然として少年犯罪が増加し，凶悪化しているという回答が多い。少年犯罪や少年非行の社会学的な研究には，データの緻密な分析に基づき原因や矯正のプロセスを解明する実証研究だけではなく，少年犯罪の解釈をめぐる研究，さらには少年犯罪の事例からその社会一般の現状を読み取ろうとする研究まで多様である。少年犯罪の事例や増減は，時代を映す「鏡」という側面があり，社会の理解に強い影響を及ぼす。それが，公式の統計から得られる動向と人々の認識とのズレを生じさせる原因の一つとなっている。本章では，少年犯罪と世論の動向を確認したうえで，社会学による説明のタイプを取り上げて，現状に対する理解を深めたい。
《キーワード》 犯罪統計，暗数，少年犯罪報道，社会的絆，犯罪の社会的必要性

1. 統計からみる少年犯罪の増減

社会学では，「逸脱」や「非行」といった言葉が使われるが，どちらも意味が広く，定義をめぐる論争も繰り返されてきた。まず，未成年による犯罪について，14歳（刑事責任年齢）以上20歳未満の少年の犯した犯罪行為を「少年犯罪」として，その動向を公式統計から確認しておこう。

図13－1は，1946(昭和21)年以降における刑法犯少年の検挙人員および人口比（10〜19歳人口10万人当たりの数値）の推移を示している。グ

ラフを見ると，戦後の日本社会において，四つの「山」があったことが分かる。1950年前後，60年代半ば，80年代，そして2000年前後である。人口比では，1980年代前半と1990年代後半から2000年代前半に少年犯罪の比率が高くなっている。そして2003年以降，検挙人数と人口比は低下を続けている。

次に，内閣府「少年非行に関する世論調査」から少年非行に関する一般的な成人の意識を取り上げてみよう。この調査では全国の20歳以上の調査対象者に，「あなたの実感として，おおむね5年前と比べて，少年による重大な事件が増えていると思いますか，減っていると思いますか」と尋ねている。2010（平成22）年の調査結果では，「かなり増えている」が37.8％，「ある程度増えている」が37.8％であり，「増えている」とする回答は合計で75.6％である。同様の質問によって，4，5年間隔で少年非行に関する世論の動向が調べられているが，1998年から2005年まで

図13－1　少年による刑法犯検挙人数と人口比の推移
（1946－2012年）

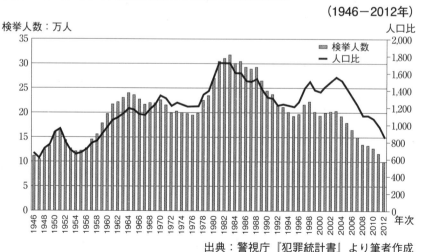

出典：警視庁『犯罪統計書』より筆者作成

は90％以上の人々が「少年非行は増加している（「かなり増えている」＋「ある程度増えている」）と回答していた。2010年になって「増加している」とする回答は減っているが，依然として高い数値である[1]。

図13-2 少年非行は増加しているか

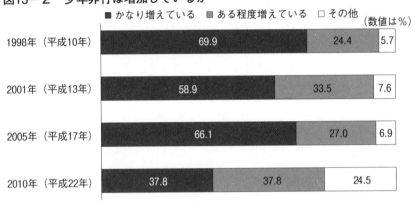

2010年調査の「その他」には，「変わらない」（18.7％）が含まれている。
出典：内閣府「少年非行に関する世論調査」より筆者作成

　この調査では，おおむね５年前と比べてどのような犯罪が増えているかも尋ねられている。2010年調査の結果では，増えていると考えられている犯罪は，「自分の感情をコントロールできなくて行うもの（突然キレて行うもの）」が62.5％，「凶暴・粗暴化したもの」が47.6％，「低年齢層によるもの」が42.8％となっている。2005年調査では，「突然キレて」は52.5％であったが，「凶悪・粗暴化」は60.1％，「低年齢」は64.6％であった。この変化の理由は明確ではない。少年犯罪に対する「増加」「凶悪化」

1）調査によって質問文が異なり，選択肢も異なるため，厳密な比較はできない。1998年，2001年，2005年調査では，選択肢は「かなり増えている」「ある程度増えている」「ほとんど（全く）増えていない」「減っている」「わからない」であった。2010年調査になると，「かなり増えている」「ある程度増えている」「変わらない」「ある程度減っている」「かなり減っている」「わからない」から，選択を求めている。図13-2では，「かなり増えている」と「ある程度増えている」以外を「その他」にまとめている。

「低年齢化」などのイメージは，依然として一般には根強く定着している。

このような少年犯罪の「増加」「凶悪化」「低年齢化」といったイメージが，統計から得られる事実とは大きく異なっている点は，すでに明らかとなっている[2]。「増加」説が支持されない点は，図13-1 より明瞭である。少年犯罪は，公式統計によるかぎり，増加よりも減少している。

犯罪統計では，検挙された刑法犯の罪種は「凶悪犯」「粗暴犯」「窃盗犯」に分類され，「凶悪犯」はさらに「殺人」「強盗」「強姦」「放火」に分類される。統計を見るかぎりでは，「凶悪化」説も「低年齢化」説も支持されない。

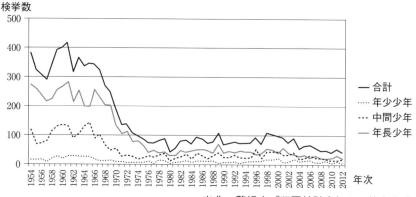

図13-3 少年犯罪の推移・殺人（検挙数）1954-2012年

出典：警視庁『犯罪統計書』より筆者作成

図13-3は，殺人（未遂等含む）の検挙および補導人数の推移を年長（18，19歳），中間（16，17歳），年少（14，15歳）別に示している。少年犯罪のなかで殺人は，1950年代から1960年代半ば頃までに多く，その後は低下しており，増加しているというような傾向は見られない。また，年齢層についても年長少年による殺人が多く，近年になっても年少少年

2）斎藤知範・岡邊健・原田豊「逸脱と少年非行」岩井八郎・近藤博之編『現代教育社会学』第11章（有斐閣，2010）
土井隆義『若者の気分 少年犯罪〈減少〉のパラドクス』（岩波書店，2012）

による殺人が増加していない。したがって，殺人については，増加も凶悪化も低年齢化もしていない。

「強盗」については，図13－4に示したように,60年代前半までに多く，その後減少し，1990年代半ばまで増加していなかった。しかし1990年代後半から2000年代前半にかけて増加して，その後減少に転じている。この時期の増加については，警察の活動方針の変化が一因であるとの指摘がなされている[3]。

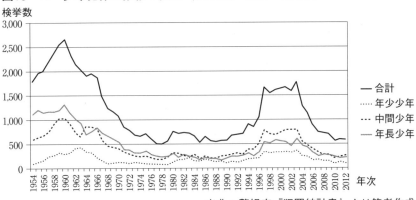

図13－4　少年犯罪の推移：強盗（検挙数）1954－2012年

出典：警視庁『犯罪統計書』より筆者作成

1995年の地下鉄サリン事件以後，1997年に神戸の連続児童殺傷事件があり，1999年の桶川ストーカー殺人事件，2000年の佐賀バスジャック事件など，社会不安を高めるような犯罪が連続した。世論調査における治安意識の推移を見ると，1998年から2004年にかけて，治安が悪い方向に向かっているとする回答が急速に増加していた。とくに桶川ストーカー事件後，警察の対応に対する批判が相次いだことから，警察に持ち込まれる被害の届け出や相談に対して，全て記録して対応するように，また

3）河合幹雄「犯罪統計の信頼性と透明性」『学術の動向』10月号（2005）

図13−5　少年犯罪の推移：粗暴犯（検挙数）1954−2012年

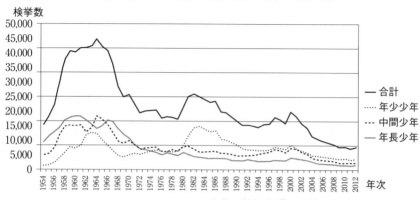

出典：警視庁『犯罪統計書』より筆者作成

　少年事件については前兆となる問題行動から迅速・的確に介入するようにとの通達が出されていた[4]。

　その結果，警察に寄せられた安全相談件数は，1999年の34万件から，2000年になって74万件に，さらに2004年には180万件まで急激に増加している。また刑法犯の認知件数（犯罪発生の届出受理件数）も2000年より急増している。図13−5は，刑法犯少年の中でも粗暴犯の検挙者数の推移を示している。粗暴犯には，凶器準備集合，暴行，傷害，脅迫，恐喝といった罪種が含まれる。図を見ると1960年代前後，1980年代前半，2000年に山がある。1980年代前半は，校内暴力事件が頻発した時期であった。この時期の少年刑法犯の多くが，粗暴犯に分類されていたことが分かる。2000年になって，殺人は増加していないが，強盗と粗暴犯が増加した。少年犯罪の推移に関する統計を吟味すると，この増加の背景に，警察活動の変化があったことは明らかである[5]。

　犯罪に関する公式統計には，警察が把握しえた犯罪数と犯罪認知件数が報告されている。実際に犯罪の被害を受けたとしても，その人が被害

4）浜井浩一「日本の治安悪化神話はいかに作られたか—治安悪化の実態と背景要因（モラル・パニックを超えて）—」『犯罪社会学研究』No.29（2004）
5）浜井浩一「なぜ犯罪は減少しているのか」『犯罪社会学研究』No.38（2013）

を届けないかぎり，公式に「犯罪」とはならない。実際にあった犯罪の発生件数と公式に認知された犯罪数との間には，一般にズレがある。このズレは「暗数」と呼ばれており，認知件数＝実数－暗数の関係にある。殺人の場合は，暗数は小さいが，強盗や窃盗，暴行になると暗数は大きくなる。警察活動の変化，統計の取り方の変化，防犯意識の高まりなどによって，暗数が変化し，認知件数や検挙者数が動くことになる。つまり，2000年代初めの少年犯罪の増加には，この暗数の変化の影響が表れている。

2. 少年犯罪と報道

　少年犯罪の増加や凶悪化，低年齢化は統計的な数値のうえでは確認できない。また，2000年代半ば以降，犯罪率は低下を続けている。それにもかかわらず，少年犯罪に対する不安イメージは人々の間で広く定着している。少年犯罪は，重大な社会問題として，この時期に改めて人々の主観的な意識のなかでつくり上げられたことになる。

　通常，多くの人々は凶悪な犯罪場面に遭遇する機会が乏しい。少年犯罪が第四のピークを迎えていた2001年の内閣府「少年非行問題等に関する世論調査」を見ても，88.1％が少年による重大な事件が増えていると回答しているものの，実際に身の回りで問題になっている非行としては，「飲酒・喫煙」（35.0％），「不登校」（30.0％），「いじめ」（27.5％），「バイクや自転車の盗み」（22.9％）である。少年犯罪の凶悪化や低年齢化というイメージは，外部から与えられた情報によって形成される。今日，メディアによる報道の少年犯罪イメージへの影響は多大である。

　少年法が施行された1949年から2004年まで5年間隔で朝日新聞に掲載された少年犯罪の記事数を扱った大庭絵理の研究結果を見ておこう（表13－1）。少年犯罪が第二のピークにあった1964年では，記事化された

表13-1 記事化された少年事件の件数と記事数の変化（1949－2004年）

	1949	1954	1959	1964	1969	1974	1979	1984	1989	1994	1999	2004
殺人	3 (3)	9 (9)	13 (26)	18 (56)	16 (79)	7 (9)	12 (39)	9 (19)	9 (25)	4 (7)	13 (22)	9 (121)
強盗	5 (5)	25 (25)	27 (27)	28 (33)	6 (6)	3 (3)	10 (15)	7 (7)	4 (4)	6 (18)	18 (20)	8 (8)
放火	0	4 (6)	5 (5)	5 (5)	1 (1)	1 (1)	5 (7)	4 (4)	0	1 (1)	1 (1)	0
傷害	0	7 (9)	11 (11)	19 (86)	1 (1)	2 (2)	8 (10)	11 (13)	2 (2)	8 (9)	9 (10)	14 (14)
窃盗	9 (9)	22 (22)	12 (12)	24 (24)	7 (7)	7 (7)	6 (6)	11 (11)	1 (1)	1 (3)	3 (3)	3 (3)
暴力行為	0	1 (1)	3 (4)	4 (5)	1 (1)	4 (4)	3 (3)	0	1 (1)	0	2 (2)	0
恐喝・脅迫	0	0	2 (2)	10 (10)	1 (1)	1 (1)	2 (2)	0	2 (3)	1 (5)	5 (5)	4 (4)
一斉補導	1 (1)	7 (7)	9 (9)	9 (9)	0	2 (2)	0	0	0	0	0	0
脱走	0	1 (1)	1 (1)	3 (5)	1 (1)	1 (1)	0	0	0	0	0	0
その他	2 (2)	5 (14)	8 (8)	25 (27)	2 (2)	12 (19)	8 (8)	10 (10)	4 (4)	5 (13)	13 (16)	18 (30)
合計	22 (22)	89 (103)	91 (105)	145 (260)	36 (99)	40 (49)	54 (91)	52 (64)	23 (40)	26 (58)	64 (79)	56 (180)

注1．各年における左側の数字は事件の数、右側の（ ）内の数字は記事の数を示す。事件数と記事数の差異は、1件の事件について、複数回の掲載がされたことを意味する。また、記事数については、1つの見出しと記事から構成されるものを1つの記事として計上した。

注2．殺人には、殺人未遂、殺人予備、強盗殺人を含め、強盗には、強盗、強盗傷害、強盗傷致、強盗殺人を含めた。傷害には傷害致死も含まれ、恐喝には、記事中「おどし」「ゆすり」と表現されているものも含めた。

出典：大庭絵里「メディア言説における「非行少年」観の変化」『国際経営論集』39（神奈川大学、2010年）

少年事件が145件であるのに対して，記事数は260となっている。つまり記事となった事件1件当たりの報道回数は1.79となる。また1964年の記事化された少年による殺人事件は18件でその記事数は56，事件1件当たりの報道回数は3.11となっている。第三のピークの時期である1984年の場合，記事化された少年事件は52件，記事数は64，1件当たりの報道回数は1.23となっている。1984年の殺人事件については，9件が記事化され，報道回数は19であり，1件当たりの報道回数は2.11である。少年による検挙人数は，1964年から84年の20年間で30万人以上増加したが，事件の報道はむしろ低下していた。

ところが，第四のピークを経て少年刑法犯検挙数がやや減少し始めた2004年では，記事化された少年事件が56件，記事数が180，1件当たりの報道回数が3.21となる。殺人事件については事件数が9件にもかかわらず，記事数が121，1件当たりでは13.44である。記事化された事件数は多くないのだが，1件当たりの報道回数が増加しており，一つの事件が何度も扱われるようになっている。

同様の結果は，朝日新聞に掲載された殺人事件を対象にした牧野智和の研究結果からも明らかになっている[6]。2000年代前半，事件1件当たりの平均記事数は7.64となっており，それまでの時期よりも飛躍的に高い数値となっている。さらに朝日新聞を対象に，神戸の児童連続殺傷事件（1997年）の以前（1992-96年）と以後（2002-2006年）で報道の特徴がどのように変化したのかを詳細に分析した結果によれば，少年犯罪全体の報道率が上昇しているうえに，低年齢の少年や中学生による事件の報道率が顕著に高まっていた[7]。また，低年齢層による事件1件当たりの平均記事数も目立って高くなっていた。少年犯罪に対するイメージは，事件がマスメディアによって媒介されて形成される。このような新聞報道の変化が，少年犯罪に対する不安を実態以上に強く定着させる一

---

[6] 牧野智和「少年犯罪報道に見る「不安」―『朝日新聞』報道を例にして―」『教育社会学研究』第78集（2006）
[7] 藤原成樹『少年犯罪報道の社会学的分析』（京都大学教育学部卒業論文，2007）

因となっていた。

　少年犯罪に関する記事内容の変遷に関しても，すでによく知られている。1960年代までは，貧困や親の不在といった劣悪な環境を少年犯罪の背景とする内容が中心であった。1970年代から80年代になると，受験競争や管理教育からの重圧，中流家庭の過保護や放任が取り上げられるようになり，少年犯罪は，「普通の子」の誰にでも起こりえるというイメージが強くなっていた。そして，神戸連続児童殺傷事件以後になると，少年犯罪の背景として，家庭や学校ではなく，「心」や精神のあり方に言及されるようになる。背景が不可解で，悪意に満ちた行動が突発した事件について，「なぜ」という疑問符とともに，「普通の子」の「心の闇」が語られるようになった。

　特異な事件の報道によって，社会秩序に対する認識が揺さぶられ，社会不安が高まるような状態は，「モラル・パニック」と呼ばれる。通常一時的な報道の過熱だけであれば，時間とともに不安も沈静化するだろう。例えば，1988-89年の宮﨑勤による東京・埼玉連続幼女誘拐殺人事件の場合も，メディアによる報道は加熱したが，その後関心は薄れていった。

　しかし，1990年代後半から2000年代前半には，マスコミ報道によってつくられたモラル・パニックが，市民運動家（犯罪被害者，遺族，支援運動家など），行政・政治家，専門家（法学，医学，心理学など）らの参加によって，一過性のパニックとして終わらずに，新たな社会問題として定着していった。2001年の少年法の改正も，犯罪に対する厳罰主義化も，この社会的文脈の中に位置づける必要があるだろう。犯罪社会学者の浜井浩一は，この時期に「犯罪悪化神話」が構築されたと論じている[8]。少年犯罪の見かけ上の増加も，「犯罪悪化神話」を構成する要素となっていた。これまで紹介したように，2000年代半ばより現在まで，統計上少年犯罪は減少を続けているが，少年犯罪が増加し，凶悪化し，

8）浜井浩一「日本の治安悪化神話はいかに作られたか」（前掲書）

低年齢化しているといったイメージは持続している。少年犯罪の悪化は，根拠が乏しいにもかかわらず，人々の意識のなかに「神話」として定着しているのである。

3. 時代を映す「鏡」

　特異な犯罪は，社会の歪みを示す象徴として，また時代を映す「鏡」として，解読の対象になってきた。例えば，1968-69年に起こった永山則夫による連続ピストル射殺事件は，1960年代の経済発展や都市化の「暗部」を示す事例として読み取られた。永山は，1949年に北海道の網走市生まれ，8人キョウダイの7番目，家庭は崩壊状態で中学時代から家出の常習犯だった。1965年に集団就職で上京し，渋谷駅前のフルーツパーラーに就職するが，退職しその後仕事を転々とする。高校の夜間部に入学するが，それも続かず除籍になり，横須賀の米軍宿舎から拳銃を盗み，東京，京都，函館，名古屋で4人を射殺し，1969年に東京で予備校に侵入しているところを逮捕される。永山が獄中で猛勉強し，作家活動をするようになったこともよく知られている。

　家庭が貧しくなければ，十分な教育があれば，この殺人事件はなかったのではないだろうか。『まなざしの地獄』と題された見田宗介による永山事件の解読によれば，永山は故郷の貧しさと停滞から脱出するために上京したが，大都会のなかで他者からの「まなざし」に囚われた存在であった。服装や持ち物，容姿にこだわり，高級品好み，学歴や肩書きへの執着など，永山にとって，自分が何物かを他者から読み取られてしまう「外見」のシグナルが重要であった。永山は，1949年生まれで団塊の世代に属する。高度成長期以降に定着しつつあった，安定的な人生パターンから外れた存在であった。

　一方，1980年代から90年代の犯罪は，永山との対比によって特徴が浮

き彫りにされている。現実感覚の希薄さ，自分という存在の不安定さ，アイデンティティの「ゆらぎ」などが事件の背景としてしばしば論じられてきた。神戸の児童連続殺傷事件の犯行文にあった「透明な存在」といった言葉が流布したが，それは他者からのまなざしが不在であることを意味した。外部からは見えない少年の心のあり方が，凶悪な犯罪を生じさせている。「普通の子」による，理由が不可解で想像できないような犯行が，突然生じるというイメージが強化された。

　2008年の秋葉原通り魔事件も，容疑者の経歴が，若者世代の「今」を映す事件として広く取り上げられた。いわゆる中流家庭の出身で，母親から厳しい家庭教育を受けた。規律の厳しい中学だったが，成績は上位，テニス部に入っていて，彼女もいた。名門進学校に進んだ後，成績は中の下となり，母親に反発するようになる。国立大学には進学できず，短期大学で自動車工学を学ぶ。卒業後は，コンビニでアルバイトして，派遣で職を転々とする。継続的に雇用されるのかという不安を抱えていた。ネットに殺人予告をして反抗に至るのだが，事件を起こした以外は，2000年代以降，よく似た経歴を歩む若者が増加していた。容疑者の加藤智大は1982年生まれ，団塊ジュニアの後の世代に属しており，非正規雇用の増加によって不安定化してきた人生パターンを歩んでいた。

　「あまりにも普通の若者のグロテスクな置き土産」「新自由主義を象徴する自己チュー殺人」「ひ弱な国のひ弱なK」「事件を起こしたこと以外，ほとんど僕と一緒なんです」といったコメントが寄せられた[9]。この事件は，人生選択の自由が最大限認められると同時に，選択の結果として生じる失敗は，すべて自己の責任に委ねられるといった，現代社会の生き辛さを映す事例と受け取られた。

9）大澤真幸編『アキハバラ発　〈00年代〉への問い』（岩波書店，2008）

4. 少年犯罪の社会学的説明

　少年犯罪が生じるとそれを素材として，若者や時代の特徴を読み取ろうとする試みが繰り返される。しかし少年犯罪が減少する場合，どのような理解が可能だろうか。

　少年犯罪を含む逸脱行動一般に関する従来の社会学的説明は，社会的緊張理論，文化的学習理論，社会統制理論に分けられている。これらは，犯罪が発生する原因を説明するのであるが，同時に犯罪の減少についても考察することができる。

　まず社会的緊張理論を取り上げておこう。この理論は，社会学者のR. マートン（Merton, Robert）による個人の社会的適応類型に基づいて，逸脱行動を説明しようとする[10]。それぞれの社会は，人々が達成を目指す文化的目標とそれを実現するための制度的手段がある。例えば，金銭的成功を望ましいとする目標が共有されており，それを達成する制度的手段として学校教育があるとしよう。金銭的成功を望ましいとしているか否か，学校教育において成功しているか否かの二つの要素を組み合わせて，個人の社会的適応が類型化される。例えば，金銭的成功を目指していても，学校で成功する場合もあれば，成功しない場合もある。

　マートンはアメリカ社会では，金銭的成功という文化的目標が共有されている一方で，それを実現する制度的手段が一部の人々には閉ざされているとして，その状態を「アノミー」と呼んだ。マートンの理論を用いると，強い成功欲求をもちながら，実現する手段としての学校における成功が難しい場合，目標と手段との間に緊張関係があって逸脱行動を促す原因になると仮定される。したがって，緊張関係が弱まると逸脱行動への動機は弱まると予想される。

　文化的学習理論によれば，人は楽器を習ったり，味覚を鍛えたりする

---

10) ロバート・K・マートン『社会理論と社会構造』（森東吾他訳，みずす書房，1961）

のと同じように,「犯罪者」になることを学習するにすぎない[11]。緊張理論のいうような成功目標が人々に共有されているとは考えられない。社会全体で承認されている規範と矛盾し,容認されない逸脱的な文化を学習しなければ,少年たちは犯罪行動をとることはない。この立場では,少年たちはそもそも逸脱的な態度や動機をもっているのではなく,非行集団の世界に慣れ親しんだ結果として犯罪者となると仮定されている。したがって,少年たちが加わるような非行集団が縮小すれば,犯罪行動は減少することになる。

上の二つの理論とは異なり,社会統制理論は人はなぜ犯罪を犯すのかではなく,なぜ犯罪を犯さないのか,なぜ社会のルールに従うのかを問うことによって,逆に犯罪を説明しようとする。代表的な論者のT.ハーシ（Hirschi, Travis）は,「社会的絆（Social Bond）」が人々を法律や規範に従って生活する世界につなぎとめると考えた[12]。社会的絆とは,人々が所属したり,大切だと思ったりしている人間関係や集団,制度との結びつきである。具体的には,愛着,コミットメント,巻き込み,規範観念の四つの要素がある。

愛着とは,家族や学校,仲間など,愛着を感じる仲間との感情的な絆である。またコミットメントは,社会で認められている目標の達成を目指した行動に打ち込んでいる状態である。巻き込みとは,日常的な活動に忙殺されて多忙な状態を指す。そして規範観念は,たとえ些細な行動でも法や規範を犯すことを悪とする意識の強さをいう。社会統制理論によれば,このような社会的絆が強ければ,非行行動は抑制され,逆に失われるとき非行が発生する。

犯罪の原因に関する,伝統的な社会学の説明理論を手がかりにしながら,近年の日本の青少年の現状を考えてみよう。伝統的な理論が指摘してきた少年犯罪の原因となるような背景は,近年なくなりつつある。

---

11) 岡邊健編『犯罪・非行の社会学　常識をとらえなおす視座』（有斐閣, 2014）
12) T.ハーシ『非行の原因—家庭・学校・社会へのつながりを求めて』（森田洋司・清水新二監訳, 文化書房博文社, 1995）

受験競争の過酷さが批判された時期、社会的成功のための大学進学は全ての若者に手が届くわけではなかった。この点で、目標と手段との間には緊張関係があったのだが、現在では、大学進学率が18歳人口の50％を超え、希望すれば誰もが大学に進学できるようになってきた。社会的緊張理論が前提とするような、目的と手段との緊張関係は和らいできているのである。

　非行集団への参加による逸脱行動の学習に関しても、例えば暴走族集団に加入していた少年の刑法犯検挙人員をみると、2003年は2684人だったが、2012年には701人まで減少している。また警察が把握している暴走族の人員とグループ数も近年急速に減少している。つまり文化的学習理論が注目するような、逸脱文化を学習する場が少なくなっている。

　中学生・高校生の意識調査を基に、1980年代から近年までの変化をたどってみると、学校や家族との関係が良好となり、日常生活における満足感や幸福感が高まっていることが分かる[13]。学校が「とても楽しい」と答える中学生は、1982年の37.8％が2012年には56.7％になり、高校生は、23.0％が53.7％になっている。担任の先生が自分のことを「よく分かってくれていると思う」と答える中学生は、1982年の22.1％が2012年では33.5％に、高校生の場合は、12.8％が28.4％になっている。父親も母親も自分のことをよく分かってくれるという回答が増え、特に悩みごとや心配ごとの相談相手として、母親と答える中学生が、1982年の20.0％から2012年に38.4％になり、高校生でも11.0％から25.0％になっている。その一方、相談相手として友人とする回答が低下している。

　心身の不安定さを示すような傾向も弱くなっている。「夜眠れない」「疲れやすい」「朝、食欲がない」といった身体の不調は「ない」とする回答が増えている。また「思い切り暴れまわりたい」「何となく大声を出したい」「何でもないのにイライラする」も「ない」と答える者が増え

13）NHK放送文化研究所編『NHK中学生・高校生の生活と意識調査2012―失われた20年が生んだ"幸せな"十代』（NHK出版，2013）

ている。例えば、「思い切り暴れまわりたい」と感じることが「まったくない」と答える中学生は、1982年の20.8％から2012年には67.9％になっており、高校生は1982年に17.0％であったのが、2012年は68.9％になっている。そして「とても幸せだ」という中学生が、1982年は36.3％だったが、2012年には54.7％となっており、高校生の場合も、1982年の23.8％が2012年に41.7％になっている。

このような調査結果から、「社会的絆」が強まったかについて、直接判断できないが、「社会的絆」が弱まり、若者が他者との関係性が薄れ、個人として不安定な状況にあるような兆候を読み取ることはできない。

現在の若者層が置かれている客観的な状況は恵まれているとはいえない。しかし少年犯罪が減少し、生活の満足度や幸福感が高まっている。現在の若者は、子どもの時代から右肩上がりの経済成長や社会変化を経験していない。現状を受け入れ、大きな変革を求めないで、今の安定的な暮らしを維持することを求める傾向が強くなっている。近代化や産業化といった社会の大規模な変化によって、人々は旧来の家族や地域社会の人間関係の網の目から解き放たれることが期待された。一方、後期近代になって、逆に人々は自らを「埋め込む」人間関係を求めるようになっているとの解釈もある[14]。

5. 犯罪と社会の相互関係

犯罪の社会学的な説明は、19世紀末のフランスの社会学者、E. デュルケーム (Durkheim, Émile) に遡る[15]。それぞれの社会には、「正常」と認められる模範的な人間類型があるだろう。しかし、諸個人がその類型からなんらかのズレを示していないような社会もありえない。さまざまなズレのうちに、犯罪的な特徴を示す行為が含まれることも避け難い。

犯罪行為の存在しないような社会はない。デュルケームは、何らかの

---

[14] 土井隆義「後期近代の黎明期における少年犯罪の減少—社会緊張理論と文化学習理論の視点から—」『犯罪社会学研究』No.38 (2013)
[15] E. デュルケーム『社会学的方法の基準』(宮島喬訳, 岩波文庫, 1978)

ズレが犯罪と刻印されることが，道徳の根底にある集合的感情の変化にとって不可欠だと見なしている。「これはひどい，許し難い」という感情を多くの人が抱く場合，逆に適切な行為とは何かに関する意識が共有されるのである。犯罪が存在しない場合，集合的な道徳意識が揺るぎないほどに強固であるような状態を意味するが，それは，個人の独自な振る舞いが実現されるためには，必ずしも望ましいとはいえない。犯罪は，それ自体で道徳意識の進化に有用な役割を演じることもある。犯罪のある社会では，集合的感情は，新たな形態をとることのできるほど柔軟性をもった状態にある。この意味で，犯罪はあらゆる社会の正常な，そして必要でさえある要素と見なされる。

　社会学者のR. コリンズ（Collins, Randall）は，このデュルケームの理論に依拠しながら，犯罪の社会的必要性を詳しく説明している[16]。コリンズは，「犯罪とその処罰は，あらゆる社会構造を支える儀礼の基本的な部分である」（井上俊・磯部卓三訳『脱常識の社会学』168頁）と述べる。儀礼については，例えば，身近な人間関係のなかで交わされる「おはよう」という挨拶を考えればよい。挨拶が当たり前のように日常的に繰り返されると気がつかないかもしれないが，突然，ある人がいつもの挨拶を交わさないとすると，どうしたのかという気持ちになるだろう。「われわれ」と意識できる親密な集団に所属しているという感情が揺さぶられてしまう。つまり，儀礼は当たり前のように繰り返されることによって，人々の共通感情を維持する働きをしている。

　儀礼という観点からみると，犯罪とその処罰も，人々に共通の感情をもたらし，人々を所属する集団にいっそう強く結びつける象徴的信念をつくりだすことになる。法廷において犯罪者が裁かれるドラマの場面を見て，判決を自分たちに有利な方向に動かそうとする検察官と弁護士のやりとりに魅了されるかもしれないが，それを見ることは，法が確かに

---

[16] ランドル・コリンズ『脱常識の社会学』（井上俊・磯部卓三訳，岩波書店，1992）

存在すること，そして侵犯されてはならないことを強く印象づけてくれる。

コリンズは次のように述べている。「極悪非道な行為に対する反感や嫌悪感でもよいし，怒りと処罰への欲求でもよい。あるいは逆に，情状酌量の余地を認めて被告に同情するというのでもよい。重要なのは，その感情が強力なものであること，そして広く共有されていることである。集団を結束させ，共同体として再確立するのは，この共通の感情的参与なのである。」(同上，170-171頁) 犯罪によって，犯罪者以外の社会的成員，つまり犯罪者を罰する側の人々が結束する。したがって，犯罪処罰儀礼の主たる対象は，犯罪者ではなく社会一般となる。

犯罪がなければ，処罰儀礼も存在せず，ルールの存在を象徴的に提示する機会がなくなり，社会そのものの結束も薄れてしまう可能性がある。コリンズは，「社会は，十分な犯罪量がない場合には犯罪製造の仕事にたずさわる」(同上，172頁) とまでいう。このように，犯罪への関心は，主として象徴的な問題である。最も犯罪の被害を受けにくい人々こそ，「犯罪問題に最も心をかき乱される」(同上，174頁) のである。

このような犯罪と社会との相互関係の視点に立てば，1990年代後半から2000年代初めにかけての少年犯罪の増加について，従来とは異なる理解が可能であろう。この時期，日本社会は少年犯罪の増加を必要としたのではなかろうか。東西冷戦終結後，またバブル景気が崩壊した後の「失われた10年」と称された時期は，戦後の日本社会の発展を支えてきた政治・経済・教育システム全体が大きく疑問視されていた。ライフコースの章で取り上げたように，日本人の人生パターンも大きく変化しつつあった。「日本社会」という観念に「ゆらぎ」が生じた時期であった。少年犯罪の増加と過剰な報道は，人々の間に共通感情を立ち上げる役割を果たしたと考えられるのである。

それでは,近年の少年犯罪の減少はどのように理解できるのだろうか。デュルケームは次のようにも述べている。「犯罪の率が正常の水準からあまりにも著しく落ち込むような場合,それは喜ぶべきことであるどころか,この外見上の進歩は何らかの社会的混乱と同時的に,また緊密に結びつきながら生じていると考えて間違いない。」(宮島喬訳『社会学的方法の規準』160頁)

　2000年代後半から現在にかけて,日本社会に生じた「社会的混乱」については,改めて取り上げる必要もないほど明白である。リーマンショック後の経済状況,東日本大震災,福島第一原子力発電所事故を指摘するだけで十分だろう。日本社会は,犯罪を媒介せずとも,日本人としての共通感情を立ち上げてくれる深刻な事態に直面している。意識調査に表れた,現在の中学生・高校生の心身の安定性は,「社会的混乱」への静かな適応を示しているのではなかろうか。

参考文献

大澤真幸編『アキハバラ発 〈00年代〉への問い』(岩波書店,2008年)
岡邊健編『犯罪・非行の社会学　常識をとらえなおす視座』(有斐閣,2014年)
大庭絵里「メディア言説における「非行少年」観の変化」『国際経営論集』39（神奈川大学経営学部,2010年))
河合幹雄「犯罪統計の信頼性と透明性」『学術の動向』10月号(2005年)
斎藤知範・岡邊健・原田豊「逸脱と少年非行」岩井八郎・近藤博之編『現代教育社会学』第11章(有斐閣,2010年)
土井隆義『若者の気分　少年犯罪〈減少〉のパラドクス』(岩波書店,2012年)
土井隆義「後期近代の黎明期における少年犯罪の減少—社会緊張理論と文化学習理論の視点から—」『犯罪社会学研究』No.38(2013年)

浜井浩一「日本の治安悪化神話はいかに作られたか—治安悪化の実態と背景要因（モラル・パニックを超えて）—」『犯罪社会学研究』No.29（2004年）

浜井浩一「なぜ犯罪は減少しているのか」『犯罪社会学研究』No.38（2013年）

牧野智和「少年犯罪報道に見る「不安」—『朝日新聞』報道を例にして—」『教育社会学研究』第78集（2006年）

見田宗介『まなざしの地獄』河出書房新社（2008年）

ロバート・K・マートン著，森東吾他訳『社会理論と社会構造』（みすず書房，1961年）

T．ハーシ著，森田洋司・清水新二監訳『非行の原因—家庭・学校・社会へのつながりを求めて』（文化書房博文社，1995年）

NHK放送文化研究所編『NHK中学生・高校生の生活と意識調査2012—失われた20年が生んだ"幸せ"な十代』（NHK出版，2013年）

E．デュルケーム著，宮島喬訳『社会学的方法の規準』（岩波文庫，1978年）

ランドル・コリンズ著，井上俊・磯部卓三訳『脱常識の社会学』（岩波書店，1992年）

研究課題

①少年犯罪に関する都道府県別の統計を探してみよう。都道府県のなかから二つを選び，少年犯罪の動向を調べ，全国レベルの統計と同じ傾向になるのかを確かめてみよう。

②1990年代後半から2000年代前半に生じた少年犯罪のなかから一つを取り上げ，どのように新聞紙上で報道されていたのかを検討してみよう。

③少年犯罪の増減と日本社会の変化との関係について，社会学の理論を用いて説明してみよう。

14 | 政策的介入の功罪

岩井八郎

《目標&ポイント》 教育現場への政策的な介入が進む時代である。次々と課題が提起されて，改革が求められている。しかし政策の効果が具体的に検証される前に，次の課題が現れて，さらなる対応が求められる。近年，その傾向に拍車がかかっている。政策的な介入の背後には，学校教育に対する批判があるのだが，期待や理想を実現できていない，またそれを裏切るような現実が明るみに出ると批判は高まる。例えば，「中学の数学問題が解けない大学生が増えた」としよう。大学生なら中学の数学問題が解けると一般的には期待されているはずである。将来の日本社会を担うべき大学生の学力低下が憂慮され，何らかの対策が求められることになる。中央レベルの文部科学省では，中学から大学まで，カリキュラム，教育方法，入学試験のあり方など対応策が検討され，具体的な実施の運びとなるかもしれない。ただし中央レベルで定められた政策が，都道府県から市町村を経て，個々の学校の教室にまで，即座に同じように実施され，効力を発揮すると考えてよいだろうか。政策の効果をどのように確かめることができるのだろうか。本章では，教育組織の構造についての社会学的な説明を基にしながら，政策的な介入が，個々の学校や教室に対して，どのような影響力をもつのかを考えてみよう。

《キーワード》 つくられた危機，教育改革，教育組織，ルースな統制，タイトな統制，信頼の論理

1. つくられた危機

学校には，いつも何か問題を発見しようとする鋭いまなざしが，外部から向けられている。称賛すべき成果や試みが紹介される場合もあるが，ほめ言葉に出合うよりも，厳しい批判を目にすることのほうが多いだろ

う。何を基準に批判しているのかになると論者によって違いがあるが，社会や教師や青少年に対する理想が背後にあることは間違いない。初等教育から高等教育まで，学校教育は，そのような期待や理想に取り囲まれている。最近の社会学の用語を使っていうと，期待や理想に「埋め込まれている」。

　教育改革が提起されるとき，必ず具体的な施策の前に，社会的な背景が説明されている。そこから，期待や理想，さらに批判を読み取ることができる。平成24年度版『文部科学白書』を見よう。近年の教育改革の概要が簡潔に説明されており，その冒頭では，戦後教育が豊かで安心な社会生活の実現に貢献したと評価した後，次のようにある。

　「グローバル化の進展などにより世界全体が急速に変化する中にあって，産業空洞化や生産年齢人口の減少など深刻な諸問題を抱える我が国は，極めて危機的な状況にあり，東日本大震災の発生は，この状況を一層顕在化・加速化させています。これらの動きは，これまでの物質的な豊かさを前提にしてきた社会の在り方，人の生き方に大きな問いを投げ掛けていると言えます。」

　そして，以下のように続く。

　「教育現場に目を向けると，学校におけるいじめや体罰の問題など，子供の安全に関わる悲惨な事件が起きています。また，子供たちの学ぶ意欲の低下なども懸念されるとともに，社会全体の規範意識の低下，家族や地域についての価値観の変化などが子供の健やかな成長に影響を与えています。このように，我が国の教育に対する信頼は揺らぎ，幾つもの大きな課題に直面しています。」[1]

　一読して，同感する人は多いだろう。しかしこのような論調は，今に始まったわけではない。過去の臨時教育審議会や中央教育審議会の答申を読むと，現状に関する，同じような記述を目にする。

---

1) 平成24年度版『文部科学白書』4頁

現在実施されている一連の教育改革は，明治期の「第一の教育改革」に始まり，戦後の「第二の教育改革」に続く，「第三の教育改革」の流れに属している。1971年の中央教育審議会の答申以降，審議会や国民会議などが，中央レベルで次々と設置され，答申や報告が繰り返されてきた。「第三の教育改革」は，それらに基づいて実施されている。

　この教育改革の流れは，1984年に中曽根康弘首相のもとで内閣総理大臣直属の審議会として発足した臨時教育審議会（以下，臨教審）によって方向づけられた。1986年に出された第2次答申原案を見ると，「学校教育の荒廃」と題する節がある。その中の「危機に立つ学校教育」の項では，「現在，わが国の学校教育，とりわけ初等中等教育は深刻な危機のなかにある。」と述べられている。そして，陰湿ないじめ，校内暴力，偏差値偏重の受験競争の加熱，体罰などといった「教育荒廃の諸症状」が列記されて，「教育荒廃の諸症状の総合診断を通して，この複雑で根深い病理メカニズムの本質を解明することができない限り，学校改革，教育改革の正しい処方せんを見いだすことはできないだろう。」とある。またこの答申原案には，「現状分析に関して重要な視点は，わが国学校教育の硬直的，画一的，閉鎖的な体質，学歴偏重，偏差値偏重，極端な管理教育などの「負の副作用」が豊かな人間形成を妨げ，子供の心理的重圧感と欲求不満感を非常に高めているという点である。」との指摘もある[2]。

　当時は，受験競争の厳しさや少年犯罪の増加などを根拠に，日本の学校教育は厳しい批判を浴びせられていた。上の記述は，1980年代の現状認識として，多くの人々に共有されていたと考えてよいだろう。臨教審の4次の答申（1987年）は，教育改革の基本的な方向性として，個性重視の原則，生涯学習体系への移行，変化への対応の三点を提起している。

　しかし2003年の中央教育審議会答申を見ると，再度「教育は危機的な

---

[2] 山崎政人『自民党と教育政策―教育委員任命制から臨教審まで―』（岩波新書，1986）

状況に直面」と述べられている。いじめ，不登校，中途退学，学級崩壊，青少年の凶悪犯罪の増加など問題が次々と列記されている。そして，教育改革の課題は，初等中等教育における「確かな学力」の育成と，大学・大学院における基礎学力，柔軟な思考力・創造力を有する人材の育成，教育研究を通じた社会貢献となっている[3]。

　このように改革案の社会的背景を読むと，日本の教育は30年以上にわたって危機的な状況のもとにあったことになるのだが，果たしてそのように受け取ってよいのだろうか。教育の危機は，通常，偶発的に生じる出来事ではない。学校教育のなかで，生徒同士のけんかや万引きによる補導など，問題は日常的に起こっている。ただし，個々の問題が教育全体の危機として広く認識される場合，特定の時代的文脈の中で，学校の外にある政治的，経済的問題に対する批判と同じ時期に取り上げられる点が重要であろう。政治や経済への批判の矛先が学校教育に向けられることもしばしばである。

　臨教審の答申は，高度成長期と石油危機を経た後の，戦後日本の「総決算」という文脈において提起された。同じ時期にアメリカでは，経済競争で日本に遅れをとったため，『危機に立つ国家』と題するレポートで，危機意識が煽られて，基礎学力向上と科学教育重視の政策提言が行われた。日本の場合，対照的に，標準的な学力の向上に効果があったとされる画一的で受験重視の教育に対する批判をふまえ，より高次の能力を開花させることを目指した個性重視の教育への転換が提唱された。その転換が日本社会にどのような変化をもたらすのかを具体的にみたいと思うかもしれない。「ゆとり教育」もその路線上にあったはずである。しかし1990年後半以降，経済的な停滞が深刻になると，成果を十分に確かめる時間も与えられずに，早々と表舞台から姿を消してしまった。2003年には，1980年代のアメリカ的な基礎教育重視の方向に戻っている。

---

[3] 中央教育審議会「新しい時代にふさわしい教育基本法と教育振興基本計画の在り方について（答申）」(2003年3月20日)

危機が唱えられると同時に，多くの解決策が提案されてきた。このスタイルが定着し，サイクルが短期化しているのだが，学校教育の成果を具体的に検証するためにはかなりの時間が必要とされるのも事実である。残念ながら，どのくらいの時間を待つべきかについての合意はない。また中央の議論が，具体的に個々の学校の教室に届くまでにも時間がかかる。

問題が時間の経過とともに忘れられる場合も多い。2002年から小中学校に無償配布された「心のノート」を思い出さなければならない。少年犯罪の凶悪化を背景に作成され配布された「心のノート」も今では忘れられつつある（2014年から復活するが）。少年犯罪は減少したが，「心のノート」の効果を指摘する議論は見当たらない。

短いサイクルで新しい問題が生じ，また改革案が提示される。教育の危機は，「熱しやすく冷めやすい」。ただしその間でも，学校は毎年，一定数の生徒を入学させ，卒業させて存続してきたのである。次に，「改革」という名の政策的な介入に対して，学校は組織としてどのように対応できるのかを考えてみよう。

2. 教育組織の一般理論

学校は組織としてみた場合，諸活動が相互にうまく調整され統制がとれた組織とはいえない。この点が重要である。一般に，合理化された大規模な官僚制的組織は，複雑な技術的活動を効果的に調整する手段として発達したと考えられている。仕事を役割に応じて機能的に分割し，仕事の手続きを明確にして全体を管理すれば，組織内の仕事が外部環境の変化（景気や政策の短期的な変化）から保護されて，生産性が向上すると期待される。しかし学校は，主たる活動である授業一つをみても，ガイドラインはあるとしても，個々の教師の裁量に委ねられている部分が

多い。授業は,孤立した教室の中で進行し,教師の授業内容や方法が厳密に評価されない。新しいカリキュラムや実践方法がたびたび提案され,それが導入されては消えていく。手段と目的の関係を厳密に考えれば,学校はたいへん不備で非効率的な組織として批判の対象になってしまう。

なぜそのような組織が大規模に発展し,厳しい批判を浴びながらも,長期間の安定を保てているのか。その理由を理解するためには,学校の外側にある教育に関する期待や理想と組織構造との関係を読みとく必要がある。アメリカの社会学者J. マイヤー(Meyer, John W.)たちの説明を取り上げてみよう[4]。

(1) ルースな統制とタイトな統制

学校組織には,厳密な管理統制が行われている部分と,それが行われていない部分がある。マイヤーたちは,前者を「タイトな統制」と呼び,後者を「ルースな統制」と呼ぶ。「ルースな統制」という場合,学校の内部において,授業の内容や方法があまり厳密に調整されていないという事実が根拠になっている。例としては,校長や教育委員会がほとんど授業を視察しないこと,教師同士がお互いの授業を観察しないこと,学力テストは生徒の将来を決定するにもかかわらず,その結果は教師や学校を評価するために公式に用いられないことなどがある。全国学力テストの学校別平均点は,開示が議論になっているが,教師や学校の公式の評価に用いられていない。カリキュラムについても一般的な手引きはあるが,生徒は下の学年でどの程度学んだかについて厳密に問題にされることなく学年を移行しており,教師もそれを黙認している。

このように,授業活動についての統制は最小限であるが,その一方で,教師の資格,教えるべき教科および内容,生徒の学年,学校のタイプな

---

4) J. W. Meyer & B. Rowan, "The Structure of Educational Organization" M. W. Meyer and Associates, *Environments and Organizations*, Jossey-Bass (1978)
岩井八郎「制度としての教育・組織としての学校」岩井八郎・近藤博之『現代教育社会学』(有斐閣, 2010)

どは，かなり厳密に定義されている。学校組織における「タイトな統制」は，フォーマルな資格と分類様式に向けられている。教師は小学校から大学まで，資格や担当科目が定められており，生徒は学年によって分類され，所定の科目の学習が要求されている。学年の移行や次の段階の学校への入学基準もはっきりしている。例えば，大学を卒業するための単位数は厳密に定められていて，単位が足りないと卒業できないが，受けた授業の内容や成果については統一された判断基準がない。それぞれの教室でどのように教えているか，またどの程度の学習成果があったかは細かく評価されないが，学校組織はこのように明確な分類様式を保持している。

(2) 同型化

学校組織の教師，生徒，学校のタイプ，カリキュラムなどの分類様式は，小学校ならどの小学校でも，中学校ならどの中学校でもほぼ同じであろう。学校組織の見取り図を見ると，校長のもとに教頭がいて，生徒指導や進路指導，教務など委員会が設置されて，各クラスの担任教師がいる。各学校は，似たような構成になっている。当然だといわれるかもしれないが，その理由を説明しなければならない。

現在では，ほとんどの学校にスクールカウンセラーが設置されている。それは，生徒の悩みの相談に対して各教師が個別に対応するだけではなく，学校には組織として対処する仕組みがあることを示している。スクールカウンセラーがいない学校は，生徒の心の問題に適切に対応できるのかと疑問視されるかもしれない。別の例として，ある学校がこぎれいなカフェテラスを設けていたとしよう。生徒と教師が休み時間に楽しく会話し，教師と生徒の人間関係が良好になった，また学業により積極的に取り組めるようになったとメディアが大きく報道したとしよう。楽しい

学校とは，カフェテラスを備えた学校であるといった認識が広まるかもしれない。そして各学校が，次々とカフェテラスを設置するようになったとする。学校の外側からみると，カフェテラスがあれば，生徒と教師との教室外でのコミュニケーションの場があると認識されるだろう。

　スクールカウンセラーの任用には，資格や勤務時間などの厳密な規則が設けられ，カフェテラスの設置にも予算枠が設けられ，利用規則も定められるだろう。つまり，タイトに統制される。そのような手続きを経た後では，スクールカウンセラーやカフェテラスの存在自体が，すでに学校の中での活動内容を語っている。他の学校組織の構成要素も同じような働きをする。一般的にいえば，組織構造の意味が人々の認識や判断と一致する。マイヤーたちの理論では，組織外部の認識の基準と組織構造の意味が同型化（isomorphism）しているという。この同型化があれば，学校組織の見取り図を見るだけで，人々は組織の活動内容を推察できるだろう。そうなれば，外側から学校に向けられる視線は，組織の分類様式のレベルで停止し，日常的な活動の細部にまで注意が向けられない。組織は，同型化によって，外部からの評価から日常的な活動を保護できる。この意味で，同型化は組織の安定の源である。

（3）脱連結

　「ルースな統制」と「タイトな統制」の二側面は，学校組織がその内部と外部にどのように対応しているのかを示している。外部に対しては，資格と分類様式を厳密に維持しているが，内部には諸活動のコントロールを緩和しているのである。マイヤーたちは，その状態を「フォーマルな構造（儀礼的分類）が，活動とその結果から脱連結（decoupling）している」という。「脱連結」とは，フォーマルな資格や分類と日常活動の内実との乖離を指しているが，この状態は矛盾ではなく，学校組織に

とって非常に積極的な意味をもっている。

　教師，生徒，教科，学校のタイプなどの分類様式を維持することによって，学校は社会全体から承認されている。また教育行政上も「標準的な分類」を儀礼的に維持することによって，大多数の教師，生徒，学校を管理運営することができる。しかしその分類の内実が問われると，かなりの矛盾が表に出てしまう。中学3年生の何割が所定の学力に達しているのか，教師の授業方法がどの程度の効果を上げているのかを厳密に評価されてしまうと，学校は「標準的な分類」を維持できなくなる。学校の分類様式には，虚構性が内包されているが，「脱連結」によって，その矛盾が露呈することを避けることができるのである。

　しかし，「脱連結」は内実を隠蔽するだけではない。それによって，学校は標準的な分類様式を維持しながら，異質な環境に適合し，多様な教師集団と生徒を抱え，多くの資源を獲得することができる。教師と生徒の日常が厳密に評価されないならば，国家や地域社会は，学校の効率の悪さや教育内容の非一貫性という事実を公に知ることはない。また授業の権限を教師に委ねるため，教師の授業に対する責任感を高める場合もある。さらに教師と生徒にとっては，外部社会の圧力から逃れて，自由に自分たちの関係をつくり上げることもできるのである。

（4）信頼の論理

　マイヤーたちによれば，このシステムが成功する条件は，全ての成員が誠意をもって行動することである。お互いがそれぞれ定義された活動を，誠意をもって遂行しているという仮定が共有される必要がある。教育委員会は校長を信頼し，校長は教師を信頼する。また子どもの保護者は，教育行政を信頼し，学校を信頼するというように「信頼の論理」の連鎖によって支えられなければならない。そしてこの「信頼の論理」が

最もはっきりと表れているのが「教師の専門性という神話」である。「彼は大学で単位を取得して卒業し，教員試験に合格したのだから，授業もクラスルームの運営もうまくやってくれるであろう」というように，それは教師に対する信用を正当化し，日常活動の成果についての不確実性を緩和させているのである。

　学校は，教育についての標準的な分類を維持することによって，外部社会からの支持と正当性を得ている。一方，日常的な活動に対するコントロールが厳密ではない結果，「信頼の論理」に支えられて，矛盾する多様な要素を支障なく内包している。このように学校組織の一般的特徴を理解すると，カリキュラムが頻繁に変化しても，日常活動にあまり支障を来すことなく適応が繰り返され，フォーマルな教科の分類に変化がないのに，教師と生徒の活動が大きく変化するといった現実や，外部からの批判が，カテゴリーの内実に向かう傾向があっても，それに対して，カテゴリーの細分化や修正が行われるといった対応を説明することができるであろう。

3. 改革という介入／組織としての対応

　この教育組織の一般理論をふまえれば，「教育の危機」の発生も理解できる。学校は，「信頼の論理」に支えられて，標準的な分類を儀礼的に維持できるなら，日常的な活動に対するコントロールが厳密ではなくても，矛盾する多様な要素を支障なく内包する。しかし，「信頼の論理」が成り立たなくなれば，厳しい批判の目が向けられてしまう。中央レベルが地方レベルを，教育委員会が学校を，教師がお互いを信頼できないとすれば，また親が教育関係者を信頼できないならば，「ルースな関係」や「脱連結」の矛盾が露呈しはじめる。

　「いじめ」による自殺事件が生じたとき，教師は気付いていたのに校

長に報告していなかった，いじめがあったにもかかわらず学校は教育委員会に報告していなかった，教育委員会は報告を受けていたのに迅速な対応を怠っていた，といった報道を目にする（例えば，2011年の大津市いじめ自殺事件）。これは，「信頼の論理」によって支えられていたはずの「ルースな関係」から生じた問題であることはすぐに理解できるだろう。通常，教師は校長に，校長は教育委員会に，日常活動の詳細を逐一報告しているわけではない。定期的な会議における報告や文書による説明に頼らざるをえない。

　教育委員会のあり方については，すでに問題点が指摘され，改革案が提示されている。問題点としては，①権限と責任の所在が不明確である，②地域住民の意向を十分に反映していない，③教育委員会の審議等が形骸化している，④迅速さ，機敏性に欠ける，の四点が取り上げられている。具体的な改革となると，教育長のリーダーシップを強化し，教育委員会の委員を地域住民の代表と認められる人物によって構成し，迅速で実質的な審議を行うように求めている。教育長や教育委員が学校を日常的に訪問して，諸活動をチェックするといった改革ではない。改革案は，教育委員会の組織構成を修正することによって「信頼」の回復を図るという方向性である。教育組織の一般的な特徴に変更はない。したがって，新しい教育委員会の成功も，メンバーの「誠意ある行動」に依存することになる。

　図14－1は，教育再生実行会議による「これからの大学教育の在り方」に関する提言である（平成25年5月）。グローバル化への対応，社会を牽引するイノベーションの創出，教育機能の強化，社会人の再教育機能の強化，経営基盤の強化の五点について，多くの人々が改革の方向性としては賛成するだろう。現在の大学が取り囲まれている期待と理想が簡潔に表現されているといってよい。しかしこの提言に基づいて，新しい

図14－1　これからの大学教育の在り方について（教育再生実行会議第三次提言概要）

1 グローバル化に対応した教育環境づくりを進める
❶徹底した国際化を断行し，世界に伍して競う大学の教育環境をつくる。
　→海外大学の教育ユニット誘致。日本の大学の海外展開拡大。国際化を断行するスーパーグローバル大学（仮称）。今後10年で世界大学ランキングトップ100に10校以上ランクイン。地域社会のグローバル化を担う大学など
❷意欲と能力のある全ての学生の留学実現に向け，日本人留学生を12万人に倍増し，外国人留学生を30万人に増やす。
　→大学入試等におけるTOEFL等の活用。企業などとの協力による留学支援の新たな仕組みの創設。ギャップタームにおける留学促進など
❸初等中等教育段階からグローバル化に対応した教育を充実する。
　→小学校英語の抜本的拡充（早期化，時間増，教科化，専任教員等）の検討。少人数教育。
　スーパーグローバルハイスクール(仮称)。国際バカロレア認定校の増(200校に)。
❹日本人としてのアイデンティティを高め，日本文化を世界に発信する。
　→国語教育，我が国の伝統・文化についての理解を深める取組の充実。
❺特区制度の活用などによりグローバル化に的確に対応する。
2 社会を牽引するイノベーション創出のための教育・研究環境づくりを進める
○国は，10～20年後を見据えた「理工系人材育成戦略」（仮称）策定。
　国・地方において，「産学官円卓会議」（仮称）設置。
○大学発ベンチャー支援ファンド等への国立大学による出資を可能に。
○体系的な博士課程教育の構築など大学院教育の充実。
○初等中等段階の理数教育強化（専科指導，少人数教育，SSH等）。
3 学生を鍛え上げ社会に送り出す教育機能を強化する
○社会人基礎力，基礎的・汎用的能力等の社会人として必要な能力の育成のため，能動的な活動を取り入れた授業や学習法など教育方法を質的転換。学習時間の増加，組織的教育の確立など教学マネジメントを改善し厳格な成績評価を行う。
○大学・専門学校等は，地域の人材育成ニーズに応えた実践的な教育プログラムを提供し，国が支援。
4 大学等における社会人の学び直し機能を強化する
○大学・専門学校等は，職業上必要な高度な知識や，新たな成長産業に対応したキャリア転換に必要な知識の習得など，オーダーメイド型の教育プログラムを開発・実施。
○国は，大学・専門学校等で学び直しをする者や社会人受講者の数の5年間での倍増（12万人→24万人）を目指し，社会人への支援措置。事業主への経営助成を行う。
5 大学のガバナンス改革，財政基盤の確立により経営基盤を強化する
○国立大学全体の改革工程を策定。年俸制の本格導入などの人事給与システムの見直し，運営費交付金の戦略的・重点配分など。
○学長・大学本部の独自予算の確保など，学長がリーダーシップをとれる体制整備。教授会の役割の明確化など法令改正も含めたガバナンス改革。
○大学の財政基盤の確立，基礎的経費のメリハリある配分。国の公募型資金への間接経費措置。民間資金調達のための税制検討。
○私立大学における建学の精神に基づく質の高い教育，全学的教育改革を重点支援。教育の質保証の総合的仕組みの構築。
○学長，知事，産業界の代表等で構成する総理主催の「大学将来構想サミット」（仮称）を開催。

大学を創設するわけではない。既存の大学組織が，提言の内容に対処できるように組織の構成を組み替えたり，旧来のカリキュラムを刷新したり，新しい学科や専攻を設けたりするような対応を迫られる。

教育機能の強化に注目してみよう。大学組織のアウトプットである大学卒業者の質的向上を目指した方針である。大学では現在，シラバスに授業の内容をていねいに記載し，教員は所定の授業回数を教え，学生による授業評価も受けて，授業の効果を高めようとしている。また，学生の学修時間も把握して，大学卒業生の質的向上を図っている。これは，工場の生産工程を精緻にして製品の品質を管理するような発想である。

しかし「社会人基礎力」というアウトプットを考えてみよう。それは，学部や専攻によって，将来の職業によって，きわめて多様な定義となってしまう概念である。英語によるプレゼンテーション能力やコンピュータによる情報処理能力，古典の知識であってもよいし，地域の企業での体験に基づく職業的能力も含まれるかもしれない。社会人基礎力の育成を目的とする授業やプログラムがあれば，大学は外部からの期待に対応していることになるのだが，具体的な日常活動は学部や専攻，そして担当する教員によって大きく異なるであろう。さらに成果となると短期的な測定はほぼ不可能である。フォーマルな分類と日常活動の成果との関係が「曖昧」にならざるを得ない。つまり教育組織の「脱連結」という特性が強まる可能性が高いだろう。

大学の内部では，五つの方向性のそれぞれに個別に対応できるように教員や事務職員を配置できるわけではない。大学教員は，研究においては高度な研究成果を求められ，学生に対しては基礎力を高める授業を行い，留学生を受け入れ，社会人の再教育にも対応しなければならない。また大学組織への資金援助も，研究と教育全般にわたるものではない。文部科学省からの資金援助は，グローバル化への対応としての英語によ

る授業，先端的な研究への援助，地域社会との連携の促進といったように，個別のプログラムに対して提供される傾向が強い。別の省庁も，例えば，経済産業省の「社会人基礎力育成グランプリ」のように，個別の資金援助を行っている。各プログラムへの資金援助が相互に調整のないまま流れると，大学組織の対応はより複雑になる点も明らかだろう[5]。したがって，図14-1のように明快に示された大学への期待であっても，組織構造と日常活動の複雑さと曖昧さは，今後も増大すると予想できるのである。

4. 曖昧さの魅力

　学校組織の外部で，教育に対する期待や理想は高度に発達し，学校内部で生じる出来事や政治・経済の変動に影響されながら変化する。一方，それに対応を迫られて，学校は組織として構成要素のさまざまな修正を迫られる。大学教員や政治家に限らず，一般の多様な人々の間で，教育に関する期待や評価が広く浸透している。これは，誰もが学校教育とは何か，何をすべきかに関する知識や期待をもっているという点からみて，教育の制度としての成功を意味する。しかし多様で相互に調整のない期待や理想に，学校が組織として対応しようとすると組織としての複雑さと曖昧さが高まる。学校が外部の期待や理想から遮断され，決まった内容を教え学ぶだけの場であれば，外部の変化から取り残されて老朽化する。しかし多様で相互に矛盾するような期待や理想を全て取り入れることも難しい。両者の緊張関係のなかで，組織としての学校は，部分的な修正を繰り返し存続してきた。

　一世紀にわたるアメリカの教育改革の歴史を総括する書物に対して，著者のD. タイアック（Tyack, David）とL. キューバン（Cuban, Larry）は *Tinkering Toward Utopia* というタイトルを与えている[6]。「理

---

[5] アメリカの事例については，J. W. Meyer, "Innovation and Knowledge Use in American Public Education" J. W. Meyer & R. Scott, *Organizational Environments*, Sage（1983）。

想郷を求めた下手な修復の繰り返し」といった意味になるだろう。人々は望ましい未来像を実現しようとして，若者をどのように教育するのかを議論し施策を考案するのだが，実際の改革は，システムのあちこちを小規模に修理するだけに終始し，期待からはほど遠い。ユートピアの構想はビジョンをもつために有効であるが，「絵にかいた餅」として不評を買う場合も多い。一方，現場の小規模な改革は，その場しのぎの積み重ねかもしれないが，進歩への現実的な対応となる場合もある[7]。

　トップダウン型の思考によって学校を改革しようとすれば，この組織としての構造は障害でしかない。学校の日常活動の中心であるはずの授業場面に「タイトな統制」を及ぼすことはさらに難しい。

　学校組織が，教師と生徒の日常活動に対して厳密なコントロールを欠いていることの利点を強調してもよいだろう。日常の授業場面が行政や政策から分離されているからこそ，教師はある程度の自律性を確保できる。教師も組織構造とは別に，教育に対する期待や理想を抱いている。行政や政策から離れて，革新的な教材や授業方法があれば，自由に自分の授業に取り入れる。また生徒の関心に対応して，授業内容を変更したり修正したりもできる。学校であるかぎり，生徒は学年によって分けられ，教室でそれぞれの教材を学習し，課外活動にも参加しながら学年を進行して卒業する。このシステムを大幅に変更することは不可能に近い。しかし外部に対して，学校が標準的な分類を維持しながら，教師と生徒の日常活動の自由を確保できるならば，独自のクリエイティブな活動によって，今日の学校が活性化される可能性も十分に期待できる[8]。

　学校教育のなかで，将来，何が役に立って，何が役に立たないのか，実ははっきりと分からない。不確実性が近年，ますます高まっている。

---

6) D. Tyack & L. Cuban, *Tinkering Toward Utopia: A Century of Public School Reform*, Harvard UP (1995)
7) 少子化が進み，教室に空きができたために，小さなグループ学習を別々の部屋で行ったら，予想以上に効果が上がった，といった例を考えるとよい。
8) 民間の一教師が考案した授業方法が，急速に普及する例を考えてみるとよい。例えば，最近では辞書引き学習法や天声人語書き写しなど。

しかしこの「曖昧さ」が学校教育の特徴であり魅力でもある。組織構造において日常生活のコントロールが緩和されている点が，この魅力を支えている。これは，全ての教育段階に当てはまる。教育についての議論が，どのように役立つのか，将来どのような成果を導くのかという発想に支配され，日常場面に対するコントロールの強化に向かうならば，教育の現場は「息苦しい」。「曖昧」なところにおもしろさを見いださなければならないのである。

　近年の政策的な介入は，「曖昧さ」を除去しようとする方向性が強い。確かに「曖昧さ」は，問題行動の温床となって外部からの信頼を失う原因になる。外部の批判的な視線が，そこに内包される問題を呼び覚まし，改革による信頼の回復を求めることは避けられない。しかし本章で取り上げた社会学理論は，「曖昧さ」を嫌う改革が，結果として，さらなる「曖昧さ」を生む可能性が高い点を教えてくれる。「曖昧さ」は学校の魅力の源泉である。「曖昧さ」があればこそ，教師や生徒や関係者の「誠意ある行動」から新たな可能性が生まれると期待できるのである。

参考文献

岩井八郎「制度としての教育・組織としての学校」岩井八郎・近藤博之編『現代教育社会学』(有斐閣, 2010年)
文部科学省『文部科学白書』各年度版
山崎政人『自民党と教育政策——教育委員任命制から臨教審まで——』(岩波新書, 1986年)
J. W. Meyer & B. Rowan, "The Structure of Educational Organization" M. W. Meyer and Associates, *Environments and Organizations*, Jossey-Bass (1978年)
J. W. Meyer & R. Scott, *Organizational Environments: Ritual and Rationality*, Sage (1983年)
D. Tyack & L. Cuban, *Tinkering Toward Utopia: A Century of Public School Reform*, Harvard UP (1995年)

研究課題

①1980年代に提起された教育改革案から,何か一つを取り上げてみよう。その社会的背景から具体的な実施までを整理して,現在までどのような形で存続しているのかを検討してみよう。

②小学校における英語教育を例にして,中央レベルでの提言から,都道府県,市町村を経て,個々の学校の教室まで,どのように多様な対応があるのかを考えてみよう。

③自分の受けた学校教育の経験を振り返ってみよう。最も楽しかった思い出と教育組織の構造との関係について考えてみよう。

15 | 教育社会学の課題

岩井八郎

《目標&ポイント》「教育社会学とは何か？」「何を研究するのですか？」「役に立つのですか？」といった問いを投げかけられて，分かりやすく説明するように求められると，専門の研究者も困ってしまうかもしれない。教育現象を社会学的に解明する学問であるといっても，教育現象には子どもの日常的な生活場面から，進路，就職，その国の教育政策，世界的な規模での高等教育の拡大まで，さまざまな研究対象が含まれている。また社会学についても，理論的な立場や研究手法も多様である。研究者によって，それぞれの研究対象と研究方法があり，「教育社会学とは何か」に対する答えも異なるのが現状だろう。しかしその一方，さまざまな教育現象を対象として研究を行う意義は，今日，たいへん高まっている。教育に着目することは，日本のみならず他国や世界全体をよりよく理解するために，大変有効な視点を提供してくれる。

教育社会学は，1970年代以降に急速に発展した学問領域である。現在も使われている理論や概念は，20世紀後半の教育現象を研究対象としてきた。21世紀においても，有効な概念や問題設定，研究方法はどのようなものなのか。教育への政策的介入が進む現時点で，「明快」で「当たり前ではない」知見を提供するための課題について考えなければならない。

《キーワード》 通常科学，概念と指標，機能主義的社会化論，新自由主義，国際比較，時系列データ

1. 実証研究のモデル

近年よく取り上げられる学力テストの成績と家庭環境の関係を例にして，教育社会学における実証研究のオーソドックスな考え方を説明してみよう。

2013年に実施された全国学力テストと保護者約4万人へのアンケート調査の分析結果として，次のような報道があった。

- 世帯収入や保護者の学歴が高いほど成績がよい。
  ー家庭の年収が200万円未満の小学6年生では，算数Bの平均正答率が45.7％，1500万円以上では，71.5％であった
- 保護者の教育への関与・意識との関係：
  ー読書活動（本や新聞を読むを推奨）が学力向上に効果あり
  ー生活習慣（規則正しい生活）が学力向上に効果あり
  ーコミュニケーション（学校での出来事を聞く）が学力向上に効果あり
- 家庭状況が不利でも学力が上位4分の1の子どもの特徴：
  ー規則正しい生活習慣（朝食を毎日食べている，毎日ほぼ同じ時間に就寝・起床）
  ー読書活動（親が本や新聞を読むように勧めている，小さい頃に絵本の読み聞かせをしている）
  ーコミュニケーション（親子で勉強や成績の会話をする）
  ー保護者自身の行動（授業参観，運動会などの学校行事に参加）
  ー学習習慣（家で自ら計画を立てて勉強し，宿題をする）
  ー学校での学習指導（自分の考えを発表する機会がある）
- 家庭背景による学力格差の影響が比較的少ない学校の特徴（7校）：
  ー家庭学習の指導
  ー校長などの管理職のリーダーシップ
  ー少人数指導や少人数学級
- コメント（耳塚寛明・お茶の水大学副学長）：教育政策だけではなく，経済政策も必要
  ー雇用問題などの格差縮小政策が重要

『毎日新聞』　2014年3月29日より要約

家庭環境が学業成績に影響を及ぼす点は，今回の大規模な調査研究によらずとも，一般の人々にも広く受け入れられている。保護者の学歴や職業上の地位が高いほど，子どもの学業成績が良好であることも教育社会学では何度も繰り返し指摘されてきた。

今回の研究結果として強調されているのは，保護者の年収の差である。かつての年功賃金のもとでは，小学生の親にあたる年齢層の年収は比較的差が小さかった。しかし近年の非正規雇用の拡大や所得の低下といった雇用環境の変化によって，小学生の親のなかで所得に差があるとの認識も広がっている。この研究結果がニュースとして「価値あり」とみられる背景だろう。

研究結果の背景よりも，まず，研究のデザインや概念構成を検討してみよう。大規模な調査であり，かなり詳細な情報が含まれたデータである。

図15－1を見よう。＜家庭環境＞から＜学力＞へ矢印が引かれている。子どもの＜家庭環境＞が＜学力＞に影響するという意味である。この＜家庭環境＞は，日常的に用いられる言葉であるが，直接観察できるわけではない。

＜家庭環境＞の下に，＜社会経済的地位＞と＜教育環境＞の二つの概念がある。＜家庭環境＞といっても，家庭の経済状態，保護者の学歴や職業，居住地域，親子の日常的な行動などさまざまな要素が含まれる。＜社会経済的地位＞も＜教育環境＞も直接観察できない概念である。

図15－1では，＜社会経済的地位＞のもとに，＜保護者の所得＞と＜保護者の学歴＞がある。＜所得＞と＜学歴＞は，家庭の＜社会経済的地位＞の指標であり，質問紙調査のなかで具体的に調べられる。いくつかの異なる質問の方法があるが，年収を200万円以下，200万～300万円のように区分された選択肢から回答者に選んでもらう。学歴も，大学卒，高校卒，中学卒といった選択肢となる。このようにして，＜家庭環境＞のなかでも

図15−1　家庭環境と学力：概念と指標の関係①

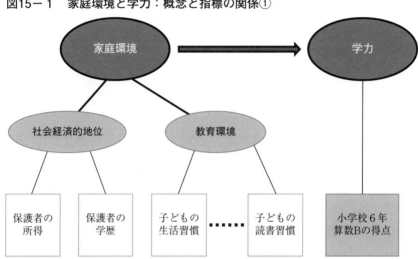

家庭の＜社会経済的地位＞は＜保護者の所得＞と＜保護者の学歴＞を通して推測する。

　＜教育環境＞については，多くの指標が用意されている。子どもの規則正しい生活習慣，読書活動，学習時間など，調査によって異なる質問の仕方がある。「毎日決まった時間に朝食を取りますか」と尋ねて，「はい」か「いいえ」と回答してもらうこともできるし，「ほぼ毎日朝食を取る」「1日か2日朝食を取らない日もある」「3日以上取らない」といった選択肢も考えられる。朝食以外でも夕食や就寝時間などについても尋ねることができる。保護者の意識や態度に関しても，多様な質問が考えられるだろう。＜教育環境＞は，多数の質問から得られた結果を基に構成される概念である。

　＜学力＞の場合，全国学力テストのなかでも算数Bの結果が取り上げられているが，その他の教科のテスト結果も学校の通常の成績も，当然

含まれてよいだろう。＜学力＞も直接観察できない概念であって，全国学力テストの成績は，＜学力＞の一つの指標である。

概念のレベルでは，＜家庭環境＞が＜学力＞に影響する。より具体的には，家庭の＜社会経済的地位＞が＜学力＞に影響し，家庭の＜教育環境＞が＜学力＞に影響する。そして調査によって調べられた指標のレベルになると，＜保護者の所得＞の差異が，小学校6年生の＜算数B＞の成績と関連する。＜保護者の所得＞だけではなく，＜保護者の学歴＞も，さらに＜教育環境＞に含まれる＜生活習慣＞の他，いくつもの指標が＜算数B＞と関連している。つまり，＜家庭環境＞が＜学力＞を左右するといってしまえば，簡単で，常識的な結果なのだが，具体的な指標のレベルになると，多様な関係が含まれているのである。

報道された分析結果には，さらに家庭背景による学力格差の影響が比較的少ない学校7校の特徴として，家庭学習の指導，校長などの管理職のリーダーシップ，少人数指導や少人数学級などが指摘されている。これらを＜学校環境＞を構成する指標と考えてみよう。

図15-1に＜学校環境＞の影響を加えてみると，図15-2になる。＜学校環境＞は，生徒や保護者個人の特徴ではなく，その学校に通う生徒が共通にもつ特徴となるので，概念上のレベルが異なる。＜学校環境A＞では，家庭学習の指導があり，管理職のリーダーシップが強く，少人数学級が実施されているとし，＜学校環境B＞では，それらの特徴が明確ではないとしよう。＜学校環境A＞において，＜家庭環境＞と＜学力＞の関係は弱く，＜学校環境B＞では＜家庭環境＞と＜学力＞との関係は強い。

家庭環境が学力に影響を及ぼし，学校環境も学力に影響を及ぼすという一般的な概念間の関係は，常識的でおもしろくないかもしれない。しかし概念を構成する指標間のそれぞれの関係は複雑である。このような多数の指標間の関係に関するモデルを作成して，統計的に分析する手法

図15-2　学校環境・家庭環境・学力：概念と指標の関係②

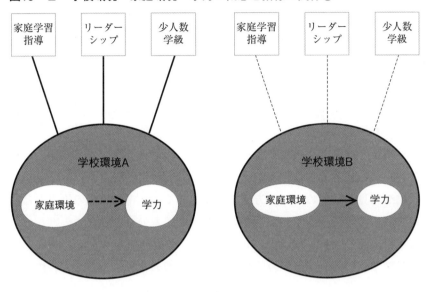

が現在では利用可能になっているが，本章では，概念構成についてさらに考えてみよう。

オーソドックスな実証研究では，＜学力＞を従属変数もしくは被説明変数と呼び，＜家庭環境＞や＜学校環境＞は独立変数とか説明変数と呼んでいる。そして＜家庭環境＞が＜学力＞に影響を及ぼすといった因果関係を想定する。＜学力＞に影響を及ぼす要因は，＜家庭環境＞や＜学校環境＞だけではない。生徒の意欲や塾など家庭外の活動，さらに潜在的な能力（IQ）などが考えられる。そして，調査から得られる利用可能な情報を用いて，＜学力＞の規定要因を明らかにする研究が実施される。

上の研究例は，対象が小学６年生に限定されている。研究対象を中学２年にして学力テストの成績を従属変数にして，同じようにデータを集め，中学生の＜学力＞を規定する要因を分析する研究が行われるだろう。

従属変数を＜学力＞の代わりに，＜中学卒業後の高校のタイプ＞（例えば，私立進学校かどうか），＜高校生の進路希望＞（大学進学，専門学校進学，就職など），＜大学卒業後の就職先＞（例えば，大企業か中小企業か）とし，独立変数を考えて，研究のモデルを作成することができる。個人の人生のそれぞれの段階で，転職，昇進，退職，結婚，離婚などの出来事を従属変数にして，独立変数との関係から研究をデザインすることも可能だろう。

利用できる調査データに限界があるが，同じような発想で個別の研究をいくつも構想できるだろう。一定の思考の枠組みのなかで，解くべき問題を発見し，定められた方法で解答を導く。一定の思考の枠組みと研究手法によって，つまり，ある研究パラダイムのもとで繰り広げられる研究は，「通常科学」と呼ばれる[1]。ここで取り上げた＜学力＞に影響を及ぼす要因の研究は，教育社会学にとって通常科学化した定石に基づく研究である。

通常科学化した研究の結果は，しばしば「当たり前」で「おもしろくない」と批判されかもしれない。しかし，通常科学の思考の筋道が定着しているからこそ，それから外れた「予想外でおもしろい」結果が生まれる可能性がある。

2. 円錐モデル

次に図15−1，図15−2を少し発展させた，図15−3の円錐モデルに移ろう。円錐の高さは，言語を用いた記述の抽象度とする。頂点に「眼」がある。現実を観察し，理解し，ときに批判しようとする私たちの視線の位置である。一方円錐の底辺は，日常活動が繰り広げられる地平である。前節の例を用いて，思考の筋道を点検してみよう。日常活動のなかのテストの点数を指標として取り上げ，＜学力＞という概念に転換し，

---

[1] トーマス・クーン『科学革命の構造』（中山茂訳，みすず書房，1971）

図15−3　円錐モデル

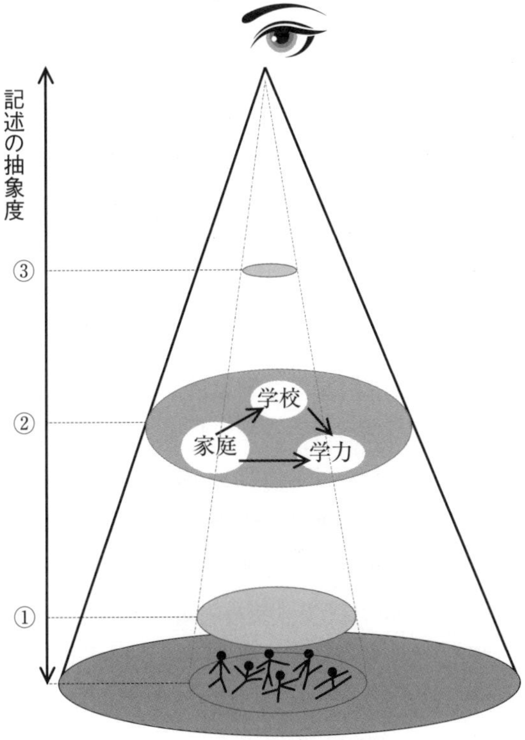

家庭の年収を取り出して，＜家庭の経済的地位＞に転換といった作業をしている。そして，家庭の年収と学力テストの関連などについての統計的な分析結果を基に，何らかの考察を加えることになる。

　図15−3では，量的な調査研究によって描かれる記述のレベルを円錐の中間程度の高さにしている（記述の抽象度②）。量的な調査に基づく研究は，しばしば日常活動のリアルな状況を把握できないと批判されてきた。日常活動をていねいに観察して，その記録を基に子どもたちの姿を浮き彫りにするような研究が重要視されている。この場合も，研究者

は日常生活の全てを記述することはできない。やはり観察した結果から，何らかの基準で選び取られた状況を取り出すことになる。したがって，記述の抽象度の水準は低いが，日常生活の水準と同じ位置ではない（記述の抽象度①）。

　P. ウィリス（Willis, Paul）の『ハマータウンの野郎ども』は，労働者階級出身の子どもの日常をリアルに克明に描き教育社会学の名著の一つに数えられている。学業成績の悪い労働者階級出身の男子（「野郎ども」）が，学校に反発することによって，親と同じ労働者階級にとどまり，階級が再生産されるプロセスを事例研究によって巧みに描いた研究と説明すると，学力の規定要因に関する数量的研究とほぼ同じ記述の水準での要約になってしまう。

　ウィリスの記述は，6人の男子の日常を魅力的に描いた点では，抽象度の低いテキストである。しかし，テキストを読むための概念装置の抽象度は高い（記述の抽象度③）。「野郎ども」対「耳穴っこ（普通のよい生徒）」，「反学校」対「向学校」，「精神労働（女々しい）」対「肉体労働（男らしい）」，「異化（日常を非日常と読む）」対「同化（非日常を日常化する）」などの対比が日常生活の記述のなかに張りめぐらされている。この概念装置を用いて，「野郎ども」の会話や行動のみならず，家庭環境・学校・学力の関係に介在する階級的要因も読み取ることができる。これが，『ハマータウンの野郎ども』のおもしろさの理由であろう。

3. 概念から指標へ／指標から概念へ

　日常活動のなかから適当な現象を指標として取り出し，概念を構成する。また概念を用いて日常活動を捉える指標を作成して，状況を記述する。社会学の実証研究では，概念から指標へ，逆に指標から概念へと変換作業を繰り返して，現象を記述し説明しようとする。例えば，子ども

数の減少は，どのような概念を構成する指標となるのか。家族形成の個人化，近代家族の崩壊，女性の地位の向上など，現代社会を説明するための複数の概念が思いつく。若者の保守化は，概念のレベルである。具体的な指標としては，「今の会社で働き続けたい」，「夫は仕事，妻は家事」，「海外に行きたくない」といった意識が考えられる。

　これまで取り上げた例では，概念の名称に＜家庭環境＞や＜学校環境＞といった日常的な言葉を与えていた。繰り返すが，概念は直接観察できない。現実生活における活動や意識を指標として構成される。そして概念の名称は，恣意的に定められる。社会学は，人間のタイプや社会のタイプに対して恣意的な名称を与えることを得意としてきた。「権威主義的パーソナリティ」「他者志向性」「一次元的人間」「リスク社会」「液状化社会」などその例は枚挙にいとまがない。

　「ハビトゥス」は，P. ブルデュー（Bourdieu, Pierre）によって用いられた当初は難解な概念と見なされていたが，今では頻繁に用いられるようになった。ブルデューは，出身階層の家庭背景によって育まれる心的態度の総体をハビトゥスと呼び，それが学校教育のなかにもち込まれ，さらに出身階層の再生産を導く点を繰り返し暴いてきた。ハビトゥスについては，次のような説明がある。「ハビトゥスとは，状況が変わっても不変で永続的な心的傾向のシステムである。ハビトゥスは，・・・実践とイメージの基礎として機能し・・・現実に指揮者がいなくても，ハビトゥスによって実践とイメージは集合的なまとまりを持ちうる。」[2]

　分かりやすいように思えるのだが，何か特定の指標を定めることができない。ハビトゥスは，家庭における学習時間，音楽や美術の愛好，読書傾向など多様な活動の背後にある心と身体のあり方のようなものだろう。当然，直接観察できない。しかし，＜家庭環境＞と＜学力＞の関係に包含されるさまざまな現象を抽象度の高い水準で説明してくれる。

2）G. ホフステードによるブルデュー『実践感覚』の英訳より和訳（G. ホフステード他著『多文化世界（原書第3版）』，岩井八郎・岩井紀子訳，有斐閣，2013））。

多くの経験的な事実を包含するような独自の概念にユニークな名称をつけて普及させ，研究活動を活性化させる。社会学研究の魅力の一つであろう。ユニークで魅力的な名称を得た概念は，直接観察できないからこそ，提唱された当初は，多様な事実を発見するために有効だろう。しかし，多くの現象が包含され，言葉として定着するようになると新しい現象を発見する装置としての役割は低下する。

　D. リースマン（Riesman, David）の著名な「他者志向型」は，次のような魅力的な定義が与えられている。「自己の無力と茫漠とした不安から他人の意志に絶えず気を配って同調し，大量に消費し，神や良心という内面的権威の不在の下でも社会関係を維持していける社会的な性格」[3]。この概念もやはり直接観察できない。1950年代のアメリカ社会における大量消費行動の広がりを背景に，新たに生じてきた人々の多様な日常活動を手がかりに構成された概念であり，伝統志向型や内部志向型といった旧タイプの人間類型との対比があるから，さらに魅力的であった。

　リースマンの人間類型は，現在では社会学を学ぶうえで，必須の用語である。しかし，大多数の人々が「他者志向型」に包含される何らかの要素をもつようになれば，問題発見の装置としての意義は薄れてしまう。

　「ある特定の個人を書こうと思って書き始めると，いつの間にか，一つのタイプを創り出していることに気がつくが，反対にあるタイプの人間像を描き出そうとすると，できあがったものは，無というか空というか，何一つ創り出されていないことに気がつく。」[4] 著名な作家の言葉だが，概念と指標の相互作用の難しさを語ってくれる。

4．複数の視線

　図15-3の円錐の頂点に「眼」がある。概念を用いて現象を説明し，解釈しようとする視線の位置である。日常活動を照らすサーチライトと

3）デイヴィッド・リースマン『孤独な群衆』（加藤秀俊訳，みすず書房，1964）
4）F. S. フィッツジェラルド「金持の御曹司」『フィッツジェラルド短編集』（野崎孝訳，新潮社，1990）

考えてもよいだろう。この視線は一様ではない。研究者だけではなく，政治家や知識人，メディア，一般の人々の複数の視線がある。例えば，小学校6年生の＜学力＞には，将来の日本社会を担う成人の姿を読み取ろうとする視線が注がれる。＜家庭環境＞のなかの＜保護者の所得＞には，所得による学力の差異から「格差社会」の現実を見定めようとする視線が注がれる。

　次のような考え方がある。学校は生徒が知識や技能，価値観を学習するための経験の場である。学校での学習経験を積んだ生徒は，学習した内容を基礎に成人として高度な役割を遂行する。高度な知識や技能を学習した成人が増加すれば社会全体が発展し進歩する。これは，1960年代の経済発展の時代に世界的に普及し，教育機会の拡大を支えた機能主義的社会化論である。1970年代以降，教育社会学研究は，この機能主義的社会化論の妥当性に疑問を投げかける事実を蓄積してきた。成人としての成功が学校での学習内容にかかわらず，教育レベルや学歴によって規定される，また学校や職業での成功が，出身階層や人種，性別によって不平等であるといった研究結果が蓄積されている。それにもかかわらず，現在の機能主義的社会化論は，衰えることなく，バージョンアップして教育システム全体を支える思考様式として浸透している。

　高校の多様化の章で取り上げたように，現在の高校の学科やカリキュラムは，普通科や職業科の区分だけではなく，異なる知識のタイプを前提とした編成へと変化している。また大学教育についても知識の細分化と高度化のみならず，社会人基礎力（直接観察できない概念）の形成まで求めている。このような改革の結果を確かめるには，長い時間が必要であるが，教育を通して将来に期待すべき成人像を描き，そのような人々の集合として日本社会の未来を夢みるという思考の筋道に従っている。現在の教育システムは，機能主義的社会化論に基づく期待のなかに「埋

め込まれている」。

　近年の学校批判と改革の動きから浴びせられる視線を考えてみよう。それらは，効率性（efficiency），優秀性（excellence），強化（enhancement），公平（equity）の四つの価値（四つのE）の追求であるとまとめられる[5]。効率性は，少ない資源を有効に活用して効果を高めようとする志向である。優秀性は，高い学術的・文化的達成を追求する。強化は，人々の発達の可能性を高め，高度な成人の形成を目指す。そして，公平は，社会的正義を実現するために機会の平等を推進しようとする。

　最近の学校批判は，政治的には右派層から強く主張される傾向がある。強調点は異なるのだが，バージョンアップされた機能主義的社会化論が背後にある[6]。

　例えば，新自由主義からの批判は，経済的合理性を軸に学校は改革されなければならないと主張する。公立学校は，膨大な公的資金が注がれているにもかかわらず，有効な結果を生み出すことができずに浪費してしまう「ブラックボックス」であって，効率が悪い。市場原理によって経済的資源の浪費を食い止めなければならない。経済発展に貢献できる人材を効率的に育成するためには，生徒や親が「消費者」として，市場において将来に必要な知識や技能を選択して競争的に獲得できる仕組みに改革しなければならない。優秀なアウトプットを期待できる「よい教育」が消費者によって選択され生き残り，アウトプットを期待できないものは淘汰されるべきだ。市場が社会的価値の調停者となれば，学校教育の非効率性が排除されると期待される。優秀性を求め，効率性によって生産工程を改善しようとする方向性である。

　新保守主義と呼ばれる立場は，伝統的な価値によって統合された強力な国家を理想とし，国民を統合する理念に多大の関心を寄せる。そのため学校に対する批判は，日本人の基礎力や価値観を強化する方向を求め

---

5) S. Brint, *Schools and Societies*, 2nd edition (2006)
6) 岩井八郎「制度としての教育・組織としての学校」岩井八郎・近藤博之『現代教育社会学』（有斐閣，2010）

る。この立場では，道徳的に秩序だった安定した共同体が理想とされる。基礎学力を向上させるだけではなく，歴史教育や道徳教育によって，伝統の復活と愛国心の形成を求める。つまり，「日本人」を強化しようとする。「失われた日本人」を再構成するために，学校教育を改革しようとする視線である。

社会階層によっても，異なる視線が注がれる。必ずしも右派に属さないが，自らの専門的な知識や技術によって社会的地位を達成した専門管理職層（いわゆる中の上の階層）は，子どもが厳しい競争社会のなかで生き残り，自らの階層を再生産するために，学校教育が高度な専門的・技術的知識を教える場であることを求める。優秀性を担保とし，社会的成功への明確なルートにみえる，私立小学校や中高一貫校の拡大を支持するだろう。

一方，所得が低下し，教育費の負担を抱える層では，授業料や学校外教育費の支払い能力による有名大学進学機会の差異に批判的な視線が向かう。公平性の観点から，教育機会の経済的不平等が批判される。右派にとっても，公平性は無視できない。

現在では，学校教育の外側で，教育の目的や意義，現象の解釈に関する視点が高度に発達している。巨大化した教育システムのうえに，何重にも折り重なった認識の天幕が張りめぐらされているかのごとくである[7]。教育システムのそれぞれの部分には，目的や機能についての詳細な説明があり，そこから生み出される人間像も，教育システムの社会全体における役割もはっきりと明示されている。複数の異なる立場や解釈も，この天幕に包摂されている。

5. 巨大化する天幕

天幕の担い手には，指導者層や大学知識人，学校関係者，メディアの

---

[7] P. L. バーガー＆T. ルックマン『日常世界の構成』に以下のようにある。「拡大しつつある制度的秩序は，やがてそれに対応したさまざまな正当化図式からなる天蓋を発達させ，認識上の解釈と規範的解釈の双方を防御する天幕を自らの上に張りめぐらすようになる」

みならず,学校教育の経験をもつすべての人々が含まれるだろう。一般の人々も,「学校教育とは何か」について何らかの知識があるという意味で重要な担い手である。教育機会の拡大は,この天幕の担い手の拡大をも意味する。巨大化した教育システムは,天幕の巨大化も押し進める。現在では,誰でも教育については,何かを語ることができる。

　このように複雑に張りめぐらされた説明図式のもとでは,実証的な調査研究をデザインし,時間をかけて信頼できる結果を導こうとする研究活動は困難な事態に直面してしまう。データによって,「現状はこのようになっていますよ」と示して説明を加える前に,何通りもの解釈が用意されている。改革や実践の結果が分かる前に,結果を解釈する視点もすでにある。また,教育社会学の研究結果が語ることは,すぐに教育システムの外部に張りめぐらされた天幕にある説明図式の一部として取り込まれてしまう。「当たり前の結果ですね」と一言ですまされてしまうかもしれない。

　では,「当たり前ではない」研究を目指そうとするならば,どのような方策が考えられるのだろうか。重要な点は,張りめぐらせた天幕から距離を取り,その影響力を視野に入れることであろう。

　天幕の存在そのものを研究対象にし,グローバルなレベルでの拡大を描いた研究がある。J. マイヤー (Meyer, John) とその共同研究者による世界規模での教育の拡大に関する研究がそれである[8]。19世紀後半以降現在にいたるまで,世界各国は初等教育から高等教育までの各段階で急速に就学率が高まった。それは,経済発展の程度にかかわらず,先進諸国でも後発国でも同様の特徴である。このことから,マイヤーたちは教育の目的や意義がグローバルに共有される傾向のあることを読み取っている。

　教育の目的や意義の具体的な内容については,世界各国の憲法に書き

---

8) G. Krücken & G. S. Drori, eds. *World Society: The Writings of John W. Meyer* (2009)

込まれた「子ども期」の規定に表されている。子ども期について明確に定義されているか，子どもの教育に対する国家の責任は明確か，教育を受ける権利と義務が定められているか，児童労働法によって子どもの労働が禁止されているかなどを調べると，子ども期の法的な規定が世界各国で一様に厳密になっており，新興国や中央集権的な国家ほどはっきりしている。この法的な規定が，有能で生産的な合理的個人を教育によって育成し，育成された人材の総和によって国家の発展と進歩を追求しようとする国家の認識枠組みの基本的な図式であり，グローバルに共有されている。

世界各国の初等・中等教育のカリキュラムの歴史的変化をみても，各国のカリキュラムにおける科目の分類と時間配分が時代とともに類似する傾向があり，各国の大学の専攻やカリキュラムについては，人文学や基礎科学が後退し，実用面・応用面を重視するような方向性が共通している。人権の尊重，男女の平等，環境問題への配慮などに対して，世界各国が共通の認識をもつ傾向はますます強まっており，学校教育も対応を迫られる。

図15-4は，円錐の視線の上に張りめぐらされた複数の天幕とその上に拡大する巨大な天幕を示している。それぞれの天幕には，「眼」が包含され，視線の下に円錐がある。円錐を一つの学校をみる視線だと考えれば，異なる視線によって学校に対する評価も異なるであろう。また円錐を一つの国をみる視線だと考えてみる。各国が共通の視線をもつことによって，同じような教育システムが生まれるようになる。

視線の差異の影響を確かめるためには，国際比較研究が有効だろう。例として，G. エスピン-アンデルセン（Esping-Andersen, Gösta）による認知的能力の不平等に関する国際比較を取り上げておこう。国際成人リテラシー調査（International Adult Literacy Survey）から得られた成人（16歳以上）のテスト得点について調査対象者全体で4分位を求め，

図15－4　巨大化する天幕

下位4分の1に入る対象者を国別に比較すると，アメリカは28.1％，イタリアは26.7％，イギリスは23.8％であるのに対して，デンマークは5.9％，ノルウェーは7.7％となる。またテスト得点の各国の不平等度をジニ係数で測定すると，アメリカはデンマークの2倍の値になる。さらに，出身階層が認知的能力に及ぼす影響力が強い国ほど，認知的能力の不平等度（ジニ係数）は高いという相関関係がある[9]。

この場合，視線の差異は人々の福祉に対する政策的な介入のあり方の相違を指す。エスピン-アンデルセンは，国家，市場，家族という福祉の担い手の関係性について，三つのタイプを区分する（福祉レジーム）。いわゆる「社会民主主義」型のスウェーデンやデンマークでは，福祉国家が広範囲のサービスを提供し，福祉が家族や市場に依存する度合いが低い。公共部門で低賃金の女性のサービス職が拡大しているが，同時に女子の雇用を促進する保育施設などの整備も進んでいる。この社会民主主義のもとでは，家庭背景の学力への影響力が相対的に弱い。

一方，「自由主義」型のアメリカでは，人々は仕事から収入を得て生計を維持し，福祉サービスを受けるためには，市場のメカニズムに依存するしかない。アファーマティブ・アクションの結果，男女間や人種間で格差が縮小したが，同じ性別や同じ人種の内部で格差が拡大した。またサービス経済化に伴い低賃金のサービス職が拡大し，そこに周辺層が吸収されて不平等化が進行している。その結果，家庭背景の学力への影響力が強い。

ドイツは「保守主義」型となるのだが，稼ぎ手（男性）の長く安定した職業キャリアが重視され，職種や職域別の諸手当や社会保険によって，家族全員の福祉がカバーされる。家庭背景の学力への影響は，社会民主主義と自由主義の中間程度である。

母親の就業と学力の関係に関する研究結果に注目しておくと，北欧諸

---

9) Gösta Esping-Andersen, "Untying the Gordian Knot of Social Inheritance," *Research in Social Stratification and Mobility*, Vol.21（2004）

国では，母親の就業は，子どもの学力に対し影響力をもたない。しかし，アメリカではフルタイムの就業が負の影響力をもっており，さらにアメリカ，ドイツ，オランダでは男子の学力に負の影響力を示している。

北欧の社会民主主義のもとでは，母親の雇用労働が広く定着していて，高水準の就学前教育が安価で提供されている。エスピン‐アンデルセンの研究によれば，家庭背景，とりわけ家庭の文化的な教育環境の学力への影響力を緩和するためには，就学前教育への投資を支援するような政策が有効だと示唆されている[10]。

教育の目的や意義，現象の解釈について複数の相対立するような視点の意義と限界を読みとくためには，国際比較研究が有効であろう。国際比較によって，家庭背景と学力との関係の意味を読み取ることが可能となり，政策的な介入の方向性も明確になるだろう。

図15-4のように，人々の日常の活動は天幕に覆われているのだが，もちろんそれは時代とともに変化する。思想や主義といった「ものの見方」が天幕を構成する要素である。教育社会学の扱う対象は，天幕の特性や動きに大きく影響される。したがって，その特性や動きを見極めて，そこで繰り広げられる諸活動を研究することが求められる。

6. 教育社会学の課題

天幕の動きをどのように確かめることができるのか。現在では時系列データが充実しており，誰でも入手できる。天幕を動かすのは風である。時系列データが規則的なラインを描くとき，風向きならびに風速が一定であることを意味するだろう。時系列データが不規則な変化を示すとき，ある時点で風向きが変わったこと，風速が変わったことを意味する。天幕の形が変わって，そこから人々の諸活動を見る眼も変化しているのだろう。

---

10) G. エスピン‐アンデルセン『アンデルセン，福祉を語る　女性・子ども・高齢者』（NTT出版，2008）

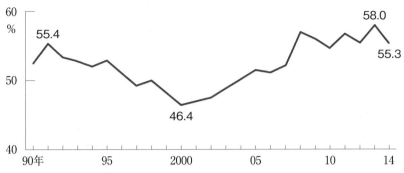

図15－5 国を愛する気持ちの推移

注）国を愛する気持ちが「強い」（「非常に強い」＋「どちらかといえば強い」と答えた人の割合（内閣府世論調査より））

　例えば，高等教育進学率の推移だけをみても，天幕の動きを確認できる。一定の上昇があった1970年代前半まで，高校卒業生の30〜40％の間でほとんど変化のなかった1970年代後半からの20年間，再び一定の上昇を続ける1990年代半ば以降と，政策や理論レベルから教育組織の構造，日常活動を含めて，天幕の動きとその帰結を再検討できるだろう。

　人々の日常活動の地平も刻々と変化する。通常科学の定石に従った実証研究から「予想外のおもしろい」結果が得られれば，新しい天幕の発生の発見になるかもしれない。日常活動の克明な観察からも，新しい天幕の姿を読み取ることができるかもしれない。多様な指標を総合して，新しい概念を作成し独自の名称を与えて，天幕を再構成する必要があるかもしれない。関係者へのインタビュー，既存資料の2次分析，参与観察，ドキュメントの分析，理論的・歴史的研究の精読を積み重ねることが，教育と社会の変化に関する新しい「古典」となるべき研究を生み出す道だろう。しかしこれは，かなり困難な道かもしれない。

　短い期間に限定しても，小さいながらも天幕の動きが観察できる。図15－5は，内閣府の世論調査において，「国を愛する気持ち」が「強い」

と回答した人の割合の推移を示している。その割合が，1990年代の終わり頃から2000年代の初めにかけて落ち込んだ点が明らかである。これが天幕の動きを示している。この時期に焦点を当てて，その他の時系列データを読んでみよう。例えば，少年犯罪の増減を見ると，この時期に少年犯罪が増加し，一つの山となっていた。非正規雇用の拡大もまさにこの時期であった。ゆとり教育が批判され，基礎学力重視の方向へと教育政策が転換したのもこの時期であった。格差社会論が注目されたのも，まさにこの時期であった。

　教育社会学の喫緊の課題としては，1990年代後半から2000年代初めにかけての天幕の動きを読みとき，現在の状況を説明することだろう。そのために，日常活動の記録や数量的データ，政策論議，理論的著作まで抽象度の異なる資料を総動員できる。それが，「今」を読みとき，21世紀の教育を展望するための貢献になると期待したい。

参考文献

岩井八郎・近藤博之『現代教育社会学』(有斐閣，2010年)
ポール・ウィリス著，熊沢誠・山田潤訳『ハマータウンの野郎ども　学校への反抗，労働への順応』(筑摩書房，1985年)
G・エスピン-アンデルセン著，林昌宏訳『アンデルセン，福祉を語る　女性・子ども・高齢者』(NTT出版，2008年)
P. L. バーガー&T. ルックマン著，山口節郎訳『日常世界の構成』(新曜社，1977年)

研究課題

①最近の新聞や雑誌から，学校に対する批判的な記事を探してみよう。批判された問題の原因と結果の関係を図示して，根拠となっている事実とは何か，統計資料や事例がどのように用いられているのかを点検してみよう。

②高等教育進学率に注目して，1970年代前半まで，1980年代から90年代初めまで，1990年代半ば以降の三つの時期について，大学批判の言説を調べて，比較してみよう。

③1990年代後半から2000年代前半にかけて，少年犯罪が増加していた時期に注目して，この時期における家族，学校教育，社会生活一般に関する統計指標の変化を調べてみよう。それらを手がかりに，この時期の特徴を考えてみよう。

索引

●配列は五十音順，＊は人名を示す。

●あ 行

阿形健司＊ 179
向上心(アスピレーション) 164
新しい教育社会学 96
新しい成人期 59
アノミー 211
アファーマティブ・アクション 164, 253
アベグレン，J.＊ 171
アリエス，P.＊ 61, 62, 72
アレキシサイミア 91
暗数 205
生きる力 100, 102, 108
一次的制度 36
＜イマジナリー＞ 185
イリッチ，I.＊ 35, 195
インターネット 183, 187, 194
ウイッティ，J.＊ 98
ウィリス，P.＊ 244
ウェーバー，M.＊ 95, 162, 178
ウォーラー，W.＊ 150
＜ヴァーチャル＞ 186
＜ヴァーチャル＞侵略枠組み 184, 187, 188
AO入試 157
SNS 189
SSM調査 117, 119, 171, 172
エスピン‐アンデルセン，G.＊ 251, 253
M字型 44, 46, 47
エリート教育 147
OEDトライアングル 114, 118
OB訪問 174
親子関係のジレンマ 67
親子関係の第3位相 71, 74
親の権威の低下 74

●か 行

カーン，S.＊ 197
カーン・アカデミー 197
解釈論 95
改正教育令 82
科学的方法 21
核家族 67, 69-71
学習された無力感（learned helplessness） 90
学習指導要領 87, 94, 100, 102, 108
学習塾 10
学制 82, 97
学卒一括採用 173
学力オブセッション 138
学力調査 125-129, 131, 135, 138, 139
学力の階層差 126, 128, 130, 137
学歴インフレ 37, 161
学歴効用 120
学歴主義 17, 34, 116, 118, 166
隠れたカリキュラム（hidden curriculum） 87, 89, 93, 94, 96, 103-109
家族資源 130, 131, 135
家族周期 65, 66, 69
家族の多様化 68
学級規模 19, 20
学校裏サイト 194
学校化社会 35, 36
学校組織 120, 223-226, 233, 234
学校知（school knowledge） 93
学校無力論 127
学校余命 11
葛藤理論（conflict theory） 96, 178
葛藤論的説明 31, 37

カプラン=マイヤー法　171
カラベル, J.*　163
カリキュラム　17, 82, 87, 93-100, 102, 108, 151, 251
カリキュラムの社会学（sociology of curriculum）　95
間断なき移行　171
官僚制　113, 159
機会費用　159
企業内訓練　171
技術−機能論的説明　29
機能主義　95
機能主義的社会化論　247
義務教育制度　97
キューバン, L.*　232
教育格差　73
教育・学習支援業　12
教育拡大　28, 31-34, 119, 179
教育家族　64, 65, 68, 73
教育機会　15, 114-116, 119, 126
教育期待　27, 131
教育基本法　84
教育コード理論　102
教育再生実行会議　229
教育社会学　17-20, 22
教育人口　33
教育調査　20
教育勅語　99
教育的マルサス主義　64
教育投資の収益率　29
教育費　11, 63, 249
教育令　82
教科書制度　99
業績基準　112, 113
業績主義　158, 159
競争移動　165

儀礼　215, 216
近代家族　65
金の卵　174
グラノベッター, M.*　178
携帯電話　189
結果の平等　121
顕在的カリキュラム（overt curriculum）　94
検定制度　99
合計特殊出生率　48
高校生レストラン　154, 155
高校の多様化政策　145
公式統計　199, 202, 204
構造主義　96
高等教育の拡大　56, 57
高等教育の発展段階　32
高度成長期　24, 27, 34, 65, 73, 119
後発効果　161
公立高校の地盤沈下　142
コールマン, J. S.*　71-74, 136
コールマン報告　126-128
国定制　99
国民　97
国民皆学　82
心のノート　223
個人化　56
子ども期　61, 64, 251
子どもの価値　62
コミュニケーションの二重化　194
コリンズ, R.*　162, 215, 216

●さ　行
再生産理論（reproductive theory）　96
沢山美果子*　64, 65
産業化　29, 37, 116
産業構造　25, 87, 113

30分ルール　191
JLPS　175
ジェンダー（gender）　77, 78, 87, 91
ジェンダー秩序　78, 106
ジェンダー・バイアス（gender bias）　87
シグナリング　177
時系列データ　254, 256
実績関係　174
社会移動　15, 117
社会化（socialization）　13, 29, 67, 95, 131
社会階層　15, 117, 249
社会化モデル　105
社会資本　135
社会人基礎力　231, 247
社会的絆（Social Bond）　212, 214
社会的緊張理論　211
社会統制理論　211, 212
ジャクソン, P. W.*　103
就職協定　174
終身雇用　171
出生コーホート　42
出生率　43, 62
情報の非対称性　177
職業安定所　174
職業資格　16, 35, 159, 179
ショッピングモール・ハイスクール　147, 148, 150, 152, 153
進学率　24, 33, 43, 85, 86, 143, 144, 255
新自由主義　248
新制度論　162
人的資本（human capital）　29, 176
新保守主義　248
新マルクス主義　96
信頼の論理　227-229
推薦入学　157
スキル偏向型技術進歩　37

ステレオタイプ・イメージ　105
スペンス, A.*　177
スマートフォン　189
成功不安（fear of success）　89, 90
正統性（legitimacy）　93
制度的同型化　162
制度的連結　177
正の選抜機能　121
性別二分法　77-79
性役割　105
世界社会　32
セクシズム　79, 91
セクシュアル・マイノリティ　87
世代間の富の流れ　63
ゼリザー, V. A.*　63-65
全国学力テスト　237, 239, 240
潜在的カリキュラム（latent curriculum）　94
選択の自由　145, 150, 153
セントポールズ校　151-153
選抜・配置　14, 31, 34
総合的な学習の時間　100, 102, 108
相互作用　87, 89
属性基準　112
組織化・正当化　15

●た 行
タイアック, D.*　232
対応理論（correspondence theory）　96
第三の教育改革　221
タイトな統制　224-226, 233
ダイバーシティ　155
他者志向型　246
達成意欲（achievement motivation）　89
脱連結　226-228, 231
団塊ジュニア　44, 46, 47, 49, 210

団塊の世代　44, 49, 209
男女共学　82, 84, 87
男女雇用機会均等法　47
男女平等　82, 84, 86
地位競争　31
通常科学　242, 255
辻大介＊　192, 193
つながり不安　193
詰め込み型　100
デジタル移民　184, 185, 193
デジタル・ネイティブ　184, 189, 191
デュルケーム，E.＊　13, 18, 95, 214, 215, 217
テレ・コクーン　193
電子メディア　183
転職　53, 54
転職行動　52
土井隆義＊　191
同型化　226
ドーア，R.＊　161
特色ある学校　145
トロウ，M.＊　32

●な　行
ナショナル・カリキュラム　99
二次的制度　36, 37
ニューメディア　183
ネットいじめ　194
年功序列　171
年齢別出生率　48

●は　行
パーソンズ，T.＊　67
バーチャル　186
バーンステイン，B.＊　102
ハビトゥス　137, 245

羽渕一代＊　193
『ハマータウンの野郎ども』　244
ハリス，J.R.＊　137
犯罪悪化神話　208
ピア・プレッシャー　89
非協力的回答　138
庇護移動　165
PISA調査　131, 132
批判的教育学（critical pedagogy）　96
非類似性係数　117
フォーディズム型ライフコース　55
フォーマル・カリキュラム（formal curriculum）　93, 94, 99, 100, 103
負の選抜機能　121
フリーター　169, 180
ブリントン，M.＊　178
ブルデュー，P.＊　135-137, 245
プレップ・スクール　150
プレンスキー，M.＊　184
文化資本　135, 136
文化的学習理論　211
分類（classification）　102
ペアレントクラシー　121, 122
ベッカー，G.＊　176
ベビーブーム世代　33, 142, 157
ベルカーブ論争　122
ポスト・フォーディズム型ライフコース　55, 56, 58

●ま　行
マイヤー，J.＊　161, 162, 224, 226, 227, 250
マス教育　147
松田美佐＊　193
mixi　189
ミドルクラス　65, 137
ムーク　195, 196

無職経験　51
メリトクラシー　113-116, 120-123, 126
メリトクラシー化の仮説　116, 118, 127
モラル・パニック　208

●や　行
ヤング, M.＊　113-116, 118, 122
友人関係のフリッパーズ志向　192
ユダヤ人問題　163
ゆとり教育　100, 102, 125, 166, 222, 256
弱い紐帯　178

●ら　行
Line　189
ラーニングウェブ　195

ライフコース　41-47, 52, 58, 69, 155
＜リアル＞　185, 186
リースマン, D.＊　246
臨時教育審議会　221
リントン, R.＊　113
ルースな関係　228, 229
ルースな統制　224, 226
ローワン, B.＊　161
六三三四制　84

●わ　行
ワークライフ・バランス　58
枠づけ（framing）　102
WASP　163

分担執筆者紹介

木村　涼子（きむら・りょうこ）　・執筆章→5・6

1961年　愛媛県に生まれる
1990年　大阪大学大学院人間科学研究科博士後期課程単位取得退学
現在　　大阪大学大学院人間科学研究科教授，博士（人間科学）
専攻　　教育社会学・ジェンダー研究
主な著書　ジェンダーと学校文化（勁草書房）
　　　　　教育の社会学（共著　有斐閣）
　　　　　ジェンダーと教育（日本図書センター）
　　　　　＜主婦＞の誕生―婦人雑誌と女性たちの近代（吉川弘文館）

中澤　渉（なかざわ・わたる）　・執筆章→10・11

1973年　埼玉県に生まれる
1998年　慶應義塾大学文学部卒業
2003年　東京大学大学院教育学研究科博士課程退学
現在　　大阪大学大学院人間科学研究科准教授，博士（教育学）
専攻　　教育社会学・社会階層論
主な著書　なぜ日本の公教育費は少ないのか（勁草書房）
　　　　　入試改革の社会学（東洋館出版社）
　　　　　越境する家族社会学（分担執筆　学文社）
　　　　　現代の階層社会1　格差と多様性
　　　　　　（分担執筆　東京大学出版会）

（執筆の章順）

大多和　直樹（おおたわ・なおき）

・執筆章→12

1970年　埼玉県に生まれる
1997年　東京大学大学院教育学研究科博士課程中途退学
2009年　博士（教育学）
現在　　帝京大学教育学部准教授
専攻　　教育社会学
主な著書　高校生文化の社会学—生徒と学校の関係はどう変容したか
　　　　　（有信堂高文社）
　　　　　放課後の社会学（北樹出版）

編著者紹介

近藤　博之（こんどう・ひろゆき）　執筆章→ 1・2・4・7・8

1954年	福島県に生まれる
1976年	東京大学教育学部卒業
1980年	東京大学大学院教育学研究科博士課程中退
現在	大阪大学大学院人間科学研究科教授
専攻	教育社会学
主な著書	現代の階層社会2　階層と移動の構造 　　（共編著　東京大学出版会） 現代教育社会学（共編著　有斐閣） 戦後日本の教育社会（編著　東京大学出版会）

岩井　八郎（いわい・はちろう）　執筆章→ 3・9・13・14・15

1955年	大阪府に生まれる
1979年	大阪大学人間科学部卒業
1986年	大阪大学大学院人間科学研究科博士後期課程単位取得退学
現在	京都大学大学院教育学研究科教授
専攻	教育社会学
主な著書	＜働く＞は，これから（共著　岩波書店） 親密圏と公共圏の再編成　アジア近代からの問い 　　（共著　京都大学出版会） 新版　教育社会学を学ぶ人のために（共著　有斐閣） 現代教育社会学（共編著　有斐閣）
主な訳書	多文化世界　原書第3版（共訳　有斐閣）

放送大学教材　1118145-1-1511（テレビ）

教育の社会学

発　行　2015年3月20日　第1刷
編著者　近藤博之・岩井八郎
発行所　一般財団法人　放送大学教育振興会
　　　　〒105-0001　東京都港区虎ノ門1-14-1　郵政福祉琴平ビル
　　　　電話　03（3502）2750

市販用は放送大学教材と同じ内容です。定価はカバーに表示してあります。
落丁本・乱丁本はお取り替えいたします。

Printed in Japan　ISBN978-4-595-31537-4　C1337